当代德国教育经典译丛
丛书主编　彭正梅

普通教育学

精神科学的视角

第 15 版

[德]威廉·弗利特纳◎著
（Wilhelm Flitner）
彭正梅　顾　娟◎译
李其龙◎校

华东师范大学出版社
·上海·

图书在版编目(CIP)数据

普通教育学：精神科学的视角/(德)威廉·弗利特纳著；彭正梅，顾娟译.—15版.—上海：华东师范大学出版社，2024
 ISBN 978-7-5760-2461-6

Ⅰ.①普… Ⅱ.①威…②彭…③顾… Ⅲ.①教育学—研究—德国 Ⅳ.①G40-095.16

中国国家版本馆CIP数据核字(2024)第084711号

Wilhelm Flitner, Allgemeine Pädagogik
First published at Ernst Klett Verlag, Stuttgart in 1950
„Gesammelte Schriften", vol. 2, „Pädagogik", Ferdinand Schöningh, Paderborn 1983
© 1950 Klett-Cotta -J. G. Cotta'sche Buchhandlung Nachfolger GmbH, Stuttgart
For the afterword © Ulrich Herrmann, Tübingen
Simplified Chinese translation copyright © 2024 by East China Normal University Press Ltd. All rights reserved.

上海市版权局著作权合同登记　图字：09-2017-038号

普通教育学：精神科学的视角（第15版）

著　　者　[德]威廉·弗利特纳(Wilhelm Flitner)
译　　者　彭正梅　顾　娟
责任编辑　师　文
责任校对　王　晶
版式设计　俞　越
封面设计　卢晓红

出版发行　华东师范大学出版社
社　　址　上海市中山北路3663号　邮编 200062
网　　址　www.ecnupress.com.cn
电　　话　021-60821666　行政传真 021-62572105
客服电话　021-62865537　门市(邮购)电话 021-62869887
地　　址　上海市中山北路3663号华东师范大学校内先锋路口
网　　店　http://hdsdcbs.tmall.com

印　刷　者　苏州工业园区美柯乐制版印务有限责任公司
开　　本　890毫米×1240毫米　1/32
印　　张　9.75
字　　数　231千字
版　　次　2024年12月第1版
印　　次　2024年12月第1次
书　　号　ISBN 978-7-5760-2461-6
定　　价　69.00元

出　版　人　王　焰

(如发现本版图书有印订质量问题，请寄回本社客服中心调换或电话021-62865537联系)

丛书总序

一

德国是教育学的故乡。在那里,教育学被尝试从不同角度做成一个个带有体系性的艺术品,这与当今盛行的英美教育研究是不同的。英美更多地寻求从儿童与成人类似的行动、从社会生活与学校生活的直接统一中去理解教育,并借以推动教育研究,而不寻求建立具有自身逻辑或学科性的教育学。

我国的教育则介于两者之间。我们对教育的理解,不仅强调"学",也强调"习",但更加强调的是"学而时习之",也就是说,"学"是永恒的,而"习"则是"不时的",并不像杜威(John Dewey)那样,把"学"与"习"直接统一起来,强调"Learning by doing"。在儒家传统看来,"学"是"学习成为人",是根本要求,是绝对命令,而"习"是需要契机的,受制于人生此在的偶然境遇。或"独善其身",或"兼善天下",是穷达的问题,是"时习之",但"学"是无条件的。因此,对于好学且早逝的颜回,孟子说:"禹、稷、颜回同道。禹思天下有溺者,由己溺之也;稷思天下有饥者,由己饥之也,是以如是其急也。禹、稷、颜子易地则皆然。"

"学"与"习"的这种关系也预示着,学习有时不是为了"习",或暂时不是为了"习",或暂时不需要"习"。这就为一种人为性的教育开启了空间,即在这种人为的而非自然的空间中,帮助人迈向这种终身性的学习之旅的活动,就是教育;而探讨如何帮助人走向终身性的学习之旅的学问,就是教育学。由于教育活动这种独特的人为性,教育学内在地拥有着自己的逻辑和使命。这是我们教育传统的基本特点。这也是为什么,尽管我们现在大力倡导英美式的教育理解和教育研究,但相对而言,我们对强调教育、教化自身逻辑的德国教育学传统有着更多的亲近感。

就像德国古典哲学及马克思主义哲学在中国的深沉接受一样,与德国哲学相连的德国教育学与我们传统的教育思考,也有着深层的呼应。例如,德国古典美学与中国文化的美育关怀有着令人难以置信的契合。因此,在阅读国内教育学者的作品以及在与他们的交谈中,我都能感受到并确信中德教育这种深层的呼应。对于中国学者的这样一种感受以及我的导师李其龙先生多年来的引导和示范,还有我与德国当代教育学家本纳(Dietrich Benner)二十多年以及与迈尔(Hilbert Meyer)十多年的密切交往,鼓励和促进着我对德国教育学的兴趣和研究。

但我对德国教育学的理解则只能是我的理解,或只是"一"种理解。因此,一直以来,我很想把当代德国流传最广的几部教育学经典作品引入到中文世界之中,让更多的同道和同仁与之直接对话,以激发更多不同的理解,以激发我们自己的教育学思考和促进教育学建设。

或者说,让作品自己说话,因为作品更能激发作品。

具体而言,出版这套丛书有以下五个目的。

第一,弥补文献。目前国内对德国第二次世界大战以后的教育作品引入不多,几乎还停留在言必称赫尔巴特的阶段,不能反映德国在赫尔巴特(Johann Friedrich Herbart)之后的教育学思考及进展。近年来,本纳及布雷钦卡(Wolfgang Brezinka)的作品开始被引入,但德国特色的精神科学教育学或文化教育学的作品及对其批判改造的作品一直没有被引入。

第二,强调教育基本原理的价值。随着教育研究的日益功利化和工具化,教育的基本原理相对受到忽视和轻视。作为一个曾经的后发国家,现代德国经历过皇帝时代、纳粹时代、被美苏占领时代、社会主义时代、资本主义时代和全球化时代,有着丰富的教育原理思考。本套丛书所选图书都是关于教育的基本原理或基本思想的作品。从德国教育传统来看,教育原理的最高境界是体系的艺术品。

第三,增加对德国教学论的理解。在德国,普通教学论与普通教育学两门学科有差异,但也具有高度的一致性。夸美纽斯(John Amos Comenius)的《大教学论》是一本教育原理的经典。国内对德国教学论的理解和认知,主要还是停留在赫尔巴特的教学论上,尽管华东师范大学出版社出版了当代德国著名教学论专家迈尔的四部研究作品。因此,本套译丛也选择了两本教学论作品,一本是克林伯格(Lothar Klingberg)的马克思主义教学论,一本是克拉夫基(Wolfgang Klafki)的批判—建构教学论。在我看来,推动对德国教学论的理解还需要引入德国原创性的教学论经典。

第四,彰显教育的文化性和人文性。目前我们对教育学的思考,正在受到排斥人的尊严、文化性和历史性的过度的实证研究的威胁,迫切需要重申教育学的人文性、文化性、历史性、自主性和世界开放性。教育和教育研究要捍卫成长中的个体的人的尊严以及对此进行思考的教育学的尊严,要对抗那些把教育学缩减为研究眼动和扫描大脑图像的实证风气。本套译丛所选的几部作品都是反对唯实证主义的研究。

第五，显示启蒙与文化的辩证。教育学固然具有文化性，但不是固守文化性。我们需要批判性地对待他人的文化，但同时也要批判性地对待自己的文化，走向文化和启蒙的辩证。没有文化的启蒙是危险的，没有启蒙的文化是愚蠢的。这是教育学对待一个正在启蒙的全球化时代的基本原则，也是德国教育学经历了不同历史时期的基本经验和教训。

这里拟结合本套丛书的选本对第五个目的略加阐释。本套丛书主要涉及德国文化教育学及其危机之后的发展。

在我看来，在德国现代教育原理的百年发展中，存在着一种启蒙与文化的恒久辩证。赫尔巴特继承了康德（Immanuel Kant）的教育的目的就是使每个人都能够到达"独立使用自己理性的成年状态"的理想，建构了德国具有启蒙精神的教育学体系（1806年出版的《普通教育学》）。但是，赫尔巴特教育学缺乏批判的历史意识或文化意识，无法回应生命成长的历史性和文化问题。

（1）这种强调文化意识的教育学体现在弗利特纳（Wilhelm Flitner）1933年出版，1997年已是第15版的《普通教育学》（*Allgemeine Pädagogik*，本套丛书的第一本）之中。

（2）但在20世纪60年代初，这种文化教育学（即精神科学教育学）走向了终结。因为在经验教育学家特别是布雷钦卡看来，它缺乏实证精神和科学证据，无力为教育实践提供有效的方案。而批判教育学认为，文化教育学缺乏批判精神，无法回应新的现实，因此呼唤教育学要重新回到康德的启蒙精神。1963年，克拉夫基出版了他对文化教育学的教化理论和教学论的理解，并提出了范例的教学论思想。但为了顺应"解放而不是教化"的新时代批判转向，克拉夫基又修正了自己的研究，这体现在1985年出版，2007年已是第6版的《德国教化理论和教学论新论》(*Neue Studien zur Bildungstheorie und Didaktik*,本套丛书的第二本)之中。批判教育学主要借助法兰克福学派的社会批判理论,强调个体的成年状态取决于社会的成年状态,因而在某种意义上是对康德启蒙精神的启蒙。

(3) 但是,在德国教育学不断走向社会批判、意识形态批判和经验研究之际,具有深厚人文传统和哲学传统的教育学界又表达了对教育学被其他学科"殖民"的忧虑,再次强调教育和教育学中的文化关联和辨证本质。出身于文化教育学传统后来又倡导转向批判教育学的莫伦豪尔(Klaus Mollenhauer)在 1983 年出版,2008 年已是第 7 版的《遗忘的关联:论文化与教育》(*Vergessene Zusammenhänge: Über Kultur und Erziehung*,本套丛书的第三本)中,重新从文化的视角来探讨教育学的基本问题,同时也显示了德国教育学的审美转向。

(4) 博姆(Winfried Böhm)则在 1995 年出版,2011 年已是修订版的《理论与实践:教育学基本问题引论》(*Theorie und Praxis: Eine Einführung in das pädagogische Grundproblem*,本套丛书的第四本)中,借助亚里士多德对技术、实践和沉思的区分,通过对教育思想史的考察,再次确认教育学本质上是一种实践的教育学,而不是技术学。

(5) 受马克思主义影响的德国教育学家克林伯格在其 1990 年出版的《论教师和学生在教学中的地位》(*Lehrende und Lernende im Unterricht*,本套丛书第五本)中,从马克思主义的视角指出,师生在教学中的位置存在着一种引导和自我活动的辩证关系。

(6) 本纳则在 1973 年出版,2001 年已是第 4 版的《教育科学主要流派》(*Hauptströmungen der Erziehungswissenschaft: Eine Systematik traditioneller und moderner Theorien*,本套丛书的第六本)中,对德国的现代教育学进行了历史反思,提出了教育学的发展模式。在这种反

思的基础上,本纳在其1987出版,2015年已是第8版的《普通教育学》中,从启蒙和文化的辩证的更高层面捍卫了现代教育学的自身逻辑。

因此,本套丛书所选择的六本德国当代经典涉及不同的教育学流派,在逻辑上体现了相互之间存在的某种呼应和回应,体现了德国当代教育学发展中的文化与启蒙的辩证。

多年来,国内教育学界对德国教育学都怀着积极的浓厚兴趣。我之所以去做这些不算学术成果的译介工作,是想回应国内那些对教育理论感兴趣的无数同道中人的直接和间接的关注与支持。

当然,更为重要的是华东师范大学教育学的传统和同仁的鼓舞,特别是叶澜先生的鼓励。叶澜先生指出,不要指责教育学,而是要建设教育学。而我本人也很荣幸地参与到叶先生团队的生命实践学派的建设和讨论中,并自觉地捍卫教育的自身逻辑。而她本人也对德国教育学有很深的兴趣和认识。从德国的教育传统来看,我们现在关于教育学及教育研究的某些提法和做法,失之偏颇,且遗忘了我们自己的传统。

人总是要劳作,人总是要在既定的条件下劳作。而我愿意为教育学而劳作,教育学就是我诗意栖居之处。我确信,而且我也发现,华东师范大学有很多对教育学有情怀的同仁。

我行走在丽娃校园已有二十余载了,徘徊或无奈中,总会感受到三种风景及基于连类取譬的教育学的多元视野。请往下看。

二

普陀东南有名苑,入其中,可见三处景观,可得三重视角。

时代的钟:进入园中,直行200米,便可看到一个巨大的钟,立于一个环形小园之中。小园连通着若干道路,拥挤的人车来往穿行,似乎为不停奔走的时针所驱使,神色匆匆、颜色憔悴。驻足而观,似多不知其所止。

文史的楼：行走的人啊，为什么这么匆匆。倘若后退几步，就会发现有古银杏林，可以休憩，可以徜徉。再退几步，就会发现文史的楼，入其中，或可想象威仪三千，琉璃世界。手之舞之，足之蹈之。走出文史的楼，再看时钟前茫然竞奔的路人，当有行迈靡靡之感。

望月的桥：穿过时代的钟，一座小桥静卧于丽娃河上。立于桥上，抬望明月阴晴圆缺，遂有追问"不动"之思；俯观丽娃粼粼的、流变的微波，难道那不是在昭示纯粹的、清澈的恒定世界？

作为比较教育学人，我常来往于这三个景观之间，或受教益，或有兴发。从这三种风景，亦可得多元的教育学视角。

现实的钟，会引发实证观察以及教育的兴趣。人心怨慕，风俗盛衰，天地生机，见人生足壮观。诗曰："绵蛮黄鸟，止于丘隅。岂敢惮行，畏不能趋。"诗又曰："饮之食之，教之诲之。命彼后车，谓之载之。"

文史的楼，可以兴发我们解释学的人文视角。教育学是人学，"天真的""非量化的"教育学，要优于"不天真的""算计的"实证主义"教育科学"。文化即是人性，即人的曾经的高度。没有贝多芬，何以解释儿童的音乐天赋。诗曰："人而无仪，不死何为。""岂曰无衣？与子同袍。"纲纪礼乐即同袍同衣，是精神的外化，是人的栖居之所。不学《诗》，何以表达自我，何以慎终追远。

望月的桥，可以感兴原理的兴趣，追寻大道至简的模式。苏子说："照野弥弥浅浪，横空隐隐层霄。"王国维先生忧虑地问："试问何乡堪着我？"诗曰："月出皎兮，佼人僚兮。舒窈纠兮，劳心悄兮。"诗又曰："所谓伊人，在水一方。溯洄从之，道阻且长。"

当然，还需要超越三种风景、三种视角的比较视野。我们总会想象和渴望域外的风景，人生安顿总是在别处。没有别处，就不会吾爱吾庐。在实证的、文史的和原理的视野中,还需要一种比较的视野。没有比较,何以了解自我,何以建构自我。没有自我,只能跟随他人。但封闭起来,独搞一套,空气污浊,危害亦大。从建构主义来看,从来都没有所谓的纯粹的照搬照抄。在开放和比较中,自我总是在感悟,总是在思考,总是在形成,总是在发展,总是在建构。在封闭中,只有暗弱、孤芳自赏和巨大的坟式的金字塔。

教育学需要实证的、历史的、原理的以及比较的视野。而比较的视野较为困难,其捷径之一就是借助翻译。多年来,我乐此不疲地做翻译,并把翻译视为比较教育研究的必要部分,依本人浅见,中国教育学的某些关怀和争论,在德语、英语和其他语种世界中早已经历过。我很早就想把这些争论及发展展现给国内同行,鼓舞其勇敢地孤行,使其避免不必要的重复,特别是不必要的眷恋和迟疑。当然,这里的假设是,人类必须走向对某些共同人性的培育,否则我们这个地球会面临更多无法解决的问题。各种力量都可以参与共同人性的商议和塑造。陆九渊说:"东海有圣人出焉,此心同也,此理同也;西海有圣人出焉,此心同也,此理同也;南海北海有圣人出焉,此心同也,此理同也。千百世以上有圣人出焉,此心同也,此理同也;千百世以下有圣人出,此心同也,此理同也。"

三

2006 年,我主导翻译并出版了本纳的《普通教育学》(华东师范大学出版社)。后来又翻译了布雷钦卡的《教育目的、教育手段和教育成功:教育科学体系引论》(华东师范大学出版社)和《信仰、道德和教育:规范哲学的考察》(华东师范大学出版社)、《康德论教育》(与李其龙先生合译,人民教育出版社)、《赫尔巴特教育论著选》(浙江教育出版社)、尼采的《论我们教育机构的未来》(商务印书馆)和《不合时宜的考察》(商务印书馆)。因此,加上目前这套丛书,相信读者诸君可借以窥见当代德国教育学的脉络及其特色建构了。

感谢华东师范大学出版社高教与职教分社的领导和编辑,正是他们独特的眼光和勇气,才使得我多年的心愿得以实现。这套青年时期就想做的丛书,像朵小梅花,等到了冬天才开放。但愿读者不要嫌她开得太迟。

最后,要特别感谢我年近八十的恩师李其龙先生。他不仅给了我在学术及人生方面的诸多教诲和教导,还停下手头《雅斯贝尔斯论教育》的翻译工作,亲自加入到本套丛书的翻译之中。其次,要感谢我的博士生顾娟,她对本套丛书的翻译和校对做出了重要贡献。还要感谢参与翻译和讨论的师生们,他们是张莉芬、苏娇、丁莉、彭韬、郭悦娇、毛云琪、温辉和张诗琪。

本套丛书是集体劳作的成果。

希望如此的辛劳,能激发有国际视野、中国特色的教育学的发展。一棵树摇动一棵树,一本书摇动一本书,一种情怀摇动一种情怀。

彭正梅于丽娃河畔

2024 年 5 月 20 日

译者序
"生命"和"文化"作为思考的核心：
弗利特纳的生命体验及其《普通教育学》

德国作为具有典型的大陆思想系统的国家，其拥有悠久的普通教育学（Allgemeine Pädagogik）传统，存在着数量众多的普通教育学体系。在我国，有两本比较流行的《普通教育学》，一本是1806年30岁的赫尔巴特所创作的《普通教育学》，另一本是当代著名德国教育学家，同时也是赫尔巴特研究专家的本纳于1987年出版的《普通教育学》（2004年，中文世界引进的是本书的第4版，中文版第8版已于2024年出版）。

这里要讨论的是德国教育学家弗利特纳的《普通教育学》。这是继赫尔巴特的《普通教育学》之后，德国另一个主流的普通教育学体系。如果说赫尔巴特的《普通教育学》属于启蒙传统，那么，弗利特纳的《普通教育学》则属于带有德意志民族文化特色的精神科学教育学传统。由于这个流派强烈的文化使命和关怀，精神科学教育学也被称为文化教育学。

弗利特纳的这本《普通教育学》，最初以《系统教育学》（Systematische Pädagogik）为名出版于1933年，1950年修订并易名为《普通教育学》，至1997年，已发行至第15版，是最具有德意志民族文化特色的《普通教育学》，也是德国20世纪下半叶最为流行的《普通教育学》①。这个体系体现了德国教育学界自近代以来致力于发展富有自己文化特色教育学的努力,受到理论界和实践界的广泛且恒久的认可,是自赫尔巴特《普通教育学》以来德国教育学的另一高峰和瑰宝。这两本《普通教育学》体现了德国自近代社会以来向世界开放并寻求自身特色的启蒙与文化的辩证,也体现了对更高的生命境界的追求。

本文将指出,狄尔泰(Wilhelm Dilthey)及其学派试图把德意志运动(Deutsche Bewegung)解释为一种追求整体性的生命理想和展现德意志文化特色的精神运动,并在此基础上建立了精神科学教育学。对作为德意志运动的一部分的青年运动和改革教育学运动具有深刻生命体验的弗利特纳,则建构了精神科学教育学学派的普通教育学,借以提出了一个具有德国文化特色和超越启蒙的生命理想的教育学基本思想体系,其与赫尔巴特的《普通教育学》一起构成了德国教育学传统的双璧。

一、寻求德国文化特色和教育学特色:德意志运动与精神科学教育学

狄尔泰认为,1770—1800 年在德国出现的奠定德国哲学和诗学的德意志运动,其核心是寻求新的更高和更为整体的生命理解,而要理解这种生命哲学则需要一种新的科学,即精神科学。狄尔泰的弟子们如诺尔(Herman Nohl)扩展了其导师对德意志运动的理解,把青年运动和改革教育学运动也视为德意志运动的一部分,认为这一运动不仅是寻求德意志哲学和诗学的运动,同时也是寻求建立具有德国文化特色的德意志教育学的运动,也就是精神科学教育学。

德国精神科学教育学是在与启蒙运动、理性主义和功利主义的教

---

① 陈洪捷.盘点 20 世纪德国教育理论的经典[J].北京大学教育评论,2009,7(2):162—169.

育思想的对抗中产生的,它是一种寻求不同于西方的,如法国的、英国的甚至美国的,具有德国文化特色、民族认同的教育学。按照精神科学教育学重要代表人物诺尔的观点,德国精神科学教育学是德国四次精神运动即德意志运动的结果。因此,没有对这个运动的理解,也就不可能深入理解精神科学教育学产生的缘由及其实质。诺尔的这种理解深受其导师狄尔泰的影响。

1867年,德国精神科学之父狄尔泰在巴塞尔大学就职报告中指出,1770—1800年德国经历了一场诗学运动和哲学运动(Die dichterische und philosophische Bewegung in Deutschland 1770—1800)。狄尔泰从历史的视野中看到一幅不同于从严格的科学和哲学视野中所看到的图景:"在一系列不变的历史条件中,德国在18世纪下半叶(1770—1800)产生了精神运动。这个运动从莱辛持续到施莱尔马赫(Friedrich Schleiermacher)和黑格尔去世,构成了一个封闭的整体。这个运动持续推进的力量源于其历史形成的动力,即建立一种令德意志精神可以找到满足的生命观和世界观。这些生命观和世界观已由我们的伟大诗人在这个运动中创造了出来,这些创造从内容来看就像一个新哲学在起作用……而现在,谢林、黑格尔和施莱尔马赫的体系不过是在逻辑上和形而上学层面来落实这些由莱辛、席勒和歌德所创造的生命观和世界观。"①

在狄尔泰看来,这个运动探讨人的使命,探讨真正有价值的生命内涵,探讨真正的教化,从而创造了一种新的生命理想,体现了一种德国特色的精神道路(Sonderweg)和世界观。他把这种生命观和价值观理解为德意志精神。也就是说,这个运动就是要寻求建立一种德意志精神可以奠基和繁荣的新的生命观和世界观,寻求一种真正有价值的

---

① DANIELA GRETZ. Die Deutsche Bewegung: Der Mythos von der Ästhetischen Erfindung der Nation[M]. Paderborn: Wilhelm Fink Verlag, 2007: 25.

生命意义,探求一种真正的德意志文化。不过,狄尔泰在巴塞尔报告之后并未继续探讨这个主题,而是由他的助手诺尔延续了这个主题,诺尔将其视之为自己的终身使命。

诺尔早在 1911 年的《德意志运动和理想主义体系》文章中就用新时代(Die Neue Epoche)来标示德意志运动,也就是与启蒙运动相对立的新时代。在诺尔看来,德意志运动开始于反对把理性反思作为唯一的确定的力量,反对理性主义的抽象和论证,反对心理学和自然科学的分析方法。因为诺尔认为,生命从根本上就是个体性的和非理性的,也是总体性(Totalität)的;生命的总体性只有通过体验(Erleben)才是可接近的。崇尚分离、分析和对立的认识性的理性只会摧毁和肢解生命。启蒙运动中的理性统治分裂了生命的统一性,而德意志运动的任务就是恢复这种统一性。德意志运动最初就不是科学性的,其目的是提升生命,提升生命的内涵以及新的创造性。在诺尔看来,生命的器官是感觉性、情感性的诗,而不是理性的计量和分析[①]。

按照这种思路,诺尔把德意志运动从狄尔泰所说的"1770—1800年"扩展为"1770—1830年"[②],并把这个运动分为以下三个阶段。

第一阶段是狂飙突进运动。诺尔把 1770 年左右的狂飙突进运动作为德意志运动的起点。他指出,在国家尚未实现政治统一的背景下,狂飙突进的思想家致力于建立统一的德意志精神,寻找德意志内在性的突破。对德意志的特性和内在性的寻求,促进了新生命感(Lebensgefühl)的产生和发展,并将其体现在这一时期的诗歌、艺术等

---

① DANIELA GRETZ. Die Deutsche Bewegung: Der Mythos von der Ästhetischen Erfindung der Nation[M]. Paderborn: Wilhelm Fink Verlag, 2007:41.
② HERMAN NOHL. Die Deutsche Bewegung. Vorlesungen und Aufsätze zur Geistesgeschichte von 1770—1830[M]. Göttingen: Vandenhoeck & Ruprecht, 1970: 87—230.

社会的各个文化系统中,使得德意志成为"诗人和思想家的民族",开启了德意志自身的启蒙。

狂飙突进运动被认为是德意志精神形成的"青春期",年轻一代希冀德意志文化摆脱英法影响,反叛启蒙运动对理性的崇尚,批判德国各邦国专制主义和资产阶级无趣狭隘的生活及其形成的相应的道德观,追崇生命的非理性和自由,高扬返回自然、个性解放的旗帜。年轻的歌德(Johann Wolfgang von Goethe)及席勒(Friedrich Schiller)无疑是这一时代的领军者。

第二阶段是理想主义运动。理想主义运动是"德意志运动最内在的动力",它与狂飙突进一代的思想结合起来,成为"德意志理想主义伟大时代到来的基础",推动了德意志精神更内在地、更自发地发展,生命的统一性有了更高的结合。在诺尔看来,"分离是生命的条件……生命到处寻求分离,以便不断有新的结合。但这种分离现在是在生命的总体结构的框架内发生的"[1]。

在第二阶段,康德的精神独立及其创造性的理论成为理想主义的开端;席勒试图通过用游戏冲动说来缓和康德哲学中感性和理性冲动之间的矛盾,从而成为德意志运动转向新立场的支点;费希特(Johann Gottlieb Fichte)则提出自我意识、绝对自我观念,以反对康德"物自体"的论述。在这个阶段,人文主义的新教育理论用这种对人的统一性的提升取代了对知识的获取,其最深的一点是达到了自我的确定性,即它与人的统一性相连[2]。

---

[1] HERMAN NOHL. Die Deutsche Bewegung. Vorlesungen und Aufsätze zur Geistesgeschichte von 1770—1830[M]. Göttingen:Vandenhoeck & Ruprecht,1970:177.
[2] HERMAN NOHL. Die Deutsche Bewegung. Vorlesungen und Aufsätze zur Geistesgeschichte von 1770—1830[M]. Göttingen:Vandenhoeck & Ruprecht,1970:178.

第三阶段是浪漫派运动。浪漫派运动"将诗歌运动(Die Dichterische Bewegung)中产生的伟大的生活内容、新的自然观、新的心理学和历史学从费希特式的自我中引申出来,从而把整体的更高生命(Das Höhere Leben)建立在新的统一的确定性上"①。这一时期,德意志运动出现了一种百科全书式的走势,一种从统一背景中组织整个文化领域的趋势。这种百科全书式的生命自我,以进步性的目的论为背景,认为世界是从无机自然界经过动植物到人的发展,又在精神生活的各个领域分阶段完成了绝对生命(Das Absolute Leben)。其中,基本理想(Grundideal)再次成为这代人的驱动力,即"确信自己的统一性高于生命的分离性,并克服永远处于对立面的永恒的进步过程"②。

德意志运动的第三阶段更加强调整体观念,其用目的论解释自然和人类社会,强调精神生活与宗教相结合,强调民族有机体(Volksorganismus)的概念,并消除了狂飙突进中表现出的某种远离人民的倾向,寻找民族精神的历史统一性以及由这种统一性所驱动的联合体。国家不是个人的、自然的集合体,国家也富有生命,是整体的、道德的。

诺尔认为,德意志精神在19世纪下半叶开始腐败、堕落。"民族统一运动(Die Nationale Einheitsbewegung)为新人文主义学科提供了基础。"③这就开启了德意志运动的第四阶段。

---

① HERMAN NOHL. Die Deutsche Bewegung. Vorlesungen und Aufsätze zur Geistesgeschichte von 1770—1830[M]. Göttingen:Vandenhoeck & Ruprecht,1970:194.
② HERMAN NOHL. Die Deutsche Bewegung. Vorlesungen und Aufsätze zur Geistesgeschichte von 1770—1830[M]. Göttingen:Vandenhoeck & Ruprecht,1970:192.
③ HERMAN NOHL. Die Deutsche Bewegung. Vorlesungen und Aufsätze zur Geistesgeschichte von 1770—1830[M]. Göttingen:Vandenhoeck & Ruprecht,1970:229.

在新人文主义以及舍勒(Max Scheler)、狄尔泰的生命哲学推动下,德国开始了重塑德意志精神之运动,寻求德意志最原始的生命统一性,发展日耳曼精神,形成德意志精神的统一体。新人文主义者认为,如果为国家和人类献身工作的动力不至于只剩下私人利益的话,那么就必须保留生活的理想。这种理想性与对精神事实如道德、宗教和艺术的公正欣赏联系在一起,从而赋予个人生存以意义,赋予民族生命以统一性。在舍勒看来,民族生命的统一性是所有历史生命的承载者,要敢于基于民族历史建立民族的道德体系。狄尔泰在其《德意志精神史研究》(*Studien zur Geschichte des deutschen Geistes*)中致力于发展民族的日耳曼精神,使之成为伟大的统一体,这个统一体体现在文学、艺术、宗教等各方面。狄尔泰还在其生命哲学中寻求再次显示德意志运动率先发现的、与康德哲学对立的范畴[1]。

在第四阶段,德意志运动不仅体现在社会主义运动和青年运动中,还体现在试图把民族认同与教育改革联系起来的改革教育学运动中。诺尔把德意志精神的危机定义为民族认同的危机。他这样论证:"人们可以把民族认同称为构成民族本质的更高生命的统一性,也可以称之为民族的信仰。没有它,民族就会堕落;有了它,就可以成功应对最困难的事情。今天这一切都取决于我们的民族在困境的时刻,能够意识到其更高的生命的统一性。……难道不存在我们即使在家里也可以借以认识我们自己的精神生命的坚固土壤吗?这是对我们德意志教育学提出的生死攸关的问题。这里人们要认识到:教育学与我们总体上的民族命运,也就是一种带有德意志特色的德意志的教化,

---

[1] HERMAN NOHL. Die Deutsche Bewegung. Vorlesungen und Aufsätze zur Geistesgeschichte von 1770—1830[M]. Göttingen: Vandenhoeck & Ruprecht, 1970: 229—230.

是最为密切地交织在一起的。"①

诺尔认识到，只有教育才是民族危机和人民不幸的唯一药方；只有教育才能拯救德意志精神；德意志教育学是德意志运动的结果或完成。从这个角度，诺尔把德意志运动理解为教化的对象(Bildungsgegenstand)，并把教育学作为重建德意志身份的构成部分："我现在认为，我们拥有这样一种与德意志运动关联的国民教育的宝库。德意志运动是一场伟大的精神革命，最先开始于狂飙突进运动，开始于对德意志艺术的反思，并最终突破了集聚着我们古典时代的德意志的内在性；德意志运动的第二次波涛产生于浪漫派运动，发现了伟大的民族的客观物(Objektivitäten)；经过停滞和异化之后，由于外在获得的民族统一与德意志精神之间的矛盾，第三次波涛体现在1870年之后的拉加德(Paul de Lagarde)和尼采(Friedrich Wilhelm Nielzsche)的……文化批判之中，体现在狄尔泰新建立的精神科学和生命哲学之中……也体现在包括肯定教育的伟大的改革运动之中，体现在支持新德意志人性和新的民族文化的青年运动、成人教育运动之中。"②

这样，诺尔把19世纪末开始的改革教育学运动视为德意志精神运动的第四次表现。这也说明，德意志运动不仅在哲学、诗学、伦理等生命领域展开，同时也将在教育学中展开。这是他的一个经典著作《德国教育运动及其理论》(*Die pädagogische Bewegung in Deutschland und ihre Theorie*)所要回答的问题。

---

① DANIELA GRETZ. Die deutsche Bewegung: Der Mythos von der Ästhetischen Erfindung der Nation[M]. Paderborn: Wilhelm Fink Verlag, 2007: 43.
② DANIELA GRETZ. Die deutsche Bewegung: Der Mythos von der Ästhetischen Erfindung der Nation[M]. Paderborn: Wilhelm Fink Verlag, 2007: 41.

诺尔在这本书里延续了德意志运动的思维，把改革教育学的不同流派如乡村教育之家运动、艺术教育运动、从儿童出发的教育运动、内在性的学校改革运动、劳作学校运动、体操和体育学校运动等，概括为统一的德意志精神运动。这个统一的运动先是产生于哲学或艺术的伟大运动，目的是促进精神世界的更新，促进生命的新形式，并认为建立在现时代的沙滩上的生命，不是本真的生命。也就是说，在诺尔看来，青年运动、成人教育运动以及改革教育学运动是第四次德意志运动。

诺尔关注的并不是这些改革教育学运动的形式和组织、课程等，而是这些运动的内在本质。在他看来，这些运动多是从社会下层发起的，会把民族引向一个整体，同时发动整个社会去提升或实际落实德意志生命/文化，并会产生统一的德意志民族文化。改革教育学运动也是德国特殊道路的一个重要体现。

因此，在诺尔看来，1770—1830年的文学、哲学和艺术运动奠定了德意志精神，奠定了德国民族文化的根基。但从19世纪下半叶开始，德国社会文化发展开始堕落，德国精神找不到自己的政治躯体。而19世纪末开始的改革教育学运动均试图重建德国文化或更好生命的统一性。所有这些运动，无论形式如何不同，都服务于或趋向于统一目标，即更高的生命以及德意志特色的文化。新的德意志运动的目的就是培养德意志新人，使人民精神化，达到更高的生命的统一。教育的核心就是教化，教化是改善整个社会的发动机。

按照诺尔的理解，德意志运动始终以统一的理想为导向，在其所有过程中保持迈向共同体的意志。这样一来，德意志运动不同时期的代表们对生命的统一性的寻求与诺尔的教育思考在根本上是一致的：为了促进德国文化的统一和克服共同体解体的危机。基于这种文化使命，诺尔试图借助教育以产生新人，并建构富有德国文化特色的教育学，即精神科学教育学。也就是说，精神科学教育学是德意志运动的产物。精神科学教育学是德意志运动的一部分。

如果说德意志运动追求德国特色的生命理想和文化理想，那么，对这个运动进行教育学阐释的精神科学教育学也是一种独特的德国教育学流派。狄尔泰曾做了一个历史的、系统的精神科学教育学的草案（见《狄尔泰全集（第9卷）》，1924年），但他的大部分作品在他去世后才出版。有些研究者包括他的学生继承了他的基本思想，并于20世纪20年代共同建立了精神科学教育学。这样一种富有德国文化特色的教育学，除在纳粹期间一度中断以外，直到20世纪60年代一直主导着德国教育学界。

德国精神科学教育学的五大著名代表人物斯普朗格（Eduard Spranger）、诺尔、利特（Theodor Litt）、弗利特纳（Wilhelm Flitner）以及维尼格（Erich Weniger）对精神科学教育学的贡献各不相同，但只有弗利特纳具有一种历史的、系统的思维意识，建构出精神科学教育学的普通教育学，为精神科学教育学奠定了一种基本共识，体现了精神科学教育学的最高水平。

二、文化和生命的交织：青年运动中的弗利特纳

我们知道，近代德国的现代性发展要晚于法国和英国，开启现代性的启蒙运动也晚于英国和法国。因此，德国社会生活各个领域现代性的启蒙运动相当于或被感受为是引进一种"外来精神"。德国有些知识分子在赞叹和羡慕这种马背上的现代性的"世界精神"的同时，也因这种"外来精神"激发了自己的文化自尊，刺激了他们的文化意识和文化觉醒。狄尔泰和诺尔所认识和归纳的"德意志运动"的文化使命，以及由此激发出来的建立具有德国文化特色的教育学的教育使命，都

试图超越外来的启蒙和现代性①。对此,我们可以从诺尔的学生弗利特纳对德意志运动的认识、参与和表达中,更为生动和具体地去认识。

(一) 参与青年运动,寻求德意志精神

弗利特纳于 1889 年 8 月 20 日出生在德国魏玛附近的巴特贝尔卡(Bad Berka)的一个中产家庭。其父亲是图林根州的一名铁路官员,母亲则来自哥达(Gotha)的车轮匠家庭。他的童年时代是在一种自由的路德教派的虔诚中度过的,然后他去了慕尼黑读大学。由于当时耶拿大学对本邦弟子免学费,弗利特纳于 1909 年转入耶拿大学,学习日耳曼文学、英语文学、历史和哲学。

弗利特纳在耶拿大学结识了对其产生重要影响的狄尔泰的助手诺尔。因此,他并未跟随耶拿大学赫尔巴特学派的莱茵(Wilhelm Rein)教授学习教育学,而是跟着诺尔学习哲学,当然主要是学习诺尔所理解的狄尔泰的生命哲学。彼时的诺尔在狄尔泰的推荐下刚刚来到耶拿大学工作,其身份是学生付费的私人讲师。诺尔在耶拿大学并不讲授教育学,而是讲授哲学,深受学生欢迎。

18 世纪末,费希特在耶拿大学建立了一个被称为"自由人联盟"(Bund der freien Männer)的团体,赫尔巴特是其成员。20 世纪初,诺尔在耶拿大学也建立了一个经常讨论当时的科学、社会和文化主题的学生团体,即"自由学生文学联盟"(Literarischen Arbeitskreis der Freien Studentenschaft),弗利特纳是其成员。正是通过这个协会,弗利特纳参与到了德国当时的青年运动中,特别是积极参与书商迪德里希斯(Eugen Diederichs)所领导的自由学生运动,并成为其著名的成员。这个群体被称为"塞拉社团"(Serakreis),是早期德国青年运动和

---

① 彭正梅. 如何寻找真正的德意志文化:论尼采不合时宜的教育批判[J]. 教育学报,2020,16(4):3—19.

生活改革运动的一个部分。

青年运动的成员主要是15—25岁的高中生和大学生。他们倡导生活改革、回归自然、裸体主义以及改革教育等。这个运动最初起源于1896年柏林教师费舍尔（Karl Fischer）所倡导的游鸟运动（Wandervogel Bewegung）。

游鸟运动的成员们拒绝现代大城市生活，对工业革命持悲观态度。他们嘲笑贪婪和物质主义以及新出现的企业心智，同时反对学校的压制和父母的权威。他们厌恶政治中的虚伪，以及威廉皇帝时代完全基于出身和财富的严格的社会等级制度。他们试图通过山林漫游的方式，寻找未被现代文明浸染的生活空间和生活方式。他们对过去有种理想主义的浪漫的观念，渴望简单的生活，渴望一种青年文化，一种真正尊重个体的文化，寻找并信奉一些更高的价值观。

游鸟运动的成员大多穿短裤和远足靴，喜爱在没有现代设施的帮助下去重新发现自然，他们在野外游历，睡在星空之下，在篝火边上唱古老的德意志民歌，并发明了一种彼此问候的方式"Heil"（意思是向你致敬）。

德国青年运动从1900—1914年得到迅速发展，像是一种"扩展的青春期"吸引着处于现代化、工业化和功利化时期德国苦闷的青少年。随着卷入运动的青少年的增加，德国主流的政治和宗教势力开始关注青年运动，想方设法争取青年人。于是，青年运动逐渐开始分化，并具有了政治色彩。1914年第一次世界大战爆发，多数青年运动成员表现出对战争的热情，积极去战场参战，把为国而战视为一种高贵的体验，认为战争会把他们塑造为"新人"。当时有百万青年死于战场。

像早期的青年运动一样，弗利特纳所参与的"塞拉社团"强调自然服饰和健康饮食，如拒绝喝酒、抽烟甚至吃肉，强调民族舞蹈、歌曲、戏剧表演和远足,举办每年一度的篝火聚会。塞拉社团还与耶拿大学学术界及其社团建立联系。但与传统的大学生活如兄弟会(常常举办喝酒活动,偶尔还有决斗)不同,塞拉社团提倡一种新的社交方式,建立有组织的阅读聚会,以促进相互讨论和志同道合学生的自我教育。

青年运动帮助青年逃离官方的教会、权威的学校教育、礼仪化的资产阶级以及成人社交中的非精神性,而尼采、大卫·施特劳斯(David Friedrich Strauss)、费尔巴哈(Ludwig Andreas Feuerbach)甚至马克思(Karl Marx)等人的社会批判也鼓舞了他们。尽管这些思想彼此并不一致或存在着矛盾,但弗利特纳希望能从中找到一种普遍有效的人性理想之根。这种人性理想所体现的不是启蒙和物质主义的平庸,而是通向本真的人性,通向真正的民族精神①。

弗利特纳在塞拉社团认识了他后来的妻子伊丽莎白·查普斯基(Elisabeth Czapski),与逻辑实证主义者卡尔纳普(Rudolf Carnap)成为了最亲密的朋友,并保持了终身的友谊。卡尔纳普1910年在耶拿大学学习哲学和数学,也曾受教于诺尔。

1914年第一次世界大战爆发,塞拉社团成员都相信,德国在进行一场自卫战。社团绝大多数人拥护战争,并把参与战争视为一种自我实现的手段。社团大部分成员自愿加入了军事服务。这也显示,尽管这些成员强调个体自由和生命价值,但当国家面临危机时,他们大都选择挺身而出,为国而战。弗利特纳和卡尔纳普都选择去战场保卫祖国。由于不少成员没能从战场上归来,塞拉社团逐渐解体了。幸存者在耶拿附近的陶滕堡森林(Der Tautenburger Wald)放置了一块纪念

---

① MEIKE WERNER. Generationsheimat［M］//PETER FAULSTICH. Wilhelm Flitner. Jugendbewegung, Erwachsenenbildung und Erziehungswissenschaft. Weinheim und Basel:Beltz Verlag,2015:99—116.

石碑,又称为塞拉石。

对于塞拉社团的经历,弗利特纳回忆道:"人们在这里超越了19世纪的社会分裂,追求衣食的自然朴素,追求居住的美和简单,复兴了艺术感,寻求使艺术重新去塑造生命和生活。"①塞拉社团以及自由学生文学联盟的经历,使得其成员的社会行动、交往和生活风格出现了一些新的变化,促进了成员的自我革新和成长。

特别是在这些社团共同体中的自由交流和讨论,在弗利特纳看来,就是一种哲学性的新生活或精神性的新生命。他在一篇诺尔指导的作品中写道:"在哲学人的生活中,除了追求对现实的认识,还存在一种按照其世界图像来引领人的工作的意志。这就是它具有重要历史意义的原因。……哲学思想只有通过对话和辩论中的直接交流,才能获得最强大的生命力,因为对话一直是它最根本的形式。耶拿的哲学协会的任务是通过学生社团促进这种交流。在耶拿大学的光辉时期,大学出于同样的目的建立了一个类似的协会,即在费希特自由人联盟倡议下成立的自由学生文学联盟。联盟在1794—1799年经历了短暂的鼎盛时期。在我们当前联盟的旧章程中规定,在每学期结束的论坛会上,应向联盟发起者费希特举杯。如果今天的联盟可以将自己视为自由人联盟的延续,因为它追求类似的目标,那么它就不是微小的榜样,就不是对生命的丰富活动的微小邀请。"②

可以看出,早期弗利特纳向往哲学性的理解的共同体,认识和体会到共同体的认识功能和对生命、社会的改造功能。这个题为《耶拿

---

① SEBASTIAN MÜLLER ROLLI. Erziehung und Kommunikation: von Rousseau bis Heute[M]. Opladen, Berlin, Toronto: Verlag Babara Budrich, 2013: 135.
② SEBASTIAN MÜLLER ROLLI. Erziehung und Kommunikation: von Rousseau bis Heute[M]. Opladen, Berlin, Toronto: Verlag Babara Budrich, 2013: 135.

的文学社团:费希特学生的哲学联盟 1794—1799》(*Die literarische Gesellschaft zu Jena:eine philosophische Vereinigung der Schüler Fichtes 1794—1799*)的作品于 1911 年发表。这也是弗利特纳第一个公开发表的作品。它体现了弗利特纳对费希特哲学的认识,对真正的青年运动的期待,同时也体现了他自己的生命理解和世界理解,并使之与诺尔所归纳的德意志运动的早期努力呼应起来或一致起来。

我们知道,雅各宾派的恐怖政治让许多曾经热情欢迎和同情法国大革命的德国知识分子改变了立场,但费希特对这场伟大的革命则始终采取了肯定的态度。他指出,法国大革命对人的自由、人的权利和人的价值的肯定,对于全人类都是重要的,是人类的终极目的。因此,"无论是什么国家宪法,只要它的终极目的与此完全相反——对一切人进行奴役,使一个人得到自由而让一切人的教化都服务于一个人的目的,阻止导致大多数人自由的种种教化,它就不仅能加以修改,而且也确实必须加以修改"①。但相对于革命,费希特更加强调人的教化,强调通过人类的教化来培养人的一切力量,以达到完全自由的目的,或者说,达到日益完善的境地。

弗利特纳认可费希特的这个观点,并赞同费希特哲学的基本主张。他在其 1912 年的博士论文中进一步探讨了费希特哲学的教育意义。弗利特纳的博士导师是诺尔,其博士论文题目是《胡尔森和自由人联盟》)(*August Ludwig Hülsen und der Bund der freien Männer*)。论文所探讨的胡尔森(August Ludwig Hülsen)是德国早期浪漫派哲学家、作家和教育家。胡尔森于 1795 年转入耶拿大学,并与费希特创立的自由人联盟建立联系。弗利特纳在其博士论文中探讨了费希特对

---

① [德]费希特.纠正公众对于法国革命的评论[M].李理,译.北京:商务印书馆,2017:译者序言.

胡尔森的三重影响①。

第一，费希特在其最初的政治作品中表现出一种不断的战斗意愿，语气大胆、力量雄辩，他同情德国雅各宾式青年，并对学者提出这样的使命：对真理的毫无保留的热爱，对一切与"理性"相抵触的事物进行最严格的审查和改造。这唤醒了青年人的政治的和教育的动力，使德国政治化。

第二，费希特宣告了一种新的人类形象，其第二个影响指向人的内在性。这种新的理想形象可以在内容上被描述为人类所有力量的统一和人与自身的统一。德国美学成就在他那里得到了传承。启蒙运动所鼓吹的理性主义使人被简略化，人的有机统一被分裂了。德意志运动一直致力于消除所有分裂的问题。在费希特那里，批判哲学现在成为实现人类统一的"器官"。在哲学中，人反思自己，在自己身上发现自己精神的统一联系，其目的与世界行动的创造原则相同，即自我是所有现实的源泉。通过哲学，人超越了可耻的现实，进入到了更高的"意识"领域。在知识学带来的这种意识中，年轻一代看到了一种伟大的提升，看到了为之准备的未来。这样一来，意识追求就等同于把人从粗糙的自然存在转化为经过教化的整体人。而且，哲学在这个时代就获得了中心地位。哲学不再是专业人士和博学者的事务，而是涉及人的内在文化（内在教化）的问题。成为哲学家不是一个特殊的职业，哲学不能与人的生成相分离。这一代所有重要的人物，都不遗余力地追求知识和教化。

第三，费希特将人提升到意识阶段等同于自我反思。在其自身

---

① SEBASTIAN MÜLLER ROLLI. Erziehung und Kommunikation: von Rousseau bis Heute[M]. Opladen, Berlin, Toronto: Verlag Babara Budrich, 2013: 139—140.

中，人的存在独立于所有外部影响，这样，人会发现他的自我，发现作为"宇宙的承载者"的自我。精神世界作为更高的事物与整个外部世界处于对立之中，它依赖自身存在，形成一个自足的王国。费希特的这种教导给予了年轻人一种难以言喻的力量感，而且这种教导还被一种"一切个体都包含在一个纯粹精神的伟大统一体里"的公式所补充。

弗利特纳在论文中所确认的费希特对胡尔森的三重影响，也可以被视为费希特对弗利特纳的影响，以及弗利特纳试图借助费希特哲学对青年运动的阐释，并把诺尔所理解的德意志运动的某些内在一致性给揭示出来。

弗利特纳一方面参与青年运动，另一方面借助前面所说的两个作品来对青年运动及其所体现的理想进行哲学反思，并通达早期德意志运动的核心。这也体现了弗利特纳想践行一种理论和实践的统一，或者说一种知行合一。

不过，弗利特纳认为，青年运动并不关心政治。尽管在"自由信仰"时期(1913—1919)，青年运动的成员对社会主义、马克思主义、社会问题、法律哲学和国家进行了大量的讨论，但这场运动并没有把形成自己的政治纲领作为其目标。相反，青年运动的核心在于教育。这是19世纪德国的一个独特之处，即教育承诺不包括政治承诺，甚至可以远离那些迫切的政治问题。也就是说，青年运动中的自我教育是在没有政党政治联系的青年社区，比如"塞拉社团"中实现的。

弗利特纳称书商迪德里希斯为"塞拉社团"之父，赞扬他当时向社团成员展示了生命的方方面面，激发了成员身上学校和大学无法触及的力量；将其带入一种在德国鲜为人知的社会生活形式。与此同时，他还赋予这种精神生活和社会生活一种深刻的民族形式；他还开拓了一大群年轻人的眼界，让他们了解德意志风俗和形式，了解民间传说和社交活动以及一般的人际交往。弗利特纳称其为"德国新教育的教师的教师",为"整个民族带来一种新的教育学",为现代人恢复了一种德意志民族真正纯洁的本性,唤醒了现代人的直觉、本能、忠诚和尊敬的力量,同时也唤起了他们的教育使命①。

但是,第一次世界大战的战争经历和具体的政治承诺导致了最初的自由德意志凝聚力的瓦解。塞拉社团也于1919年6月在耶拿树立一个纪念碑以纪念死者而终结。

(二) 致力于成人教育,捍卫统一的民族文化整体

1918年,德国在第一次世界大战中战败,并陷入政治和社会的混乱。彼时的青年运动仍然反对回归旧的社会状况,仍然致力于创造理想主义的新时代,创造更好的德国,甚至更好的世界。但青年运动也逐渐开始分化,出现了政治、议会、宗教和体育等不同取向的青年社会主义者、青年民主派、青年保守派等。与第一次世界大战前不同,许多这样的群体都穿着统一的军事化服装,建立了正式的内部等级,群体领导者被称为领袖,并出现了管理上的领袖原则等。从这些希望把德国引向未来的政治团体中,德国工人党在巴伐利亚成立了,后为希特勒所领导。1920年,希特勒把这个党易名为德国国家社会主义工人党,简称纳粹党。同年,希特勒授权成立纳粹党青年联盟。纳粹党反对当时的魏玛民主政府,从而进一步推动了青年运动的政治分化,甚至对立。

从第一次世界大战战场归来的弗利特纳认识到,为了应对德国战败所带来的社会、政治危机,德国需要发展成人教育。他在战争中发

---

① ULRICH HERRMANN. Wilhelm Flitner 1889—1990: Pädagoge und Bildungstheoretiker Goethe-Forscher und Kulturphilosoph [M]. Bad Heilbrunn: Verlag Julius Klinkhardt, 2021: 263—264.

现,工匠、店主、农民群体中的很多人有着丰富的艺术天赋,但德国有教养阶层却与这些群体存在着巨大的鸿沟。"这个鸿沟,即不同群体存在着不同的学校教育,对国家和文化来说,都是一个需要迫切加以关注的弊端和恶。这些群体的语言、思想范围、历史意识以及政治原则都极其迥异。诺尔说,不应该这样。不管战争的结果如何,一旦我们回到家乡,我们就必须创造新的开始,坚决支持学校改革,并立即从事成人的继续教育和精神复兴,迈向一种新的'自由的民众教育'。这不需要等待国家来做,可以通过公民自发活动来推进。"①

弗利特纳认识到,社会的所有阶层都存在着杰出的个性和值得尊重的人格。为了建立一个新的民主国家的精神基础,"长远来看,必须推进教育系统改革,但近期要做的就是在社会所有阶层立即深化成人教育"②。

弗利特纳后来回忆说,正是在战争期间,成人教育成为他的关注焦点和使命③。在诺尔的鼓励之下,他于1919年4月1日建立了"图林根成人学校"(Volkshochschule Thüringen)。

图林根成人学校的宣传介绍中指出:"我们民族的复兴和重建,除了经济转型之外,还需要扩展精神生活,以及让所有人都参与我们所共同拥有的精神财富。除了重组我们的学校教育之外,我们还需要一个新的社区,其中,所有人不仅都要继续致力于他们的专业教育,而且

---

① WILHELM FLITNER. Die Erwachsenenbildung der Weimarer Zeit(1979)[M]// WILHELM FLITNER. Gesammelte Schriften. Bd. 1. Erwachsenenbildung. Paderborn,München,Wien,Zürich: Verlag Ferdinand Schöningh,1982:322.
② WILHELM FLITNER. Erinnerungen 1889—1945. Gesammelte Schriften. Bd. 11 [M]. Paderborn,München,Wien,Zürich: Verlag Ferdinand Schöningh,1986:260f.
③ WILHELM FLITNER. Die Erwachsenenbildung der Weimarer Zeit(1979)[M]// WILHELM FLITNER. Gesammelte Schriften. Bd. 1. Erwachsenenbildung. Paderborn,München,Wien,Zürich: Verlag Ferdinand Schöningh,1982:321.

在今后的生活中,尽管面临诸种艰难困苦,但为了我们民族精神创造的荣耀及精神劳动的发展,仍愿意保持心胸和思想开放。"①这个新社区就是图林根成人学校。

实际上,德国当时的成人教育运动有着不同的模式,例如:指向中产阶级(慕尼黑和斯图加特)的模式;指向大城市中的工人阶级的模式;指向失业者和工厂工人(莱比锡)的模式。但图林根的模式则指向所有人。弗利特纳发现,在德国,只有少数的生命被精神所浸润。而如果人们把这些人作为标准,其他人就会降落到半教养和无教养的层面,他们中只有极少数人才能进入教士阶层的教养层面②。

弗利特纳在1921年出版的《平民教育》(*Laienbildung*)开篇指出:"平民教育的实质内涵意味着,在劳作的和粗俗的生活中植入一种精神的生活。"③弗利特纳指出了一系列平民精神面临威胁的现象:"现在也必须清楚地看到,我们所设想的教育是怎样的。它是牧师式的。民众无法触及其精神,也无法窥探这种教育的深度——然而,这种教育出现后却受到社会极大的尊重,并使得所有仍然有赖于民族中隐秘的平民精神而存活的事物被荒废掉了,如语言、歌曲、诗歌、绘画艺术——特别是把我们维系在一起的总体艺术作品的魔力给荒废了。"④

---

① ULRICH HERRMANN. Wilhelm Flitner 1889—1990: Pädagoge und Bildungstheoretiker Goethe-Forscher und Kulturphilosoph [M]. Bad Heilbrunn: Verlag Julius Klinkhardt,2021:26.
② WILHELM FLITNER. Laienbildung [M]//WILHELM FLITNER. Gesammelte Schriften. Bd. 1. Erwachsenenbildung. Paderborn, München, Wien, Zürich: Verlag Ferdinand Schöningh,1982:30.
③ WILHELM FLITNER. Laienbildung [M]//WILHELM FLITNER. Gesammelte Schriften. Bd. 1. Erwachsenenbildung. Paderborn, München, Wien, Zürich: Verlag Ferdinand Schöningh,1982:29.
④ WILHELM FLITNER. Laienbildung [M]//WILHELM FLITNER. Gesammelte Schriften. Bd. 1. Erwachsenenbildung. Paderborn, München, Wien, Zürich: Verlag Ferdinand Schöningh,1982:60.

基于这样一种文化使命,弗利特纳在《平民教育》中批判了两种流行的文化批判主义的教育观。

第一种以本茨(Richard Benz)为代表。本茨批判了德国社会的文艺复兴趋向,认为德国人与拉丁世界的联系以及对古希腊、古罗马社会的模仿,是对本土精神的背离;现代理性科学摧毁了本土质朴的创造力;这些事件的致命后果就是人被分为受过教育的文人和未受过教育的文盲。

第二种以赫利格尔(Hermann Herrigel)为代表。赫利格尔批判诺尔等新的平民教育者,即成人教育者对平民教育的热情及其"克服教育阶层的分裂"的努力。在他看来,人民的精神健康正是因为他们保持着天真和质朴;教育使人走向个性化和理性化,只会扼杀人单纯的精神性,摧毁其生命的纯真。生命的共同体本来就是质朴的,对自己一无所知的。平民教育家努力建立一个新的全民的精神共同体,但却利用和传播一种科学的文化,这显然是南辕北辙、自相矛盾的。

弗利特纳反对这两种观点,他试图通过普遍的民众教育来保存文化传统,激发感性经验,发展科学和理性精神。弗利特纳指出,未来的国民教育将创造性地迈向一个新的精神性的共同体,但同时也与现代科学、技术和理性协调兼容,并建立在自由德国青年运动的基本经验之上。他既反对片面的所谓德意志民族的教育理念,同时也反对纯粹的科学教育。弗利特纳新的教育理念是让非学术界和社会各阶层获得科学的态度,同时也要让一种德国理想主义意义上的真正的整体性(Die Wahre Totalität)得以再次显现。也就是说:新的教育理念首先需要减少社会的文化和教育的分裂;其次应与整体性的哲学体系,如理想主义的同一哲学(Die Idealistische Identitätsphilosophie)和生命哲学等建立起联系①。

弗利特纳试图把这种新教育理解整合进自己的新教育共同体之中,以使学术世界可以从其非现实性中解放出来,使民众的精神世界从其衰退过程中挺立起来,并找到一种与现代科学技术相一致,同时又能对其加以改善和丰富的生活方式。弗利特纳的这种新教育观在本质上是庶民的、平民的,而非教士的、精英的。

弗利特纳甚至还攻击了洪堡(Wilhelm von Humboldt)的教育观念,认为洪堡过于偏重沉思的和纯粹科学的生存。相反,弗利特纳不仅要把学术的生存从其脱离生活的片面性中解放出来,也试图把平民的精神从其委顿的生活中超拔出来,让它们成为一种与现代科学技术的生活方式相一致,同时对其加以丰富和形塑的生命存在。新的有教养者的核心就是平民精神。这种平民将成为创造性的行动者,并与精神世界相遭遇,使精神世界植根到其自然的粗俗的活动之中。可以看出,弗利特纳的平民精神不是回到中世纪田园牧歌的农业社会,而是生存于有着劳动分工、带有机器和统计学的现代社会。在弗利特纳看来,科学已经成为现代社会的支柱,每个人都不得不寻求一种与科学相关的职业。

弗利特纳的成人教育与其教育理想是一致的,即让所有人都卷入到精神的生命之中,从而用生命的整体和统一来沟通和塑造民族的整体与统一。因此,他的成人教育并不是单纯的实践导向或技术培训,而是借助德意志精神去培养人的内在统一性和真正的人性。

弗利特纳对成人教育的论述带有某种审美色彩,因为他所钟爱或孜孜以求的德意志精神或文化,对于成人来说也许并不实用。但弗利

---

① SEBASTIAN MÜLLER ROLLI. Erziehung und Kommunikation: von Rousseau bis Heute[M]. Opladen, Berlin, Toronto: Verlag Babara Budrich, 2013: 141—145.

特纳期待的是重建民族的共同体,是由精神的生命所产生的整个民族的统一性和凝聚力。战争的经历让他认识到统一的民族、民族的团结、民族共同体以及他所挚爱并维护的民族的德意志精神或文化的重要性和迫切性。显然,一个政治上可持续的社会,只有其成员分享精神生活的创造才有可能存在①。

弗利特纳的平民教育试图把旧传统和现代科学、技术和理性联系起来,以建立精神的文化的共同体。这在当时是一种乌托邦的想法。因为德国制度中的精英主义或贵族主义问题并不是靠普及教育就能解决的,且不说在这种制度下,普及教育是否能够真正实行也是个问题。弗利特纳的这种平民教育观带有某种前现代的民族共同体的色彩,并与后来纳粹宣扬的共同体有着某种潜在的联系②。

不过,与纳粹政治共同体概念不同的是,弗利特纳始终坚持认为教育工作必须对政治保持相对自主性,以便能够履行其自身使命。为了这一目的,政治必须创造和维持这一保护空间,以使教育不会成为特定利益或政党利益的工具。

三、用教育和文化来抵制恶:弗利特纳的教育和文化研究

随着纳粹势力在德国不断崛起,德意志运动,特别是德国青年运动的文化和生命关怀,逐渐走向式微或政治化,弗利特纳最初对纳粹政权的某种期待也逐渐走向失望。他开始以教育和文化研究来应对人性内在的和外在的恶。

---

① ULRICH HERRMANN. Wilhelm Flitner 1889—1990: Pädagoge und Bildungstheoretiker Goethe-Forscher und Kulturphilosoph [M]. Bad Heilbrunn: Verlag Julius Klinkhardt,2021:32.
② PETER FAULSTICH. Wilhelm Flitner. Jugendbewegung,Erwachsenenbildung und Erziehungswissenschaft[M]. Weinheim/Basel:Beltz Verlag,2015:32.

(一) 把人性中的恶纳入教育学体系思考之中

除了青年运动和第一次世界大战的经历,德国的改革教育学运动直接推动了弗利特纳的教育使命和教育学思考。在弗利特纳看来,改革教育学运动培养的正是他孜孜以求的生命感,即新感性。"教育和社会的改革运动用一种新的感官享受来对抗内心世界的禁欲。旧教育学强调知性、概念性,强调服从、勤奋和守时,强调谦虚和适度,而把需求和意志力放在一边。相反,改革教育学则强调通过运动、音乐教育和'体力'工作来获得感性体验。这样的体验不是通过理智探讨,而只能通过实践才能获得。"①

改革教育学运动不是一种教学改革,其独特性可以用它在青年运动中形成的自我教育实践来解释。这一运动倡导一种新的青年自我教育和自我教育文化,反对传统的权威,并因此要求改革传统文科中学里的权威传统。青年运动实践了这样一种风格的转变,对文科中学改革提出了相应的要求。

改革教育学运动所坚持的基本原则是:以儿童或学生的需求和兴趣为导向;学习是一种自我活动,面向创造力和接近生活;学校作为一个生活社区,强调自我责任和共同责任;在一个民主学校里建立有益的师生关系②。这些原则也为弗利特纳所认可。在他看来,无论改革教育学基本原则在哪个学校实施,那里的学生都会感到舒适,家长们也会为他们鼓掌;所有这些学校都认真对待学生的需求,并为此制定

---

① ULRICH HERRMANN. Wilhelm Flitner 1889—1990: Pädagoge und Bildungstheoretiker Goethe-Forscher und Kulturphilosoph [M]. Bad Heilbrunn: Verlag Julius Klinkhardt,2021:36.
② ULRICH HERRMANN. Wilhelm Flitner 1889—1990: Pädagoge und Bildungstheoretiker Goethe-Forscher und Kulturphilosoph [M]. Bad Heilbrunn: Verlag Julius Klinkhardt,2021:40.

了明确的标准;所有这些学校都激发了学生的活力;学校鼓励的氛围取代了审查的压力和对学校的恐惧①。

弗利特纳信任改革教育学运动的人性理想和实践潜力,对其进行研究和推广,并将其作为自己教育学思考的经验和证据。1925年,弗利特纳还与精神科学教育学其他代表人物一起创办了《教育》(*Die Erziehung*)杂志,以探讨教育理论发展和实践变革,探讨教育与其他文化领域,如国家、法律、经济、宗教、世界观和艺术等的相互关系。该杂志于1925年10月出版第一期,并取得了不同寻常的成功。第一年就有2000份订阅量,1930年增至4200份②。

《教育》杂志成为精神科学教育学的重要发表阵地。弗利特纳称该杂志的教育意志与德国古典时期的教育学以及拉加德、凯兴斯泰纳(Georg Kerschensteiner)、斯普朗格等伟大改革家的主要倾向是一致的。这种教育意志并不局限于教派阵营,它寻求我们民族所有的教育力量,寻求适应时代和人民的实际情况。而且,这种教育意志也可能在完全相反的阵营中以相关的形式表现出来③。

1923年,弗利特纳师从耶拿大学赫尔巴特学派教育家莱茵,完成了大学授课备选资格,并于1926年在新建成的基尔师范学院担任哲学和教育学编外教授。他讲授的课程涉及平民教育、改革教育学运

---

① ULRICH HERRMANN. Wilhelm Flitner 1889—1990: Pädagoge und Bildungstheoretiker Goethe-Forscher und Kulturphilosoph [M]. Bad Heilbrunn: Verlag Julius Klinkhardt, 2021: 50.
② ULRICH HERRMANN. Wilhelm Flitner 1889—1990: Pädagoge und Bildungstheoretiker Goethe-Forscher und Kulturphilosoph [M]. Bad Heilbrunn: Verlag Julius Klinkhardt, 2021: 58.
③ ULRICH HERRMANN. Wilhelm Flitner 1889—1990: Pädagoge und Bildungstheoretiker Goethe-Forscher und Kulturphilosoph [M]. Bad Heilbrunn: Verlag Julius Klinkhardt, 2021: 66.

动、青年研究和社会教育学。弗利特纳还举办了"普通教育学"讲座。

1929年,40岁的弗利特纳成为汉堡大学正教授,开启了其职业生涯的新时期。当时的汉堡大学决定把培养国民学校教师的任务纳入到大学之中,这在当时也是一个民主进步的标志。弗利特纳主持教育学讲席,同时负责教学研究所的教师教育。

教师教育是弗利特纳教育思考的重要一环。他反对"教师是天生的"的观点,认为教师需要进行科学培养。早在1926年,弗利特纳就开始对普鲁士国民学校教育新规定做出回应,认为国家应该尽可能让教育革新的力量流入那些新学校。为此,需要建设与大学关联的教师培养机构或类似于高校的学术机构。按照弗利特纳1929年的构想,教师教育应该在一种两个阶段结构的框架内进行。第一个阶段持续两年,在大学进行理论学习,结束时进行第一次考试;第二个阶段也是两年,未来的教师在教师职业中熟悉自己的工作,结束时进行第二次考试。这种理论训练与实践训练相结合的教师培养方式,是为了培养新型的"人民教师"[1]。弗利特纳的这个培养模式本着改革教育学运动的精神,将全民的普通教育和教化作为新国家的教育任务,即作为一项公众任务。

弗利特纳提议,教师教育要回应当代问题,要讨论当代的教育争议,批判性地思考新旧教育方法,把握改革教育学运动新知识内容和历史的关联,从而认识到自由的方法建构的空间从哪里开始。为此,"教师教育需要展现教育科学的总体关联,从而使那种当代问题丧失

---

[1] PETER PAULSTICH. Wilhelm Flitner. Jugendbewegung, Erwachsenbildung und Erziehungswissenschaft[M]. Weinheim und Basel:Beltz Verlag,2014:164—165.

其插曲性,并作为一个体系的要素而变得可见"①。

为了对围绕当前教育和教化问题的教育学争论进行分类,弗利特纳建议学习精神科学教育学,因为精神科学教育学的总体背景一方面是由历史决定的,另一方面是由对教育情境的反思决定的。这种精神科学教育学的系统思考体现在弗利特纳1933年出版的《系统教育学》,也即后来改版的《普通教育学》之中。

弗利特纳很早就开始思考教育学体系问题。在耶拿大学作私人讲师时,他就宣布在1924年和1926年的夏季学期讲授普通教育学;1927年的夏季学期和1927—1928年的冬季学期在基尔大学也讲授过普通教育科学。在其学术生涯开始时,弗利特纳发现大学教育学领域缺乏结构,人们无法找到这一学科的基本思想,他便给自己设定这样一个任务:就是系统整理教育领域令人困惑的大量思想,以弄清楚教育思考的过程,描述教育的现实状况及其意义结构,把握时代的教育学状况。如此建构的系统教育学自然是一种精神科学的教育学,也就是说,弗利特纳试图建构一个精神科学教育学的基本结构②。

在《系统教育学》中,人被视为一种自由的存在,在内心深处体验到的道德责任的要求下,人从低级的自然存在上升到高级的道德存在。这体现了弗利特纳对人性的乐观主义态度以及对教育力量的信任。

但是,20世纪20年代中期以来,德国对教育力量的信任日益成为问题。人们开始讨论教育的界限问题,如本菲尔德(Siegfried

---

① PETER PAULSTICH. Wilhelm Flitner. Jugendbewegung, Erwachsenbildung und Erziehungswissenschaft[M]. Weinheim und Basel:Beltz Verlag,2014:168.
② ULRICH HERRMANN. Wilhelm Flitner 1889—1990: Pädagoge und Bildungstheoretiker Goethe-Forscher und Kulturphilosoph [M]. Bad Heilbrunn: Verlag Julius Klinkhardt,2021:110.

Bernfeld)。人们惊恐地发现人性中源始的恶（Das Ursprüngliche Böse）。弗利特纳把这一点纳入其系统教育学的思考之中。对于相信通过理性的力量能够控制欲望和激情的启蒙运动，弗利特纳予以尖锐回应："尽管这种观念在欧洲曾发挥重大作用，但今天必须消除这样的观念。我们的人类学观点表明了我们追求完善的努力是有限的，这其中存在着自我欺骗，这就表明我们有意地规范生活是不可取的，这种努力有一种恶魔倾向，会让理性机器的非人性和缺少爱的灵魂技术代替人的真实存在。"更为关键的在于，人要对自己的有限性、内心的恶魔、物质和精神的追求有清晰的认识。人只有在源于宗教的爱、忠诚和信任中，在奉献中才能成为"真正的人"①。

但这并不意味着弗利特纳拒绝西方世界所称的"人性的理想"（Ideal der Humanität）。相反，他认为，如果神学再次确信，它必须把人性排除在教育之外，那么它就没有理解教育的必要性。相对于宗教的绝对要求或存在意识，人文主义不会终结。教育要培养有工作能力的、有政治责任感的人，使之在工作和公共生活中完成自己的任务，只有这样才能为更好的精神生活创造前提条件。相应地，教育者虽然应当为时代和特定的任务来培养学生，但这只有在当他同时使学生不依赖于时代并在末日审判的宗教精神下生活时，才可能成功②。这种宗

---

① OTTO FRIEDRICH BOLLNOW. Die Stellung Wilhelm Flitners in der Entwicklung der Neueren Deutschen Pädagogik[M]//HELMUT PEUKERT, HANS SCHEUERL. Wilhelm Flitner und die Frage nach einer Allgemeinen Erziehungswissenschaft im 20. Jahrhundert. Weinheim und Basel：Beltz Verlag，1991：47—57.
② OTTO FRIEDRICH BOLLNOW. Die Stellung Wilhelm Flitners in der Entwicklung der Neueren Deutschen Pädagogik [M]//HELMUT PEUKERT, HANS SCHEUERL. Wilhelm Flitner und die Frage nach einer Allgemeinen Erziehungswissenschaft im 20. Jahrhundert. Weinheim und Basel：Beltz Verlag，1991：47—57.（这里的"末日审判"是指基督教末世论的观点。它认为，现世界最后终结时，上帝会审判一切活人和死人，蒙恩者将升天堂，有罪者会下地狱，魔鬼会被丢入"火湖"中受永罚。）

教的人文主义信念或人文主义的宗教信念,在他稍后由于政治之"恶"被迫进行的歌德研究中得到加强。

弗利特纳到汉堡大学不久,德国政治开始发生重大变化。弗利特纳1923年曾短期加入社会民主党,但后脱党成为无党籍人士。随着纳粹党的兴起,当时有些汉堡大学的教授加入纳粹党,甚至穿着纳粹党制服上课。大多数的教授对魏玛共和国表示怀疑,甚至敌视。但1930年,弗利特纳却公开表示支持魏玛共和国及其宪法:"我们国家的宪法致力于一种还没有实现的理想……作为宪法前提的公民的成年状态以及公共责任的力量,目前仍然还是一个理想。但是,如果得出结论说,我们要现实地看待德国国家公民,并把他们视为未成年状态,那么,这是一种倒退、一种错误。这样的结论忘记了,只有严肃地对待他们而不是戏弄他们,通过加于其上的责任来期待把他们提升到更高的人性状态,他们才能被唤醒进入成年状态。"①

在纳粹党势力迅速上升之时,弗利特纳称魏玛共和国是"我们的国家",捍卫魏玛宪法以及公民的启蒙理想,认为德国社会的公民参与、民主即将陷于危机之中。1933年,希特勒被兴登堡(Paul von Hindenburg)任命为帝国总理,然后是德国议会被解散、帝国大厦被焚烧、自由选举被限制以及反动的普鲁士与纳粹意识形态达成和解。

1933年3月27日,弗利特纳写信给他参与创办和主编的《教育》杂志的编委成员斯普朗格,决定在4月份的期刊中对时局做出回应。斯普朗格的文章题为《1933年3月》(*März 1933*),弗利特纳的文章题为

---

① WILHELM FLITNER. Erziehung und Schule im Neuen Volksstaat(1930)[M]// WILHELM FLITNER. Gesammelte Schriften. Bd. 12. Nachlese. Biographisiches-Erwachsenbildung und Volkshochschule-Pädagogische Positionen und Impulse-Würdigungen-Nachkriegszeit-Philosophische Reflexionen und Kulturphilosophie. Paderborn,München,Wien,Zürich:Verlag Ferdinand Schöningh,2014:350.

《1933 年 3 月 5 日之后的德国教育状况》(*Die Deutsche Erziehungslage Nach Dem 5 März 1933*)。按照克拉夫基的理解,两人在文章中都明确地对时局变动以及纳粹运动表示了欢迎,并称这体现了一种德国民族精神的复兴,"民族提升的意志"是纳粹运动的积极核心,纳粹运动是德意志民族找回自身的运动。也就是,1933 年 3 月是令人激动的日子①。这两个人,特别是斯普朗格认为纳粹恢复了民族自豪感和荣誉感,恢复了自信的民族精神、德意志理想,他希望通过对新政权的妥协和适应来为教育和教育学赢得某种自主和独立。但事实证明,对一个极权社会来说,这是一种幻想。

人们发现,在支持希特勒的教授签名中也有弗利特纳的签名。尽管有人质疑这些签名的真实性,但至少弗利特纳放弃了公开反对,并一度加入纳粹教师联盟②。

德国局势越来越严重,自由被剥夺得越来越多。1935 年以后,弗利特纳开始疏远纳粹。1937 年,弗利特纳被解职,但解职证书没有送达给他。1936 年,汉堡大学的教师培训被转到新成立的学院,弗利特纳便开始探寻一般精神科学的问题,特别是对晚期歌德的作品的研究。这显然是一种逃避或无声的反抗。这也表明,弗利特纳并不想因时代而毁弃和浪费自己的生命。这显示了一种生命的韧性。此时的

---

① WOLFGANG KLAFKI. Die gegenwärtigen Kontroversen in der Deutschen Erziehungswissenschaft über das Verhätnis der Geisteswissenschaftlichen Pädagogik zum Nationalsozialismus[R/OL]//WOLFGANG KLAFKI. Erziehung-Humanität-Demokratie. Erziehungswissenschaft und Schule an der Wende 21. Jahrhundert. Neun Vorträge. Marburg,1998.
② RAINER NICOLAYSEN. Wilhelm Flitner (1889—1990)—ein Klassiker der Erziehungswissenschaftler? Zur 125. Wiederkehr Seines Geburtstags [M]. Hamburg:Verlag der Staats- und Universitätsbibliothek Hamburg Carl von Ossietzky,2015:14.

弗利特纳的研讨班还是反抗希特勒的青年运动分支"白玫瑰"组织在汉堡地区的秘密集会点。

(二)应对时代之恶,弗利特纳对歌德和西方生活方式的研究

对歌德的研究,体现了弗利特纳在学术上的先后侧重。弗利特纳在一个报告中指出,文化哲学和教育学是他的两个学术关注点,但文化哲学的研究处于首位,因为只有文化哲学才能扩展教育学的理论视野,而教育学则关注实践改善。从当时的情况来看,实践的路已经走不通了,研究文化哲学也是一个"被迫"的优先选择①。而且这个优先选择,也是为了应对时代之恶。

弗利特纳发现,歌德用一种断念和内在世界的苦行来积极回应西方文化在进步主义的启蒙运动和法国大革命中所引起的某种虚无主义问题。"歌德的苦行主义服务于一种指向世界、到处都落实到行动并保持一种真正的虔敬的生活方式。从文艺复兴以及……18世纪的法国道德主义者那里,出现了一种完全世俗化的道德。特别是,由于尼采思想的推动,这种完全世俗化的道德观对我们时代的有教养人士,从而也是对民族的影响仍在不断地增长。实际上,这种完全世俗的、最终会走向虚无主义的倾向之所以还没有对西方教育的核心取得胜利,主要是歌德的功劳:急迫地拥抱宗教的和道德的内容。"②因此,在弗利特纳看来,歌德并未偏离西方文化,反而是在捍卫一种人文主义的基督教。正是歌德在诗和宗教的基础上树立起了一个形而上学

---

① RAINER NICOLAYSEN. Wilhelm Flitner (1889—1990)—ein Klassiker der Erziehungswissenschaftler? Zur 125. Wiederkehr Seines Geburtstags [M]. Hamburg: Verlag der Staats- und Universitätsbibliothek Hamburg Carl von Ossietzky,2015:64.

② WILHELM FLITNER. Gesammelte Schriften. Bd. 6. Goethe im Spätwerk. Glaube, Weltsicht, Ethos [M]. Paderborn, München, Wien, Zürich: Verlag Ferdinand Schöningh,1983:347f.

的新希望。

这里用弗利特纳对歌德的教育小说《威廉·麦斯特的漫游年代》①(Wilhelm Meisters Wanderjahre)中威廉给苏珊娜的信的阐释来加以说明。弗利特纳把这封信称为《告诫书》(Mahnbrief)。这封信的原文如下②:

每个人从他生命的诞生起,开始是不自觉的,然后是半自觉的,最后才是全自觉的,不断有条件、有限制地置身在他的位置中。因为没有人认识生存的意义和目的,生存的秘密被至高的手遮蔽,于是他只好摸索、攫取,让其自流,悄悄地停留,不断地活动,踌躇不前和仓促从事。总之,以各种方式产生一切使我们迷惑的错误。

甚而深思熟虑的人在日常的世俗生活中,也不得不聪明地应付目前,所以一般达不到洞明事理的程度。他很少拿得稳今后应当转向何处去,究竟他该做什么,不该做什么。

幸而你们不停的积极的生活进程,回答了这一切以及其他成百个稀奇古怪的问题。继续直接重视日常的义务,同时考验你们的心地是否纯洁和精神是否自信。当你们在自由的时候深长呼吸,发现自己有挺身卓立的余地,那么,你们也就肯定会赢得对待崇高事业的正确态度,那是我们怀着崇敬心情不顾一切为之献身的崇高事业,要用肃然起敬的心情观察发生的每一件事情,并且从中看出一种更高的指导思想。

弗利特纳认为,歌德这里提出的是人的有限性问题。他把这封信的第一段称为生命的激情阶段,人的有限性表现在人服从于爱欲;将

---

① 也译作《威廉·迈斯特的漫游时代》。
② [德]歌德. 威廉·麦斯特的漫游年代[M]. 董问樵,译. 上海:上海译文出版社,1995:382—383.

第二段称为理性阶段,表示人试图通过理性思考来处理这一限制。但这种尝试只会使人认识到,人性在其感性和理性方面都是有限的。而对这个问题的唯一答案就是采取一种人文化的基督教苦行主义的态度和行动,这样才能使人最小化地减少他对其有限性的服从。因此,弗利特纳称这封信的第三段为普遍信仰阶段,也就是说,人虽然具有有限性,但普遍信仰世界的善,而人性则是宇宙的体现[1]。

在弗利特纳看来,即使最明智的灵魂也被迫审慎地应对日常生活中的当务之急,因此无法达到真正的明智。这说明哲学思考也无法克服第一阶段所描述的人的有限性问题。尽管哲学考察会带来安慰,但第一阶段所表述的人的基本境况是绝对无法改变的。然而,对社会现实的总体感知,会产生一种对人的有限性的乐观主义的回应,即通过许多这样的有限个体的协作努力,可以克服这些人的有限性境况,并由此产生了一种普遍的宗教信仰。

实际上,《威廉·麦斯特的漫游年代》中的一个核心概念就是"集体",即一种现代性的协作。与传统家庭成员之间的等级关系不同,集体成员相互之间是伙伴关系;每个成员并不是松散的个体,而是一个链条上的一个环节。在集体运作时,每个环节都必须发挥自己的功能;否则,一根大的链条里只要有一个环节断裂,它就会毁掉整个事业。因此,通过"断念"而获得的个体自由,并不是一个任性的自由,而是通过集体中的个体协作,来完成个体无法独立完成的事业,从而克服人的有限性。《威廉·麦斯特的漫游年代》不仅强调个体自由,还强调"集体"观念,强调人与人相互之间的合作。

在《威廉·麦斯特的漫游年代》的"教育省"(Pädagogische

---

[1] WILHELM FLITNER. Goethe im Spätwerk[M]. Bremen:Carl Schuneman Verlag,1957:268—275.

Provinz)中,学生要学习和演练对神明、地灵和同伴等的三种敬仰方式:第一种敬仰方式是受教育者"相信天上有一个上帝,他的形象就反映和显现在他的父母、师长和首领身上";第二种方式则是要求他们敬仰"提供活命的食粮"的大地;第三种敬仰方式旨在鼓励学生"振作精神,把目光投向自己的伙伴"。这时,他笔直地无所畏惧地站在那里,因为只有在团体中他才能与整个世界相抗衡。这说明:"对神明和地灵的敬仰体现了歌德的自然观和泛神论的宗教观,而对同伴的致敬则强调的是集体意识。""为此,人们需要克服无益的'激情',回归'计划理性'。'行动'与'断念'构成了一种既对立又互补的辩证关系,'断念'既是人们'行动'的前提,也是其'行动'的必由之路。"因此,小说主人公们都是通过"漫游"来明确自己的人生目标,找到自己在集体中的位置,协作完成集体的使命。生命固然应是一个又一个的行动,但这些行动都是以"断念"为前提而形成集体意识和能力的[①]。而面对一个又一个的成功任务,个体会产生一种弗利特纳所判断的歌德所说的宗教感。

可以看出,在歌德那里,"断念"并不意味着从世界上逃离,或者从充实生活的世界退回到某种形而上的本质。恰恰相反,"断念"意味着放弃自我主义,适应社会生活,乐于助人。这是面向善的理念,出于对人的爱的纯粹活动。这是一条内心世界禁欲主义的道路,它的目的不再是让人们逃离这个世界,以便将他们聚集到上帝面前;而是将他们暴露给这个世界,同时使他们在内心聚集中获得真正的满足。他们应该爱、行动和享受,遵循自然的冲动,但在心中保持秩序,在精神上坚

[①] 冯亚琳. 歌德小说《威廉·迈斯特的漫游时代》中的"行动"与"断念"观[J]. 杭州师范大学学报(社会科学版),2017,39(4):107—112.

定不移地指向上帝①。

弗利特纳少时在魏玛长大并求学于耶拿,深受这两座城市的文化熏陶,他不仅认同歌德对启蒙精神、浪漫派和古典精神的综合的建构尝试,同时还通过自己的研究发现认可歌德的道德思考和宗教思想。其心目中的歌德形象同时也是其教育的理想人形象。对歌德这一形象,尼采的表述或许更为精彩:"歌德……自己置身于整体性视域之中;他从未脱离生活,而是置身其中,他从不气馁,尽可能多地承担、接受和采纳。他追求的是整体;他克服了理性、感性、情感、意志的互相分离(与歌德意见相反的康德通过最可怕的烦琐哲学加以宣扬的就是这种分离);他在完善性方面训练自己、塑造自我……歌德是一个不切实际的时代里的一个坚定的实在论者……歌德构思了一种伟大的、学识渊博的、身形灵巧的、有自制力的、有自尊心的人;这样的人敢于享用自己的全然领域和资源,强大得足以享受这种生活:容忍之人不是由于虚弱,而是源于强大,因为在平庸之辈行将崩溃的场合,他仍然知道如何把这样的场合用于自己的利益;……这样一种自由的精神,带着快乐和信任的宿命论置于宇宙和信仰之中:被摒弃的只是个体,而万物则在整体上得到了拯救和肯定……"②

可以看出,弗利特纳从歌德的晚期作品中发现了基督教传统的核心真理:一种人文化的宗教。弗利特纳所说的歌德的宗教的人文主义,不是盲目乐观和任性的人文主义,而是有所断念、有所弃绝的人文

---

① ULRICH HERRMANN. Wilhelm Flitner 1889—1990:Pädagoge und Bildungstheoretiker Goethe-Forscher und Kulturphilosoph[M]. Bad Heilbrunn:Verlag Julius Klinkhardt,2021:164.
② [德]尼采. 尼采著作全集(第6卷):瓦格纳事件、偶像的黄昏、敌基督者、瞧,这个人、狄奥尼索斯颂歌、尼采反瓦格纳[M]. 孙周兴,李超杰,余明锋,译. 北京:商务印书馆,2020:190—191.

主义；弗利特纳所说的人文主义的宗教，并不是从世界退隐和不参与世俗生活，而是一种积极有为的乐观主义的宗教。弗利特纳对基督教人文主义以及自由意志的强调，与纳粹政权的意识形态形成了张力——反对其野蛮和不文明，反对其自负的、不加限制的狂妄和狂悖。因此，我们不能认为对歌德的研究表明弗利特纳远离了政治，他反而是在寻求和捍卫一种新的人性理想。

1948 年，弗利特纳编辑出版了《歌德教育思想》(Goethes pädagogische Ideen)。这本书的跋于 1941 年在《教育》杂志上发表，题为《〈威廉·麦斯特漫游年代〉中的教育专区和歌德教育学》。他的《后期作品中的歌德：信仰、世界观和伦理》在 1947 年出版，这使得他被视为当时著名的歌德研究者，并在 1963 年获得阿尔弗雷德·特普菲尔基金会(Alfred Toepfer Stiftung F. V. S.)颁发的歌德奖(Hansischer Goethe-Preis)。

为了应对第二次世界大战后德国社会的价值虚无主义，弗利特纳还转向了对西方生活方式的研究。他对欧洲的生活方式的类型学的探讨源于 1941 年发表的《国民学校思想的四个来源》(Die vier Quellen des Volksschulgedankens)，并在 1947 年的《西方模范和未来教育》一文中加以细化。这些思想系统地体现在其 1967 年出版的《西方生活方式史》(Geschichte der abendländischen Lebensformen)之中。弗利特纳认为，在古代西方出现了"教士""修道士"和"摄政者"的生活方式；中世纪出现了"骑士""基督教工人"的生活方式；文艺复兴时期出现了"人文生活方式"和"宫廷侍臣"；18—19 世纪出现的国家公民是最新的生活方式①。不难看出，弗利特纳借用了狄尔泰和斯普朗格的"生

---

① HELMUT HEILAND. Wilhelm Flitner. Zum 100. Geburtstag am 20.8.1989[J]. Erziehen heute,1989,39 (2):25—30.

活方式"概念。与斯普朗格从心理和结构上发展生活方式不同,弗利特纳通过精神史和解释学的分析来阐述从古代到现代的欧洲文化和思想史。

对于弗利特纳来说,"欧洲"不仅是一个文化历史和文化哲学的主题,而且是一个文化政治和教育的使命;欧洲生活方式的历史就是争取自由的历史,忘记这一点将招致重新陷入野蛮化的惩罚。弗利特纳对欧洲生活方式历史的研究,并不是为了复古,而是带有一种未来主义的意图。他关注的是古希腊、罗马、犹太、基督教以及现代国家的生活方式中的乌托邦因素和未来因素,总体上旨在建立一个自由的、面向个人的社会。

弗利特纳对第二次世界大战后的虚无主义深感忧虑,"二战以后,我再次关心如何克服当代思考中的虚无主义和相对主义问题。……共同的伦理判断以及一般而言的精神的地位比以前任何时候都更加不确定。我把这种境况的不安和疑难带入到我的讲座中,特别是针对那些从战场上和被俘者中回来的学生……必须进行新的反思。基督教、现代科学和技术以及政治学说再也不能像其至目前为止那样继续了……必须进行新的哲学思考。哲学和科学、科学和技术之间的关系,必须从伦理上重新加以确定,必须重新唤醒精神生活!我们要从一种不同的视角再次去认识和体验它们:人的变化的创造性的现实。……人(应该知道)如何作为一个人格的存在站在其他人面前,不可被完全理解地站在其他人面前,知道如何积极地创造性地理解自己,知道如何勇敢地从每一个苦难中挺立起来"①。

对于"一种经常听到的但却错误的说法,即今天的世界不再拥有

---

① WILHELM FLITNER. Gesammelte Schriften. Bd. 11. Erinnerungen 1889—1945 [M]. Paderborn, München, Wien, Zürich: Verlag Ferdinand Schöningh, 1986:404f.

固定的价值尺度,我们的时代不能再为年轻人提供理想了",弗利特纳在 1963 年指出:"如果这意味着我们缺乏乌托邦的信念,缺乏改善世界的宏图,缺乏对超凡魅力的领袖和先知似的知识的信任,那么,这种说法是好的,即使这样的理想找不到信念了。但是,如果这意味着年轻人再也找不到有意义的使命,不会再被提供值得努力的目标、值得奋斗的带有伟大伦理内容的生命计划,那么,这种说法就是错误的。因为这意味着它看不到我们眼前的一系列使命……因为这像以前的时代一样,人总是能部分地、根本性地把历史命运掌握在自己手中,未来没有被确定,人总是有可能通过理性和对秩序的爱来理解人的事物,使之不丧失人性。"①

弗利特纳认为,所有人都要从良心上反思第三帝国及其灾难;魏玛共和国的弱点之一就是其政党之间缺乏一种对国家的情感和道德的纽带的政党制度。因此,民主政治要是以政治教育为前提,政治教育的核心就是道德教育。而道德教育的核心就是回归西方传统文化,而不是美国化,即战后美国在德国实施的再教育(Re-education)运动。

可见,弗利特纳依然像第一次世界大战后那样,希望通过教育来应对危机。不过,第一次世界大战后他试图通过教育来弥合社会中的分裂,并形成一种统一的民族文化,第二次世界大战后他试图捍卫传统的文化及价值观。

1945 年之后,弗利特纳并没有步入政坛,而是成为著名的社会活动家,积极地发表公共讲演,参与政策咨询和政策制定。他认为有责

---

① WILHELM FLITNER. Gesammelte Schriften. Bd. 12. Nachlese. Biographisiches-Erwachsenbildung und Volkshochschule-Pädagogische Positionen und Impulse-Würdigungen-Nachkriegszeit-Philosophische Reflexionen und Kulturphilosophie[M]. Paderborn,München,Wien,Zürich:Verlag Ferdinand Schöningh,2014:823 f.

任推动教育改革和教师教育,提升整个社会的教育素养,推动整个社会的价值重建。这对战后唤醒人民对伦理、民主和自由的信念,重建一个民主、自由的社会尤其重要。

也是基于这种使命,弗利特纳为第二次世界大战后德国文科中学的改革做出了重要贡献。这主要体现在他倡导高中必须进行普通教育而不是进行专业教育。他认为向每个学生传递不同类型的科学知识的引论应该成为获得高中毕业证书的基本原则。进入大学学习的学生必须学习现代人性的四个原始领域:第一,理解基督教的信仰世界及其根本的世俗命运;第二,拥有一种哲学的、科学的及文学的问题意识;第三,理解精确的科学研究的方法和界限,及其对技术的意义;第四,理解政治秩序、社会状况与公民责任、法律保障和个人自由之间的关系。弗利特纳认为,这是今天的文化理解的入门,是我们精神、道德和社会世界不可或缺的根本。因为没有这些,我们今天的文化和民主就会受到威胁①。

在他看来,一旦强调效用和技术专业化的原则强行进入中学,那么,不仅德国高中学习的百科全书式的连贯性会被打破,而且人民的精神也会被摧毁。自然,弗利特纳所追求和珍爱的文化与民族共同体也会被摧毁。在教育政策问题上,弗利特纳也保持着一种总体性的普通教育的视角。

随着德国批判教育学在20世纪60年代的兴起,强调德意志文化特色的精神科学教育学丧失了其主导性的范式地位。对此,弗利特纳并未停止思考。他在1979年的一篇文章中指出,对于向往个人自由

---

① ULRICH HERRMANN. Wilhelm Flitner 1889—1990: Pädagoge und Bildungstheoretiker Goethe-Forscher und Kulturphilosoph [M]. Bad Heilbrunn: Verlag Julius Klinkhardt,2021:164.218.

和监管个人的自由之间的矛盾而言,"我们不能忽视,以维持共同体精神为目的而实施的统治必须在伦理上是合法的。无论在政治还是教育上,我们必须追求就如下一点达成伦理上的共识,即如何在实践中协调那些从理论角度看暗含内在矛盾的事情。如果不想冒险破坏我们享受到的自由,就必须乐此不疲地将这一追求坚持下去。我们也理应付出更多努力去实现这一追求,因为过去的思想仍然有着宽泛的群众基础并且随时可能复辟。只要个人或者共同体处于危急关头,重新回归过去老一套思想的风险就会出现"[①]。尽管如此,弗利特纳还是坚持认为,哲学、伦理学和基督教不仅是教育哲学的基础,同时也是社会秩序和民主政治的基础。

可以看出,文化和生命始终是弗利特纳教育思考的两个核心。这一点与赫尔巴特"知识即德性"的启蒙教育思考不同。1990 年 1 月 21 日,百岁教育学家弗利特纳去世,葬于汉堡尼恩斯特滕公墓。像赫尔巴特一样,弗利特纳的作品被编成《全集》(12 卷本)出版;像赫尔巴特一样,弗利特纳被称为"教育科学的耆宿"或"经典教育学家";像赫尔巴特一样,弗利特纳为德语世界贡献了一部《普通教育学》经典。

四、探讨教育和生命的人类学维度,建构精神科学教育学的《普通教育学》

第一次世界大战后一直到 1929 年去汉堡大学之前,弗利特纳的兴趣主要在成人教育。这期间他没有写过重要的教育作品,尽管也发表了一些小文章。他在汉堡大学是教育学教授,但他关注的是教育实践,特别是教师教育实践的变革。弗利特纳入职汉堡大学时,斯内尔(Bruno Snell)教授问他教育学是不是一门科学时,他说:"我并不关心

[①] WILHELM FLITNER. Ist Erziehung Sittlich Erlaubt? [J]. Zeitschrift für Pädagogik,1979,25(4):499—504.

教育学是不是科学,而是教育学是否有助于教育实践的改善。"①在纳粹统治期间,他投入了很多精力到歌德研究和对西方文化中的生活方式类型的探讨之中,但这并不是说弗利特纳不关心教育学的学科发展。

早在1928年关于"新教育的文献"的报告中,弗利特纳就指出,到目前为止,教育文献的状况有点混乱,因而需要联系精神科学和人类学的研究,历史地、系统地发展教育和教化的理论;对教育行动进行反思和理性化;从政治、伦理、信仰以及非理性的角度澄清教育意志。这样一种教育学自觉的成果就是1933年《系统教育学》的出版。这本著作在1950年修改后易名为《普通教育学》出版,获得巨大成功,成为德国教育学经典。到1997年,这本书再版了15次。《普通教育学》是弗利特纳最重要、最受欢迎的教育学作品。

(一) 对生命和教育的四重视角

弗利特纳《普通教育学》的一个根本特色就是确立了对生命和教育的四重视角的哲学人类学的思考。在弗利特纳看来,对教育和教化的思考与对人及其活动的思考是密不可分的。

第一重视角:生物学的视角。

人与植物和动物一样,从生到死都是自然的存在。人必须满足和维持自身肉体发展的需要,早期儿童教育尤其需要照料和养育。即使是在动物生活的本能行为中,如游戏和养育,我们也能够看到一些类似于教育现象的东西。当然,强调人的生物学视角的重要性,并不是去质疑人作为精神存在的特殊地位。实际上,人的生物及感性活动总

---

① RAINER NICOLAYSEN. Wilhelm Flitner (1889—1990)—ein Klassiker der Erziehungswissenschaft? Zur 125. Wiederkehr seines Geburtstags[R]. Hamburg: Universität Hamburg,2014:43.

是伴随着精神元素,人的生物诞生,同时也是文化诞生。人从一开始就是精神的存在,并且必须被这样看待和要求。所以在养育儿童的同时,还必须支持他们基于语言、人性和行动的特殊的精神发展。

第二重视角:历史的和社会的视角。

人不仅是自然的存在,更是历史的和社会的存在。人在本质上已经成为只有通过文化才能生存的存在。自然人总是要归入到一种社会的、历史的现实之中。按照弗利特纳的说法,人总是生活在一个"理解的共同体"中。这个"理解的共同体"的特征在客观上表现为追求再生(Regenerationsstreben),在主观上则表现为个体对从精神融入共同体的需求;其客观性和主观性的共同点就是现实的历史性和个体生命的历史性。这两个历史性的融合,或追求再生和追求融入的需求,会出现紧张关系,从而也会引发代际问题,解决和弥合这一问题就是教育的任务。

如果说第一重视角关注把青少年的成长视作教育的事实,并在尊重发展规律的前提下要求照顾和支持青少年,那么第二重视角关注的是传承和融入。这个视角所看到的教育关系"存在于精神的、历史的产物的要求与尚未融入的人之间。尚未融入之人被置于某种权威之下,需要得到某种管束、指导和教育。训育和教导源于历史上的秩序和内容……教育者是历史秩序、历史秩序的精神传统以及承载这些历史秩序的团体的服务者和'器官'。教育者代表它们的要求,并让这些要求发挥效用"[1]。

这一视角是否应为教育向传统和现实的至高无上的地位低头?在弗利特纳看来,教育的过程意味着个体对一种既存文化的意识、觉

---

[1] WILHELM FLITNER. Allgemeine Pädagogik[M]. Stuttgart: Klett-Cotta Verlag, 1997:38.

醒和成熟,因此,并不需要个体重新发明火、轮子、语法和文字;同时,一种文化只有在它能被下一代在其意义上重构,并在有疑问的情况下被改变、更新和改造,才能继续存在。教育不仅是对自然存在的观照和训练,而且是在传承过程中的精神融入。这是一种不容否认的人类现实。

第三重视角:精神唤醒的视角。

个体融入具有社会性的历史性的现实,并不是一个消极被动的过程,而是个体生命精神觉醒的过程。弗利特纳认为,人的实现是"精神上的自由",一种不可侵犯的人的自由。人通过具有精神内容和社会秩序的富有成效的对话来证明自己。人的整个生命可以被理解为人在精神内容上的交往和觉醒。教育作为社会历史发展的一个主要组成部分,把人引入社会和精神世界以及他们自己的道德和文化之中,使之获得精神自由。因此,第二重视角所谓的传承和融入同时也是一种精神唤醒的传承和融入。这种传承不仅培育个人力量,而且传承合作、继续工作和改善社会的责任,并使得个体所融入的集体得到更新和改善。

第四重视角:人格的视角。

生命和教育的目的是形成一个富有人格的存在。我们知道,古希腊哲学、卢梭(Jean-Jacques Rousseau)到德国理想主义代表人物如赫尔德(Johann Gottfried Herder)、歌德和席勒,都对人格进行过哲学探讨并把人格化的"道德状态"视为个体的发展阶段。在此基础上,弗利特纳认为,人格的视角一方面是理解社会秩序和精神活动的意义,另一方面是爱。也就是说,人格概念的关键在于,自我将他人也视作类似自己这样的人,知道自己对他人负有责任。这一责任是超越的、神圣的要求,构成了本真的人性。唤醒良知是人格化的根本,人通过自我负责从而对他人负责。良知和责任是人的生命的两个基点。

弗利特纳指出,生存体验告诉我们,我们无法在绝对虚无中生活。一旦信仰不在,癫狂便会乘虚而入。他赞同歌德把人的自由区分为理念和爱两种。在他看来,理念和爱也与希望和信仰联系在一起。第一种自由形成于人与其秩序及造物之间的关系中,第二种自由来源于内在的生命,来源于人与自己及他人的关系中①。这也说明,弗利特纳试图通过信仰来限制人理性自负(也包括教育自负)的问题。但人类自由的不可侵犯性,必须是主体间行动的核心规范。这也说明,教育作为一种外在的影响,对成长中的儿童和青少年只能是"间接的影响",只能是"一棵树摇动另一棵树,一朵云推动另一朵云"的活动,无法通过外在手段入脑入心。这也是教育的界限。它抵制了任何极权主义对个体的全面占有,同时对教育作用的内在限制,也减轻了我们的教育负担,使我们能够在伙伴关系的基础上实现主体间性,这才能被认为是真正的人道和促进人性②。

弗利特纳指出:"这四重视角既有意被统一成一个整体,但也出于其自身独立的考虑,以同样强烈的程度追求彼此分离。"③若四重视角"追求相互分离,则会导致每一重视角都会试图排挤和取代其他三重

---

① WILHELM FLITNER. Allgemeine Pädagogik[M]. Stuttgart:Klett-Cotta Verlag, 1997:41.
② HELMUT PEUKERT. Reflexion am Ort der Verantwortung. Herausforderungen durch Wilhelm Flitners Pädagogisches Denken[M]//HELMUT PEUKERT, HANS SCHEUERL. Wilhelm Flitner und die Frage nach einer Allgemeinen Erziehungswissenschaft im 20. Jahrhundert. Weinheim/Basel:Beltz Verlag, 1991:15—27.
③ WILHELM FLITNER. Allgemeine Pädagogik[M]. Stuttgart:Klett-Cotta Verlag, 1997:63.

视角"①。这会造成理论上的败坏和歪曲,进而会给教育世界带来很大的危险。如果只强调"生物学的视角"与"历史的和社会的视角",那么,就会导致轻视宗教情境的庄严与肃穆的理想主义人性观,从而造成不健全的教育理解。相反,这四重视角越是充分地联系在一起,我们对教育现象的认识就会在已有条件的基础上越丰富、越真实。

从这四重视角来看,人的发展不是一个单向的过程,不是单纯的生物进化;人的生物性已经被精神性决定;发展需要与精神内容和社会形式相结合;身体、道德和精神教化都不是孤立的过程,它们在人的精神存在中有着多样的相互影响。也就是说,身体养育不能脱离道德教化,精神教育不能脱离生物性存在。

这四重视角体现了生命与文化的密切关系。人的生命是通过记忆和文化传统进行转化的。人的形成过程源于精神规范和内容,以唤醒年轻一代对精神的敏感性,使之通过阐释所传承的道德、历史和文化价值观来生活。从这个角度来看,教育应该根据人类的历史存在来建构,在不同的文化群体中会形成不同的道德生活方式。

这四重视角也意味着教育是一个对宗教信仰开放的道德形成过程。因此,教育是一种负责任和坚定的道德行为,一种帮助他人获得对生活更大支配力量、进行深刻的道德和存在觉醒的活动。自我完善只有在对他人的完善做出贡献时才能得以实现。这是一种源于帮助而不是源于缺乏的爱,是与他人一起追求生命意义的实现。如果将这个问题视为非教育性的而被排除在教育学之外,那么教育学思考就要被局限在单维的人之上,从而缺乏某种超验的维度和意义。

---

① WILHELM FLITNER. Allgemeine Pädagogik[M]. Stuttgart: Klett-Cotta Verlag, 1997:64.

弗利特纳的四重视角与诺尔所理解的德意志运动存在着对应性。例如,对青年运动与改革教育学的参与和研究,使弗利特纳认可人作为自然、文化和共同体的存在,并认识到生命的神秘和浪漫;对康德、席勒和费希特的哲学的探讨,使他认识到人的存在的精神觉醒、精神自由和本真自我;浪漫派和狄尔泰的生命哲学,使他认可生命的历史性、整体性及其非理性的维度。实际上,弗利特纳的人类学思想原则与德国彼时的主流人类学者或如以海德格尔(Martin Heidegger)、雅斯贝尔斯(Karl Jaspers)等为代表的存在主义哲学对人的认识也是一致的,即人的生物存在和发展将被精神渗透,思考和祈祷的人是一个物质性的存在,即使在其"超越的姿态"中也不能脱离其与大地的联系,如果他想实现自己的本真人性的话,人的自由是一种精神上的自由①。

(二) 普通教育学的概念体系及教育学的学科特性

在弗利特纳看来,"普通教育学的任务是区分教育思考的范畴,并让人们批判性地意识到它们——在此过程中,普通教育学并没有忘记,只有把这些单个概念当作某种表述方式的构成部分时,它们才能得到使用和理解。在这种表述方式中,教育思考的整个基本思想构成了一个统一体"②。因此,普通教育学的使命是建立一个与哲学人类学考察相关的系统的概念体系,确定教育的基本思想和逻辑。

教育学通过哲学思辨对日常用语存在着的丰富的教育概念和基本思想进行探讨和批判性检验,以把它们重新纳入一种基本思想之

---

① HERMANN RÖHRS. Das Anthropologische Konzept Wilhelm Flitners [J]. Philosophisches Jahrbuch,1992,99:369—379.
② WILHELM FLITNER. Allgemeine Pädagogik[M]. Stuttgart:Klett-Cotta Verlag, 1997:67.

中。当然,为了对其进行四重视角的批判性检验,那些彼此之间存在不可分割的关联,不得不被拆解开来。弗利特纳主要考察了五个教育学概念:教育共同体、可塑性、教化内容、作为教育目标的教化以及教化过程。这五个概念体系涉及教育者、受教育者、教育内容、教育目标和教育方法,并把教育和教化置于教育学的核心位置。

这里以"教育共同体"为例来考察弗利特纳对教育基本概念的探讨。"教育共同体指人与人之间形成教育情境的全部相遇和关系,在这一情境中,人们感受到的是责任和义务。"[①]可见,弗利特纳的教育共同体包括教育者和受教育者以及他们之间的相互关系,是一种责任和爱的共同体。弗利特纳的共同体概念的本质就是一种教育关系。

从第三重视角来看,教育既然只能是一种间接影响,那么教育共同体的建立就显得非常重要,因为共同体会产生一种整体性的影响。但这并不意味着,共同体成员之间的关系是平等的,其中最主要的是,在教育者与受教育者之间出现了一种教育关系:受理念指导的教育者应该对无理念的、精神上不活跃的受教育者产生影响,并且应当依据意义对其进行管理,使其精神活跃起来。于是,内心深刻领悟到某一事物的理念,明白某一社会秩序或精神活动的价值及意义的人,就成为了教育的权威和力量;那些在活动中只机械地模仿或者只擅长墨守成规的人就成为了有教育需要的人。精神上活跃的、通晓一种秩序或精神产物的内在意义的人就会负有这样的倾向和使命,即让那些精神上麻木迟钝、仅仅看到秩序和产物的外在的人也能够洞见价值并热爱价值。

因此,在弗利特纳看来,没有权威的教育是不可想象的,但这种权

---

① WILHELM FLITNER. Allgemeine Pädagogik[M]. Stuttgart:Klett-Cotta Verlag,1997:70.

威必须逐渐走向终结。在共同体中,唤醒正确的精神成为教育的主要目的;迈向价值洞见的觉醒以及深刻领悟好的事物的意义,成为教育过程的核心。这个过程在多人之间发生,但最终总是在个体的精神之中进行。因为教育的关键是自我教育。所有的一切均取决于事物及其纯粹的意义,在受教育者、学生、认知和行动着的个人身上获得效用。每个人只能自己去形成信念,给自己充实价值,也必须独自去寻找意义。如果一个教育者想要把正确的精神传授给年轻人,那么他就必须寻求解放他人的创造性自我;然后这种自我必须在整个人格之中内在地贯彻开来。从这个角度看,所有的"他人教育"都要达到"自我教育"的结果,教育者必须尝试逐渐让自己退出舞台。教育过程的结束是受教育者获得自主和人格觉醒,也就是教育关系的消解。

弗利特纳对于教育共同体的论述也表明,他认可狄尔泰的观点,即教育学之所以为科学,就必须从"描述教育者同其学生的关系开始"。弗利特纳的导师诺尔也非常重视教育关系,认为教育者处于双重的责任之中:一是其对儿童的维护;二是其对整个社会生活的维护。教育者一方面面对着要发展自己力量的儿童,另一方面面对着客观内容、文化以及具有自身法则的社会集体。教育者的责任就是通过教育把儿童纳入这种社会生活中。这样,儿童不仅为自己受教育,也是为文化工作者、为职业和为民族集体受教育[1]。弗利特纳把教育关系纳入到教育共同体的概念之中来加以讨论,其实也是为了回应他希求的民族共同体以及哲学性的对话共同体,体现了他青年运动时期所形成的生命理想。

---

[1] DIETRICH BENNER. Hauptströmuungen der Erziehungswissenschaft. Eine Systematik traditioneller und moderner Theorien[M]. Stuttgart: UTB, 2001: 204—206.

尽管弗利特纳试图建构一套教育学的基本概念体系,但他并不认为有一个确定的概念和形式操作的系统,可以对现实及其所有的可能性进行明确的,甚至像学术模型一样的描述。相反,在他看来,所有的科学知识都是临时的、历史性的,仍然与行动情况下的实际决定有关:"人性化的生活圈是逻辑和数学的前提,是空间和时间的抽象化以及语言的语法中所揭示的范畴的前提。"①也就是说,对于生命来说,非理性是理性的前提。对他来说:"实证主义……基本上被形式逻辑的自我批判以及最近的语言哲学转向所消解。"②这并不意味着经验的科学研究已经过时,而是说,这种研究也依赖于意义视野的设计,在这个视野中,人们只能进行交谈、争论和质疑,但同时又被经验性的研究所验证、论证和证明。

因此,教育学是一种以对话和辩证思考加以发展的经验的精神科学。教育必然与自己的、社会的和历史的情境相关联。人们可以否认但不可以逃避这种情境性。因此,教育学思考总是发生在承担教育责任的情境之中。这种思考是一种"基于教育责任位置的反思"(Reflexion am Standort der Verantwortung des Denkenden)。这种反思是一种参与式反思(Reflexion Engagée)。这种基于教育责任的"反思"可被称为"教育学的中心"③。这种基于责任的思考,不是毫无立

---

① WILHELM FLITNER. Gesammelte Schriften. Bd. 1. Erwachsenenbildung[M].
Paderborn,München,Wien,Zürich:Verlag Ferdinand Schöningh,1982:11.
② WILHELM FLITNER. Rückschau auf die Pädagogik in Futurischer Absicht (1976)
[M]//WILHELM FLITNER. Gesammelte Schriften. Bd. 3. Theoretische
Schriften. Abhandlungen zu Normativen Aspekten und Theoretischen Begründungen
der Pädagogik. Paderborn, München, Wien, Zürich: Verlag Ferdinand Schöningh,
1989:496.
③ Sebastian Müller Rolli. Erziehung und Kommunikation[M]. Opladen, Berlin,
Toronto:Babara Budrich Verlag,2013:151.

场、毫无兴趣地将一个对象纯粹地置于面前,对其进行纯粹客观的观察。这样一种参与式反思方式,也被称为一种参与的、能动的解释学(Engagierte Hermeneutik)。

教育学是站在负有教育责任的思考者的立场上进行思考的,其目的是改善实践。教育学思考是真正根植于情境、根植于生命、根植于生命和情境的历史性的,因此,也是实践性的。理论的真理同时也是实践的真理。真正的教育思考就是源于行动者在教育情境中的直接的理论思考,同时带着更高的清晰、明智和审慎返回到教育现实中的行动之中。"只要教育学思考真正基于现实的情境,那么它在实践中就是有用的;理论的真理也是实践的真理。真正的教育思考由行动情境中的直接理论化升华而来,并且在明确和周到地对行动做出思考的情况下回归到实践之中。"[1]其具体的改善表现为,"行动者做出思考,他所依赖的其他参与者对他提出异议,这些观点各有它们的道理和局限性,人们试图针对每一种异议来进行讨论并不断地纠正自己。如此一来,只要其他共同行动人的异议对这种揭示起到一种推动作用,行动者的情境就会被揭示清楚。这并不是一种教条式的结论形态:新发现的现实情况会继续推动行动者进行自我澄清"[2]。也正是从这个角度,弗利特纳把教育学称为一种"实践的科学",一种"解释学的实用的科学"(Hermeneutisch-Pragmatische Wissenschaft),但不是实用主义的科学。

因此,教育学是反思性的。弗利特纳认为,特拉普(Ernst

---

[1] WILHELM FLITNER. Allgemeine Pädagogik[M]. Stuttgart:Klett-Cotta Verlag, 1997:20.
[2] WILHELM FLITNER. Allgemeine Pädagogik[M]. Stuttgart:Klett-Cotta Verlag, 1997:23.

Christian Trapp)的教育学仍然带有启蒙的、理性主义的色彩；而赫尔巴特的教育学则过于注重经验性；到了施莱尔马赫，教育学才呈现出一种反思的形态，而且只有这种形态的教育学才可以作为真正的精神科学与实践相衔接，并将其建立在牢固的历史意识的基础之上。"直到施莱尔马赫，教育的科学才得以表现为一种以教育情境为出发点的真正的和严谨的哲学思辨。他的教育学不再采用理性主义的模式。确切地说，尽管其结构也保留了理性思考的形式，但从根本上看是谈话般的、辩证的和柏拉图式的。"[1]

弗利特纳将获得这种认识称为教育学教养（Pädagogische Bildung），也就是康德所谓的"健全理智"。在教育学教养中，反思和行动是相互融合的。他将教育学教养定义为在生活问题的存在性关联中理解教育思考的整体性认识。而从这个意义上来看，《普通教育学》就是写给教育外行的教育基本共识或教育学教养。没有深广的教育学教养，教师或专家就会沦为技术性或实用主义式的专业人士。

可以看出，弗利特纳的《普通教育学》也体现了布兰凯茨（Herwig Blankertz）所归纳的精神科学教育学的四个特征：第一，把教育现实作为出发点；第二，实践优先于理论；第三，对教育现实作普遍的历史阐释；第四，保持教育现实的前提，放弃从少数最高原则、公理或基本真理来引导出普遍的原则。换句话说，弗利特纳反对经验技术性的教育学，也反对规范教育学。教育学是一种基于责任的、参与式的解释学[2]。

---

[1] WILHELM FLITNER. Allgemeine Pädagogik[M]. Stuttgart: Klett-Cotta Verlag, 1997:22—23.
[2] DIETRICH BENNER. Hauptströmuungen der Erziehungswissenschaft. Eine Systematik traditioneller und moderner Theorien[M]. Stuttgart:UTB,2001:200.

因此，教育学作为一门精神科学，它既不寻求用理论和规范来统治实践，也不是用单一的实证研究去科学地探讨实践，更不是把教育学作为一种单纯的思辨哲学。相反，精神科学认为，只有考虑到历史因素才能理解教育现实。哲学反思是教育学的基础。不过，在弗利特纳看来，教育学必须向理想主义哲学而不是任何其他哲学开放自己。

当然，弗利特纳《普通教育学》的出发点始终是某种特定的历史的教育境况，它也不得不吸收所有关于源自某一特定历史空间教育事实的实证知识。只有把历史上存在的情况与真正的人及人的情境联系起来，他的《普通教育学》才能扩展教育者的视野。

弗利特纳对教育和生命的四重视角以及这些视角下的教育学概念体系和教育学特性的论述表明，这样一个系统的教育学克服了德意志运动，特别是青年运动及改革教育学运动的模糊性和政治脆弱性，建立了一个明确的精神科学教育学的基本共识，即原理体系。他很好地把其对文化哲学的思考与对生命多重视角的洞见结合起来，把教化过程理解为唤醒自我教育的过程。而这种唤醒首先也是通过丰富多样的文化触动来进行的。文化触动可能发生在师生间、朋友间，也可能发生在青年运动或自由德意志学生运动的团体中。

我们知道，卢梭把"成人让儿童服从自己的意愿，而不是让儿童按照自己的意愿生活"称为一种"奴役"，但其解放儿童的方法是一种非文化的自然教育；弗利特纳的普通教育学体系则在强调儿童的文化、社会和历史融入的同时尊重儿童自己的观察、思考和感觉方式，并把将儿童引向没有教师权威引导的自我教育作为教育的结束。拥有其《普通教育学》教养的教育者，才能防止他们成为历史、社会权力的职能人员和体制机制的受害者。教育学不是一门功能科学。

五、明朗与深邃：启蒙的《普通教育学》与文化的《普通教育学》

我们知道，相较于英法，德国的现代化以及现代性开启得比较晚。18世纪，特别是普鲁士邦国在腓特烈二世（Friedrich Ⅱ，1712—1786）的统治期间，德国的现代性进程以及思想启蒙运动逐渐展开。1784年，哲学家康德把启蒙界定为人从自己造成的非成年状态中走出，并独立地使用自己的理性；让每个人、每个地区都进展到不断的启蒙状态，这是大自然的隐秘计划①。这场启蒙运动也体现在康德的《论教育》中，但更为系统地体现在康德教席的继承者赫尔巴特于1806年出版的以知识传递为核心、强调知识即德性的《普通教育学》的体系建构上。

从狄尔泰和诺尔的论述中可以看到，德意志运动的核心是在强调一种与启蒙运动相对立的生命观。在他们看来，启蒙是概念、反思、理性、力量、抽象、论证、分析、分离、对立、认识、统治和科学；而生命则是个体性、非理性、总体性、整体性、统一性和创造性的。这种极化的思考方式正是狄尔泰及其学派的生命哲学的基本特征，而这种生命哲学又是其所理解的德意志精神、德意志特色文化的基本基调。

德国精神科学教育学派自觉地回应并接续了这种呼吁：把建立富有德意志精神和德意志文化特色的教育学视为自己的文化使命和文化动力。但是，精神科学教育学并没有从德意志文化的总体性来直接引出教育的目的，把教育视为文化的工具，反而是把德意志文化特色的寻求与更高的生命形态结合起来。换句话说，教育的目的是培养更高的生命，培养高于启蒙运动所理解的生命。这也是弗利特纳《普通

---

① ［德］康德. 康德论教育[M]. 李其龙，彭正梅，译. 北京：人民教育出版社，2017：73.

教育学》不同于赫尔巴特《普通教育学》的根本之处。

精神科学教育学以及弗利特纳的《普通教育学》是德意志运动的结晶,体现了德意志精神的深邃。狄尔泰率先关注德国理想主义的历史的、民族的意义,以从中找出代表性的"德意志性"。诺尔试图把1900年左右的改革教育学运动视为德意志精神运动的延续。他相信,通过前三次德意志运动,德意志运动找到了德国特色的哲学和诗学;而作为第四次德意志运动的改革教育学,则找到了德国特色的教育学,即精神科学教育学。精神科学教育学与整个德意志运动存在着本质性联系。

这个联系富有特色的一点就在于它包含了对浪漫派和存在主义的哲学思考的吸收。例如,弗利特纳对本真人性的论述采取了类似雅斯贝尔斯的哲学的存在分析(Philosophische Existenzanalyse)。不过,按照赫尔曼(Ulrich Hermann)的理解,他的存在分析不像是法国的存在主义,而是属于狄尔泰传统,即他的老师诺尔的老师的传统:哲学是对存在的解释。但类似于雅斯贝尔斯,弗利特纳的哲学的存在分析最终指向信仰。在弗利特纳看来,存在解释的三种精神活动,即认知—反思—沉思(cognitio-reflexio-meditatio)构成了一个统一体。思考、理解和观察开启了现实的丰富性以及物和精神的世界[1]。这些精神活动教导我们要敬畏,对我们之上的物、对我们之下的物,还有对我们自己的敬畏,也就是对人类个体的神秘性和超时空命运的敬畏。弗利特纳对人性的理解,表现出了一种深沉的谦逊,类似于歌德所提出的一种人文主义的宗教感。

---

[1] RAINER NICOLAYSEN. Wilhelm Flitner(1889—1990)—ein Klassiker der Erziehungswissenschaft? Zur 125. Wiederkehr seines Geburtstags[R]. Hamburg:Universität Hamburg,2014:67.

赫尔巴特的《普通教育学》则体现了德国启蒙精神所带来的明朗。在赫尔巴特看来，知识传递是教育和教学的核心；没有知识的教育，没有认识论的教育，是一种灌输和驯化。赫尔巴特探讨了知识传递的心理过程，把知识吸收视为一种"精神呼吸法"：精神的呼出表现对外在世界的专心和集聚，而精神的呼入则意味着精神带着从外在世界的专心和集聚带来的成果回归自身。赫尔巴特的这一表述，有点类似弗利特纳对生命和教育的第二重和第三重视角。但赫尔巴特《普通教育学》中的生命和教育理解并没有表现出历史性、文化性和超越性。尽管赫尔巴特把经验、审美、科学、交往、政治以及宗教纳入到其所理解的知识教学中，与弗利特纳的关注有点类似，但赫尔巴特只提到了教育要形成人的思想范围，并没有强调弗利特纳所理解的生命的文化性、整体性和复杂性。

赫尔巴特反对绝对的理想主义，强调哲学应该进行概念分析，应该指向问题解决，应该从数学和自然科学中吸取方法。他甚至被视为分析哲学始祖[1]。但在弗利特纳看来，正是启蒙的分析精神伤害了生命的整体性和深邃性；历史的文化创造（客观精神）必须通过教育来个别地理解（主观精神），而人的个体形成只有在对无限的、超越性的整体（绝对精神）的信仰中才能找到它的全部意义。也正是从这个角度，弗利特纳认为，卡尔纳普的分析哲学丧失了生命的感觉。1931年，弗利特纳写信给卡尔纳普说，"我担心你的实证主义可能会让你在一个重要问题上失败：你反对生命感（Lebensgefühl），但我站在非理性的生

---

[1] FREDERICK C. BEISER. Johann Friedrich Herbart：The Grandfather of Analytic Philosophy[M]. New York：Oxford University Press，2022：Page. xi.

命感一边"①。

因此,相对于赫尔巴特,弗利特纳对德意志运动的生命体验、解释和表达,体现了一种深刻的文化自觉和生命自觉。弗利特纳并不反对启蒙,而是认为启蒙以及启蒙所带来的明朗只是生命和文化的一部分,启蒙的有限性、生命和教育的有限性,才是最高级别的真实,同时也是德意志文化深邃的体现。

正是从这个角度,弗利特纳反对杜威的教育学。在第二次世界大战后,当美国试图把德国教育按照美国的民主模式加以改造时,弗利特纳站起来反对,捍卫德国的教育学传统。他指责杜威的教育方法是一种物质主义的生物学,没有可能探索人的存在的丰富性和超越性。他有意或无意地忽视了杜威教育的公民性和民主性,指责杜威的教育培养了新一代人的循规蹈矩和社会服从②。

瑞士著名的教育史家尤根·厄尔克斯(Jürgen Oelkers)认为诺尔对德国20世纪之交的青年运动和改革教育学运动的归纳在学术上是有问题的,因为这场运动是富有差异性的,并不存在一种统一的寻求德意志精神的运动。但是,与英国、美国,甚至法国不同,德国改革教育学运动主要不是由左派发动的,而是由不满现实的右派或文化保守派发动的,其主要关注的是国家的教育政策,并寻求一种不同于国家学校的教育路径。如果带着同情性的理解,我们就可以发现,诺尔的归纳以及弗利特纳的建构顺应和体现了一种时代精神,即寻求更高的

---

① STEVE AWODEY, CARSTEN KLEIN. Carnap Brought Home: The View from Jena [M]. Chicago: Open Court, 2004: 8—17.
② JÜRGEN OELKERS. Hermeneutik oder Kulturpädagogik Zur Bilanzierung der Geisteswissenschaftlichen Pädagogik [M]//DIETRICH HOFFMANN, MARTIN FROMM. Bilanz der Paradigmendiskussion in der Erziehungswissenschaft: Leistungen, Defizite, Grenzen. Weinheim: Deutscher Studien Verlag, 1991: 31—47.

生命和德意志文化的德意志运动。

因此,可以认为,弗利特纳的《普通教育学》与赫尔巴特的《普通教育学》代表现代德国追求文化和启蒙的两种努力,体现了生命和文化的明朗和深邃,而且两者之间处于一种或是明显或是潜在的张力和互动。过于赫尔巴特,生命会被置于知识的教条之下,会陷入萎缩和狭隘;过于弗利特纳,生命会被置于一种非理性的深渊之中,会陷入混乱和挣扎。从德国的教育学发展来看,追求文化自信的教育学更容易被政治误用而走向歧途。弗利特纳在1979年的《教育在伦理上是合法的吗?》(*Ist Erziehung Sittlicherl Coubt?*)这篇文章中才真正意识到这个问题。

追求文化自信的德意志运动反对启蒙对生命和世界的片面性理解。特别是,精神科学教育学的经验来源,即德国青年运动和改革教育学运动,体现了一种青年人逃离和抵制现代文明对生命的摆布、不愿只做服务社会发展的工具,以及追求自由人生的新人形象。这种人性理想和世界理想带有一定的解放性,但同时也带有一定的局限性,即非理性。这样一种非理性的文化和教育理想与德国后来的政治灾难,存在着某种联系性。

实际上,精神科学教育学因为其过于强调和接受历史性,过于强调一种理解的解释学方法,在20世纪60年代丧失了主导地位,而与强调实证的经验教育学,强调解放的批判教育学一起,构成了德国教育学的三种范式,分别追求实践的兴趣、技术的兴趣和解放的兴趣(哈贝马斯的分类)。但是,作为大陆传统的德国教育学又在新的历史条件下建构了新的普通教育学。一个是莫伦豪尔的"遗忘的关联"①,一

---

① 温辉,彭正梅. 莫伦豪尔的"普通教育学":重建文化教育学原理体系[J]. 湖南师范大学教育科学学报,2023,22(3):64—75.

个是本纳的"普通教育学"。

尽管弗利特纳的教育理解带有文化保存性和历史性,但教育也总是因其培养新人而带有某种未来性。教育是预测未来的最基本的实践,是一种面向未来的基本行为。我们社会的未来将取决于一种新的学习方式和其中出现的新意识,从而取决于最基本意义上的教育。即使是强调简单地服从现存社会及其权威的教育也带有未来性:一种摧毁未来的未来性。对于从未使家长、教师、教育史家和教育家感到如此不确定的今天,弗利特纳在1921年的《平民教育》中写道:"即使工作组织想尽可能地驾驭我们,把我们变成机器——我们也有办法履行这些职责,并仍然保存我们身上的人性。我们的经典作家席勒、费希特都相信一种'更高阶段的自由'。马克思和恩格斯采纳了这种信念,他们在充分认识工业的劳动的组织及其发展的可能性的情况下,首先相信会有一个新的历史阶段的到来,到那时,虽然在劳动和科学方面极为分化,但将会恢复原始时代人民的质朴和团结。"[1]尽管这体现了弗利特纳缺乏阶级意识、带有非政治化的教育乌托邦信念,但同时,按照他的思考方式,我们应对未来的方式恰恰可能存在于历史和文化之中。

如果不能总是在我们的历史中找到现实和未来的理由的痕迹,并依靠它们,那么,一个全球范围内多中心、多文化的社会中的教育事业将是无望的。对于中国教育学者来说,这也迫切要求我们从自己的文化传统中找到更加一致性的、明确的以及富有现代性的普通教育学共识。正如弗利特纳所说,教育也是"对一种对妄想和自我毁灭的世界

---

[1] WILHELM FLITNER. Laienbildung [M]//WILHELM FLITNER. Gesammelte Schriften. Bd. 1. Erwachsenenbildung. Paderborn, München, Wien, Zürich: Verlag Ferdinand Schöningh, 1982: 29—80.

感觉以及人类的'陈旧性'的反对"①。这是强调文化和生命的精神科学教育学的经验与教训。

---

① WILHELM FLITNER. Geleitwort [M]//WILHELM FLITNER. Gesammelte Schriften. Bd. 1. Erwachsenenbildung. Paderborn, München, Wien, Zürich: Verlag Ferdinand Schöningh, 1982:10.

谨以此书献给我的朋友
赫尔曼·诺尔、泰奥多·利特、爱德华·斯普朗格

目 录

前言 ...1

对第七版、第八版的说明 ...1

引论
教育的科学 ...1

    论教育学思想史 ...3
    教育学思考与教育行动 ...6
    理论与实践 ...11
    教育的科学的分类 ...13

第一篇
教育现象 ...17

    教育世界 ...19
    "教育"和"教化"的称谓 ...20
    观察人和教育的四重视角 ...23
    第一重：生物学的视角 ...23
    人类生物学的观察 ...25
    第二重：历史的和社会的视角 ...29
    传承与融入 ...31
    本真人性的视角 ...36

人性作为精神中的自由 ...40

第三重：精神唤醒的视角 ...43

第四重：人格的视角 ...46

良知和信仰的唤醒 ...51

教育四重视角的统一 ...54

关于人的四重理解 ...58

意识和意图属于教育的本质吗 ...66

第二篇
教育学的基本概念 ...71

教育学范畴之架构 ...73

教育共同体——教育关系 ...76

成长者——可塑性 ...95

教化的客观内容——教育性的社会秩序 ...115

教养作为教育的结果 ...129

论教育的目标 ...143

教化过程——教育方法 ...149

对于这一系列问题的概述 ...149

教育道路 ...152

教育指导和教育帮助 ...159

补论　关于教育学教养的补说 ...189

《普通教育学:精神科学的视角》——导读性后记

乌尔里希·赫尔曼...193

附录一　教育在伦理上是合法的吗 ...203

附录二　弗利特纳在现代德意志教育学发展中的地位

奥托·弗里德里希·博尔诺夫...212

前　言

　　以系统纲要的形式去阐发"普通教育科学",是一项使其价值可能会受到怀疑的挑战。赫尔巴特要求:人们不应当仅仅叙述不同年龄阶段的教育并依次给出相应的建议,而应当"按照主要概念"来展示一种对教育的整体性的思考,因为这样才能让"那些在实践中始终彼此相连的概念在科学的思考中被区分开来"。然而,将包含在一个思想整体中活跃着的、不确定的部分拆解开来是会带来一定风险的。教育思想是如此地渗透在普遍的宗教、伦理、政治及人类学思想之中,以至于很难在不伤害本质的情况下把它们分离出来。但是教育思想本身又相互联系,可以作为一个关联的话语体系来表述。因此,存在着一种教育学的基本思考。虽然这一基本思考总是带有神学的前提,依托于哲学的思潮,并处于社会政治的任务框架之中,但是它却有着自己的独特性。夸美纽斯以其清晰的语言和条理所阐释的,卢梭和裴斯泰洛齐(Johan Heinrich Pesta-lozzi)、福禄贝尔(Friedrich Fröbel)和凯兴斯泰纳所竭力展开的,正是这种教育学的独特的基本思考,尽管他们的表述方式各不相同。他们或用随笔散文,或用长篇小说来表述这一基本思考。随笔散文可以根据需要在哲学思辨和直观考察之间自由切换,它建立在一种预先设定好的科学系统之上,但是这种系统性最好隐含在行文之中，而不是直白地显露出来。卢梭将此形式运用得如此炉火纯青，以至于康德说："我一直在试图读懂卢梭，直到我不再为他华丽的表达所干扰时，我才能借助理性通透地理解他。"

那么，为什么赫尔巴特要求教育学应该选择系统的结构呢？难道艺术形式没有把教育学的基本思考最佳地展现出来吗？难道还有比歌德的《诗与真》①以及那两部《威廉·麦斯特》②更富成就的教育作品吗？我们的社会一下子出现了一种必要，即必须超越个人的认识去更多和更精确地理解教育。因此，人们首先在教师、教育者、精神指导者、医生、牧师和行政机构的共同努力下体验到了一种普遍的责任，这种责任也引向了一种普遍的研究。其次，由于各民族在国际交流中，很遗憾还有在两次世界大战中，相互建立起联系，由此一种比较的教育科学研究不仅受到了欢迎，而且也成了必要。国家之间、民族之间甚至尘世上所有的教育都要求对教育现象做出全面而透彻的研究。如此便产生了一门有关教育的科学，一种"实证的"研究，这种研究是分工性的和累积性的，现在又面临着在单门研究中丧失自我的危险。但是，只要教育学的基本思考还保持着清晰的思路，它就会认识到自己是与哲学以及神学交织在一起的，其自身也会变成一种哲学思辨。在此阶段，教育学再次变为对话的科学，揭示教育现象并解释其核心概念的需求也就应运而生。

因此，对教育问题做出系统探讨仅仅是一个驿站，它应当促进对话性哲学思辨向前发展。这种教育理论思考的实践意义在于，承担教

---

① 《诗与真》(*Dichtung und Wahrheit*)是歌德晚年的一部自传著作，创作于1808—1831年。——译者注
② 《威廉·麦斯特》是歌德创作的教育小说，分为上下两部：《威廉·麦斯特的学习年代》(*Wilhelm Meisters Lehrjahre*)1795/1996年；《威廉·麦斯特的漫游年代》(*Wilhelm Meisters Wanderjahre*)1821年。——译者注

育责任的人们可以进行科学交流并形成一种共同的意志。其最根本的任务是,从真实出发让教育学的基本思想纯粹地展露出来;而系统的研究和阐释,正如我们这里所尝试的那样,只是在完成一个次要任务。

本书系对我 1933 年出版的《系统教育学》(被列入布雷斯劳的费迪南德·希尔特出版社出版的"人人书库"丛书中)的改写。对当时碍于篇幅而只能概略叙述的内容,如今可以做出一些详尽的解释了。尤其是,本书中新纳入了一些研究。关于这些研究,我在 1934—1944 年间曾多次在汉堡大学的"西方欧洲文明史及其基础"的讲座上有所论述。文献注释是为学习者而设的,其目的只是方便他们了解篇章中所涉及的问题,因此并不完备详尽。外文文献也没有在本书中得到充分体现,因为德国对过去十五年间的外文文献仍然了解不够。在此我非常感谢费迪南德·希尔特出版社愿意将《系统教育学》一书的重新改编和出版事宜转交给另一出版社来处理。

谨以此书致谢那些与我在 25 年前共同创办《教育》杂志的朋友和同仁。

威廉·弗利特纳
于克莱恩弗洛特贝克
1950 年 4 月

对第七版、第八版的说明

本书从第四版起就对德文版中第 40—41 页之间的段落进行了改写。除了这一点,新版基本保留第二版的文本不变,仅做了一些细微的改进。必要的补充及说明均已添加到注脚之中,如:第 28 页(注释①)、第 53 页(注释①)、第 61 页(注释②)。

威廉·弗利特纳
1961 年 7 月

引论

教育的科学

论教育学思想史

关于教育和教化的思考总是与关于人类和人类活动的思索紧密联系在一起的,不能与之分开。自哲学人类学形成之初,自古希腊启蒙思想兴起之时,即智者学派、苏格拉底、柏拉图及苏格拉底的弟子们活跃的时代,教育和教化的思想便以哲学的形式呈现出来了。柏拉图的《理想国》中已经蕴含着细致缜密的教育学思想。自那以后,教育学思想便一直归属于哲学的思辨之中,也蕴藏在伦理、政治及神学领域的思考之内。

从亚历山大的克雷芒(Clemens von Alexandrinus)开始,到米兰的安布罗修斯(Ambrosius von Mailand),再到奥古斯丁(Augustine),教会神父的整个忏悔和诠释的思想体系在其关乎救世史的以及有关伦理的、禁欲的和礼拜仪式的内容之中,都蕴含着教育学思想。这些思想体现了基督教教会的教育体系。中世纪的经院哲学延续了教会神父和古代哲学家的思想,同样也是一种教育学思想的构建。然而,教育概念及教育动机并未作为独立的学科出现。关于教育的实践性思考也并未以科学的形态得到表达:它们包含在禁欲性的戒规之中,比如奥古斯丁的著作《论秩序》《论教师》《论基督教教义》和《教理发蒙》;包含在东部教会中享有最高声望的大巴西勒(Basilius)修院会规之中;包含在西方修道生活的基础——努西亚的圣本笃(Benedikt von Nursia)制定的规章之中;或者,它们由具有骑士精神的诗人表达出来,呈现在宫廷诗体小说、格言以及教育诗中。

17世纪的欧洲人开始了一场与古代的竞争,他们运用理性和经验自主地重新建构科学,以全新的视角探究自然和精神世界,并且发明出能让人精确地研究且通过认知改善实际生活的方法。这一时期的人们也追求唯一的和真正的教育的"自然方法",就像人们试图建立唯一的、真正的、适应自然的国家一样。拉特克(Wolfgang Ratke)和夸美纽斯正是朝着这一方向去努力的。随着18世纪心理认知和社会学研究的发展,人们获得了重要的认识:在这种背景下,洛克(John Locke)、卢梭和裴斯泰洛齐以新的形态建立了完整的教育学思想。此外,教育学也体现在科学的教学方式之中,正如当时的大学讲台上所传授的那样:特拉普的教育学仍然带有启蒙性的、理性主义的色彩,赫尔巴特的教育学生动且富有经验。但是,直到施莱尔马赫,教育学才呈现出一种反思的形态。这种形态的教育学作为真正的精神科学与实践相衔接,并且建立在牢固的历史意识的基础之上。

古典浪漫主义哲学孕育出了席勒的伟大作品、保罗(Jean Paul)的《列薇娜》,以及福禄贝尔、克劳泽(Karl. C. F. Krause)和塞勒尔(Johann Michael Sailer)的那些独创且充满发现的教育学思想。18世纪法国文坛中的所有文学巨匠,以及德国文坛中从莱辛(Gotthold Ephraim Lessing)、赫尔德到洪堡、席勒和歌德等许多伟大作家,都对教育做出了深入的,偶尔也呈现出一定科学性的思考。

19世纪,教育学发展成了一门实证的科学。国民学校在裴斯泰洛齐和赫尔巴特弟子的影响下进行了改革,文科中学的教师也卸下了教会的职务。自此以后,人们开始需要一种针对教师的职业科学,近来又需要一种针对社会教育工作和慈善教育工作的"社会教育学"。一方面,在这些为教育者而写的作品中,针对特定时势和规定工作范围的建议与一般性的思考混杂在一起,由此必然导致科学的精神得不到自由的发展。另一方面,19世纪自然科学和历史领域内的实证研究也已经触及到了教育和教化的事实情况,并继而寻求对这份庞杂的新素材进行相关的探索。于是,"教育科学"作为一种事实科学在19世纪末期形成了。至于这些实证性的知识与真正的教育学反思之间是何种关系,人们在20世纪对此进行了激烈的讨论。这一关系引发出关于这门科学的性质、关于哲学与教育学之间以及理论与实践之间的关系的诸多讨论。这些讨论使得问题在某种程度上逐渐获得了澄清。从现在起,教育学重新担负起了裴斯泰洛齐和施莱尔马赫时代的任务:平衡对教育条件的实证性研究与对教育事实的哲学性反思之间的张力。至少在20世纪20年代的德国,教育学走的是这样一条发展道路。在这条道路上,传统的精神科学发挥着最强的榜样作用。由此,教育学不仅在实用的精神科学中占据了自己独立的一席之地,也重新找回了自己的哲学特性。借助这样一种形态,教育学能够将实证研究的内容纳入哲学反思之中,并以此服务于教育实践[1]。

---

[1] 关于教育学思想的历史资料存在于历史教育学的主要著作当中。参阅诺尔(Herman Nohl)、帕拉特(L. Pallat)编:《教育学手册》(*Handbuch der Pädagogik*)第1册,1933年;德国新教教会会议委托格鲁特霍夫(H. H. Groothoff)和施塔曼(Martin Stallmann)编:《教育学词典》(*Pädagogisches Lexikon*),1961年;格特勒(Joseph Göttler)著:《教育学史梗概》(*Geschichte der Pädagogik in Grundlinien*),1935年第2版。关于一种科学的教育理论的发展请参阅弗里许艾森-科勒(Max Frischeisen-Köhler)著:《教育和世界观 : 一本教育学理论的导论》(*Bildung und Weltanschauung: Eine Einführung in die Pädagogischen Theorien*),1921年/《哲学与教育学》(*Philosophie und Pädagogik*),出自《教育学短文集》(*Kleine pädagogische Texte*)第20册,1931年;诺尔(Herman Nohl)著:《德国教育运动及其理论》(*Die Pädagogische Bewegung in Deutschland und Ihre Theorie*),1935年第2版,1949年第3版;参阅弗利特纳(Wilhelm Flitner)著:《教育学理论的六大源头》(*Sechs Ursrpungsstellen in Pädagogischer Lehre*),出自底特利希丛书(*Die Eriiehung Sammlung Dietrich*)第99册《教育》(*Die Erziehung*),1955年第2版,第XV—LI页的引言部分;莱布勒(Albert Reble)著:《教育学史》(*Geschichte der Pädagogik*),1955年第2版;布莱特纳(Fritz Blättner)著:《教育学史》(*Geschichte der Pädagogik*),1961年第7版。

教育学思考与教育行动

就像医学是用来治疗疾病的,教育学理论也应当对教育实践有所帮助。健康的身体虽然不需要妙手回春术,但是当一个医生想要了解病理症状时,他必须了解人类机体的正常构造和人类健康的生活方式,将健康与疾病放在一个并且是同一个理论体系中来理解。教育活动在日常生活中依据风俗秩序而定,在社会与集体的状态内可以不依靠理论正常进行。但当紧急情况出现时,或者当人们追求提升、拓展或深化教育时,就会构建理论来规范和改进教育活动。理论不仅关乎实践的动因,更关乎整个教育的过程。

凡在人们对教育活动作如此理解的地方,就会出现这样的理论:它们主要包含在教育的技艺指南中。这些技艺指南概括了教育从业者的经验和目的性思考,并将之运用到未来教育者的培养上。如此,在17世纪和18世纪的贵族教育中,出现了为宫廷教师和贵族家庭教师准备的教育指南;现在又出现了面向所有类型的教师,以及面向幼儿园教师、精神指导者、青少年指导者和父母的技艺指南。无论这些指南是口头流传还是以书面形式确定下来的,它们都存在于实践之中。

教育的科学起初由家庭教师的技艺指南发展而来。但是,它的全面性和方法性符合科学的本质,因此有别于技艺指南中带有局限性的反思。人们可以把教育学看成所有关于教育的技艺指南的结合,全部教育经验的集合,即关于教育实践整体的理论。同时,教育学也是人们就教育事实及教育任务做出的思考,且教育事实和教育任务是不受某一特定实践的兴趣所限制的。

关于这门科学的形式和精神,人们尚未达成一致意见,正如在其他有关人的科学的特性上也很少有一致意见一样。而这一学科群中尤其成问题的又是那些与实践相关的学科：它们涉及人与人的行动，而行动又总是以精神的自我解释为前提。我们把这类学科称为实用的精神科学。法学、国家学、社会经济学作为政治学的分支均属于此类。另外一类学科虽然被人们习惯性地视为哲学的分支，但其实也属于这一范畴，比如伦理学和美学。与此类似的还有神学的个别分支。所有这些学科皆来源于行动着的生命的精神交往，因此也就陷入到精神斗争的漩涡之中。它们有着对话的起源，因为它们源自责任人为达成理解而进行的交谈。交谈的原因是，这些人必须共同地并且与许多人相关联地效力于同一事业，这就需要相互之间的理解。因为这里涉及的是必须依托人类精神建立起来的事业，所以这样的科学只能是对话性的，它们必须尝试将精神斗争坚持到底，直至得出实践的果实。

因此，教育的科学表现为一种辩证思考的形式。关于各个教育场所中实际实施的正当的教育所展开的讨论，必须在所有教育实践者的交流协商中得到总结和概括，且这种协商是全面的，在方法上是有序的。

这样一种哲学思辨的精神——因为教育学本就关乎哲学思辨——应当由整个教育者群体共同创造出来，所有负有教育责任的人都可为此做出贡献。而能够激励所有人都参与到这场对话中的，应是给予别人帮助性的、管理性的和治疗性的教育的关怀与意志。尤其是提升到公共层面的教育意志，其应当在这种自省中明确、组织和阐释自己的追求。

但是，在这样一种探讨和思辨中可以被拿来研究的素材，并不仅仅来源于各个教育场所直接的实践经验，同时也要在那些与教育相关的现实领域的实证研究中去寻找。这样一来，教育学研究就与其他研究相同素材的科学联系起来了，只不过它们是在不同的指导思想下进行研究而已。生物学由于教给人们关于生长过程、环境适应以及学习过程与异常现象的知识而对教育有着重大意义；社会学和民族学通过描述人类的社会行为对教育起着重要作用；医学，尤其是儿童医疗学、精神病学和心理病理学，与心理学一样都对教育很有裨益。所有这些学科研究的实际情况不仅澄清了教育活动的前提条件，而且从这些学科自身来看，它们本来就都以一种关乎正确的或错误的教育的认知为前提基础——由此，它们自身也都卷入到了教育问题的讨论之中。可以证实的一点是：生物学家、医学家和社会学家所做的貌似纯粹实证性的事实研究也依赖于公众的意见和历史既定的教育意志。然而，这些研究者们只是单纯身处这一关联中，却大多没有意识到它的存在。因此，教育的科学不可不加检验地接受这些单门学科得出的结论，因为它必须自行地将这些研究的根本思想纳入到教育问题的哲学探究中，并对其加以批判。技术员可以吸收并运用物理学家的见识，因为当他用物理研究的对象来服务自身的目的时，这一对象并不会发生改变。但是，要想观察医学、心理学和社会学研究的对象，则必须首先具备教育的意志。此外，这一对象本身还会表现出自我教育的意志，表现出关于人的，由之还有关于教育的意义与目的的自我评判。所有这些不同使得人们无法将教育与任何一种技术相提并论；也正是由于这些差异，对人的实证研究结果不可被理解为对纯粹客观的事实所做出的，继而似乎可以由教育者直接加以运用的论断。即便是在关于人的最简单的事实论断中，也有一种对于教育目标的理解和看法在发挥着作用。

继孔德（Auguste Comte）之后，人们将科学的体系称为实证主义。受这种科学体系的影响，19世纪的人们尝试将教育学建立在纯粹客观性的事实描述之上,并以此摆脱它对哲学的依赖。只要建立实证体系的错误想法仍在其中作怪,那么这种研究方向就只会导致一种表面的客观性,并且只能要求表面的精确化。特别典型的一个例子是:人们竟然尝试仿照精确的自然科学的做法,将实验作为教育研究的首选方法。直到弗里许艾森-科勒(Max Frischeisen-Köhler)和利特所做的批判研究使教育学重新找回自己的哲学根基,这一时代才得以终结①。教育学只能将自己视为精神的自我阐释,正如它必须存在于实践者们以相互理解为目的而进行的谈话中一样。当精神做出自我澄清和阐释时,它一直都存在于历史及现实之中。教育学只有作为一门实用的精神科学,从自身的历史素材出发,才能进行哲学思考,从而得出结论。至于我们置身其中,并作为责任人与其他人共同生活于其中的存在,只能从历史的角度澄清它,在辩证的探讨中诠释它。

---

① 弗里许艾森-科勒(Max Frischeisen-Köhler)著:《哲学与教育学》,出自《康德研究》(Kantstudien)第22册,1917年/《教育和世界观:一本教育学理论的导论》,1921年/《教育学短文集》(Kleine Pädagogische Texte)第20册;利特(Theodor Litt)著:《教育学思考之方法论》(Die Methodik des Pädagogischen Denkens),出自《康德研究》第26册,1921年;弗利特纳(Wilhelm Flitner)著:《教育科学的地位和方法》(Stellung und Methode der Erziehungswissenschaft),出自《教育学杂志》(Zeitschrift für Pädagogik)第2卷第2册,1956年/《当代教育科学的自我理解》(Das Selbstverständnis der Erziehungswissenschaft in der Gegenwart),1957年/《作为实用的、解释学学科的社会科学及其与神学的关系:对海曼之"社会神学"的评注》(Die Sozialwissenschaften als Pragmatisch-hermeneutische Disziplinen und Ihr Verhältnis zur Theologie. Bemerkungen zu Eduard Heimanns: Theologie der Gesellschaft),出自《汉堡经济及社会政策年鉴Ⅱ》(Hamburger Jahrbuch für Wirtschafts- und Gesellschaftspolitik Ⅱ),1957年;兰格费尔德(M. J. Langeveld)著:《教育学导论》(Eine Einführung in die Pädagogik),1961年第2版;莎艾伯(Wolfgang Scheibe)编:《20世纪的教育学》(Die Pädagogik im XX. Jahrhundert),1960年;芬克(Eugen Fink)著:《教育学作为理论科学和实用科学的双面》(Der Doppelaspekt der Pädagogik als Theoretischer und Pragmatischer Wissenschaft),出自《德国学校》(Die Deutsche Schule),1961年2月刊,第57页及后续几页。有关教育科学和教育现实之诸多问题的文选请参阅罗尔斯(Hermann Röhrs)编:《教育科学和教育现实》(Erziehungswissenschaft und Erziehungswirklichkeit),1964年。

如果说教育学因此又重新被归入到哲学之中,那么它在其中仍然保留着一种独特个性。弗里许艾森-科勒指出,教育情境是一个独特的现实领域,在哲学上也只有从教育情境本身出发才能对它加以澄清。比如,哲学伦理学肯定会述及这一领域,但其中的哲学定理却不能被简单套用到教育学上,因此,要获取教育情境中的哲学定理,首先就要有一种对教育现实的理解①。

因此,在实践情境中进行哲学思辨,一直是教育学这门科学研究的基本形式。实践情境是某种历史性的先行存在,教育学必须根据它的事实性对它做出阐释。由此,关于教育的哲学思辨总是活跃在一个由各种类型的事实、历史的精神关系和规则所构成的领域中。这些事实、精神关系及规则由生命的自然进程出发,延展到精神生活及社会关系的整个范围——所有的教育行动均发生在这一领域。值得期待的做法是,从内在出发理解全部的事实和关系,并从外在出发对它们做出描述,这就给教育的哲学思辨提供了素材。如此看来,教育学研究也要求运用描述性的方法是完全有道理的②。同样,实验方法在教育学研究中也有着一定的意义,尽管这一意义十分有限③。然而,如果

---

① 《教育学与伦理学》(*Pädagogik und Ethik*),出自《教育学卷宗》(*Archiv für Pädagogik*),1912年/《教育学短文集》第20册,第92页及后续几页;利特(Theodor Litt)著,《教育学思考之方法论》,出自《康德研究》第26册,1921年。

② 费舍(Aloys Fischer)著:《描述性教育学》(*Descriptive Pädagogik*),出自《教育心理学杂志》(*Zeitschrift für Pädagogische Psychologie*),1914年第20期,第81页。

③ 弗里许艾森-科勒(Max Frischeisen-Köhler)著:《实验方法的局限性》(*Grenzen der experimentellen Methode*),出自《教育学报》(*Pädagogische Blätter*),1918年第19期;新刊印在《教育学短文集》第20册。费舍(Aloys Fischer)著:《实验在教育学研究中的意义》(*Die Bedeutung des Experiments in der Pädagogischen Forschung*),《德国教育总处年鉴》(*Pädagogische Zentralstelle*),1913年第3期;霍夫曼(Erika Hoffmann)著:《实验的伦理界限》(*Die ethischen Grenzen des Experiments*),出自《教育》,1929年第4期,第94页及后续几页;德波拉夫(Josef Derbolav)、罗特(Heinrich Roth)编:《心理学与教育学——新的研究及结果》(*Psychologie und Pädagogik*: （转下页）

将教育学的研究方法局限在描述法或其他片面的研究方法上,则又不符合这门科学的研究对象及研究任务。

理论与实践

日常思维中,人们也许会尊崇理论,但却轻视其实践的意义。这种想法与上面对教育的科学的本质理解是格格不入的。同样,意图用理论来论证、指导、规范甚至掌控实践的想法也是与之不相符的。

后一种观点接近技术时代的思维方式,但它同样是错误的,就像过分崇拜技术也是一种病态的表现一样。教育的技艺与技术性劳动毫无可比之处,关于教育的科学也不具备技术学或者论证技术的科学的特性。诸如此类的所有类比都是无用的。科学理论根本谈不上来统领实践,实践有其自己的源头和根基[1]。

但是,认为实践和理论相互敌对,这样的观点只能是自欺欺人。当理论家的要求不切实际时,可能是因为他们忽略了事实情况中的某一部分;当实践者不参考理论直接依据经验行事时,可以推测,对于他们而言,陈旧或简单化的理论更加便于使用。当然,也存在着一些思想意识,它们希望落实为教育实践,但却在现实的教育情境中没有被提炼成理论,正如存在那些试图将自己建立在狭隘的事实论断基础上的实践一样:两种情况都展现出了一种理论与实践之间的鸿沟。但

(接上页)*Neue Forschungen und Ergebnisse*),1959 年;参阅本书第 189 页及后续几页的附论中关于教育学教养的进一步论述。

[1] 施莱尔马赫(Friedrich Schleiermacher)著、普拉茨(C. Platz)编:《教育学文集》(*Pädagogische Schriften*),1902 年第 3 版,新版由维尼格(Erich Weniger)编辑,舒尔茨(Theodor Schulze)共同参与;弗利特纳(Wilhelm Flitner)编:《教育学文集》第 1 卷《1826 年讲稿集:教育学文稿》(*Die Vorlesungen aus dem Jahre* 1826 : *Pädagogische Texte*),1957 年,第 11 页:"实践的尊严不依赖于理论"(Die Dignität der Praxis ist Unabhängig von der Theorie)。

是，只要教育学思想真正基于现实的情境，那么在实践中它就是有用的，理论的真理也是实践的真理。真正的教育学思想由行动情境中直接的理论思考而来，并且在明确和周到地对行动做出思考的情况下回归到实践之中①。

由此，教育的科学可以带给教育实践两方面的东西：一是单个的知识，二是教育学教养。

蒙台梭利（Maria Montessori）认为，今天我们可以基于科学上关于人类的发展及人类与环境和同伴之间的关系所获得的认识，培养出一个完全不同的人。这种人更健康、更勇敢、更强健，他们在生命斗争中所胜任的任务与前人完全不同且适应能力更强。蒙台梭利这样说是有道理的②。不容否认，这些关于人的实证研究对于教育而言有着一定的意义。只有愚蠢的人才不想把医学、心理学和社会学上新获得的认知成果运用到教育上。但是，如果我们追问一下，那些无疑已经得到提升的健康身体，以及得到改善的情绪和适应力如何在精神与道德层面上得到利用，追问一下它们的内涵和要素，我们就会清楚地发现，这种在实证主义层面上得到提升的教育技艺并不比先前的教育技艺更加高明：社会应变力和技术能力的提升能否在真正的教育意义上发挥作用，这依赖于个人的精神世界、道德动机和信仰力量——对此，那些关于教育的实证性的事实知识是没有影响力的。

因此，教育的科学追求的目标是促进教育学教养。对于教育的科

---

① 维尼格（Erich Weniger）著：《教育中的理论与实践》（*Theorie und Praxis in der Erziehung*），出自《教育》，1929 年第 4 期，第 577 页及后续几页。
② 蒙台梭利（Maria Montessori）著：《童年早期中自我行动的教育》（*Selbsttätige Erziehung im Frühen Kindesalter*），1913 年。

学而言,关键在于把各项单个研究归入到一个教育思想的整体之中,并奠定一种能够继承我们文化圈的文明的公共教育精神。教育的科学所期望的是,把个体塑造成一个自觉维护这种教育精神的担保人和一个在共同创造中去承接这一教育精神的承载者①。

教育的科学的分类

教育学一方面源自实践和实证的研究,另一方面又形成于人们对历史事实的理解,而且它还应该具备哲学的特性。因此,教育学本身就是历史性的,它相对稳定的形态是逐渐获得的。

人可以从不同的起点出发来追求目标的实现。与此相应,教育学中也存在着两极,一极是实证的事实研究,另外一极是基于情境的哲学思考。

对重要的教育事实的研究采用的是单门学科的单一方法,或这些方法的组合,并且这种研究选择的是教育现实中的单个问题。如此就形成了教育人类学,还有教育医学、教育生物学、教育心理学、教育社会学、教育民族学,以及研究教育体制的历史学、研究教育整体及其教育内容与教育的社会条件之间关系的历史学。

从另一极出发,教育学研究的是具体情境下产生的复杂的实践问题。通过从历史的整体境况出发来解释情境,通过进一步唤醒人们对本真人性的理解,并使这种理解与实践的问题产生关系,教育学试图

---

① 格里泽巴赫(Eberhard Grisebach)著:《教育者的界限及其责任》(*Die Grenzen des Erziehers und Seine Verantwortung*),1924 年/《当代:一种批判的伦理学》(*Gegenwart: Eine Kritische Ethik*),1928 年;利特(Theodor Litt)著:《当代哲学及其对教化理想的影响》(*Die Philosophie der Gegenwart und Ihr Einfluß auf das Bildungsideal*),1930 年第 3 版;黑森(Sergius Hessen)著:《教育自治的问题:致里克特的纪念文集》(*Das Problem der Autonomie der Bildung: Festgabe für H. Rickert*),1933 年。

对这些问题做出澄清。

由此，首先出现了历史教育学，它的任务是从历史的角度去理解现今的情况，随后产生了具有系统特性并发展出一些范畴的普通教育学。借助这些范畴，教育情境可以得到概念化的表达，并且可以由人类整体境况出发得到理解。

然而，在这个过程中永远不可能产生一个既具备严格的科学性又具有现实的完备性的体系。一方面，一般寓于具体之中，永恒的人性寓于历史性之中，以至于精神科学永远不可被表述为结构静止不变的固定的原理。另一方面，如果不能在这种历史性中指明一种普遍的关联，一种由所有的概念及原理构成的可理解的整体及秩序，那么教育学领域将不会存在哲学的思辨。普通教育学的主要任务就是分析这个由基本概念所构成的结构。但是，在此之前首先要阐明教育现象，必须在教育现象中揭示这个范畴结构。如此得出的关于范畴结构的认知，必须意识到自己的抽象性，正如它在另一方面不得不通过如下方式证实自己是关于现实的认知一样，即重新做出具体的、历史的、局限于某一特定情况的思考，并对自己做出更正——由此，普通教育学不带确定界线地转变为历史教育学，也就是对始终具备特定历史性的当下任务做出分析。历史思考和系统思考之间不可分割的对立和交织关系，为这一精神科学获得真理奠定了基础。

过去对普通教育学的阐述仍然建立在理性主义的基础上，这些阐述试图建立一个具有说服力的理性的系统。赫尔巴特学派所做的阐述大多拥有这种结构。但是，赫尔巴特的教育学所追求的完全是另一种不同类型的系统：把经验中发现的范畴建构出来，以一种宽松的但思想丰富的形式来运用这些范畴；与其说这种形式在建造复杂的结构,不如说它在掩盖复杂的结构①。裴斯泰洛齐在其叙述和表达形式中继续把人作为一个充满激情的行动者来观察,这个行动者探究着自己向自己提出的以及别人向自己提出的异议。为了在完全历史性的情境中去建构原理与认知的整体系统,裴斯泰洛齐在其主要作品《林哈德和葛笃德》(Lienhard und Gertrud)中选取了小说这一创作形式。在其所有作品中,裴斯泰洛齐均对"充实的生活存在"进行了深入挖掘,这些作品皆围绕他的主要思想而作,他的思想当中呈现出一些表述独到的"基本理解形式",人们可以称之为裴斯泰洛齐思想的范畴②。直到施莱尔马赫,教育的科学才得以表现为一种以教育情境为出发点的真正的和严谨的哲学思辨。他的教育学不再采用理性主义的模式。确切地说,尽管其结构也保留了理性思考的形式,但从根本上看是谈话般的、辩证的和柏拉图式的。行动者做出思考,他所依赖的其他行动者对他提出异议,各个论点都有自己的道理和局限性,大家通过讨论尝试正确地评价每一种异议,并不断地纠正自己。如此一来,行动者的情境就被揭示清楚,因为其他共同行动者的异议对这种揭示起到一种推动作用。这并不是一种教条式的结论形式:新发现的现实情况会进一步推动行动者进行自我澄清。施莱尔马赫的教育学所呈现的系统结构才是教育学思想可以拥有的经典的系统结构,虽然这一教育

---

① 这一点在赫尔巴特于1806年针对"普通教育学"所做的首次论述《普通教育学》(Allgemeine Pädagogik)中表现得尤为明显。第二次论述以《教育学讲稿纲要》(Umriß Pädagogischer Schriften)为题于1835年出版。弗里茨(Theodor Fritsch)编辑出版了赫尔巴特教育学著作的全集《赫尔巴特教育学文集》(Herbarts Pädagogische Schriften)。关于赫尔巴特的教育学可参阅弗里许艾森-科勒(Max Frischeisen-Köhler)著:《教育和世界观:一本教育理论的导论》,1921年。
② 斯普朗格(Eduard Spranger)著:《裴斯泰洛齐的思想形态》(Pestalozzis Denkformen),1947年,前言。

学所依据的哲学思想和身处的教育现实离我们今天越来越遥远①。

只要历史形态涉及人类生存的教育方面，普通教育学就应当努力认清它们。普通教育学应把教育现象作为其本身来解释，并且应当突出教育的基本思想，突出现象的单个方面，即现象的"范畴"，把它们独立地展现出来。在这种尝试中，普通教育学将会一直秉持这样一种意识，即它的出发点始终是某种特定的历史的教育境况。它将利用这一出发点，甚至不得不吸收所有关于教育事实的实证知识，这些知识当中的每一个皆来源于某一特定的历史空间②。但是，只有把历史上存在的情况与同样作为历史存在的人及人所处的情境联系起来，普通教育学才能去扩展教育者的视野。

---

① 弗里许艾森-科勒（Max Frischeisen-Köhler）著：《哲学与教育学》（*Philosophie und Pädagogik*），出自《康德研究》第 22 册，1917 年/《教育学短文集》第 20 册，1931 年，第 81 页及后续几页。
② 黑森（Sergius Hessen）著：《教育学作为应用科学的基础》（*Fondamenti della Pedagogia Come Filosofia Applicata*），1937 年/《现代学校的结构与内容》（*Struttura e Contenuto della Scuola Moderna*），1950 年；德雷卡特（Friedrich Delekat）著：《论有意识的教育的意义和界限》（*Von Sinn und Grenzen Bewußter Erziehung*），1927 年。

第一篇

教育现象

教育世界

教育学以人类生活中发生教育过程的全部领域为其最普遍的研究对象。当我们称这一领域为"教育世界"时，就是在进行概念化的概括，因为这一现实融入在其他一切生活现实中，只有通过概念才能被区别开来。教育是什么大家都知道，虽然对此很难做出定义①。每个人都经历过教育者、教师和师父的教诲，且自己对教育也发挥着影响。每个人都认识到这一事实，即教育现象中有很多现象的教育特性并不明显或尚未被人意识到。只有当我们在自己和别人身上有过痛苦体验时，我们才会将关注的焦点投射到教育上，如：当我们对所受的教育产生怀疑时，或者当我们意识到自己没有能力给儿女、朋友和年轻人提供他们期望的帮助时。然而，在我们最为根深蒂固的体验中也有着积极的印象：对教育者的爱，对教师的尊敬，对被托付给我们的学生的积极关怀。我们对教育世界的体验，作为我们普遍的精神财富，时时处处都存在着，虽然它没有固定的形式，但是我们都知道它的存在。

如同在个人生活中一样，在公共生活、伦理风俗和社会建构中，我们也都会遇到教育这一现实领域。在这些方面，成人与儿童交往时首先遵照的是风俗习惯——即使某些被我们评判为陋习、恶习，但它展现的还是一个教育的世界；当我们对子女、学徒或学生施加影响或做出反应时，我们已经遵循了特定的风俗习

---

① 施莱尔马赫："人对教育的普遍理解可以被视为已知的事实。"此句系施莱尔马赫1826 年以"教育理论"为题开设的讲座讲稿的开篇话语。参阅弗利特纳（Wilhelm Flitner）编：《教育学文集》第 1 卷《1826 年讲稿集：教育学文稿》，1957 年，第 7 页。——译者注

惯。这些习惯因民族、阶层、风土人情和交往圈子而异。在教育他人、指导年轻人和施展权威的过程中,都会存在好的习惯和坏的习气,这不仅有个人的因素,而且受风俗习惯的影响。在公共的、文明的生活中,人们也会经常展开批判;他们相互评判,对别人的教育疏忽或感到"生气愤慨"或"视而不见"。风俗习惯如此有力地监控着教育的领域,一如对其他所有领域一样。

比风俗习惯更加明显可见的是社会中的教育机构、学校教育和职业教育的体制,以及为成长中的青少年所做的生活道路规划。因此,教育现实多种多样,整个世界都徜徉在教育现实之中。与教育相关的现象的总和可以被概括为教育世界。

"教育"和"教化"的称谓

德语中用"教育"(Erziehung)和"教化"(Bildung)[①]这两个词来指称整个教育领域。相近的表达有"训育"(Zucht)、"抚育"(Aufzucht)和"对人的引导"(Menschenführung)。没有哪个词能够清楚地概括属于其中的现象的总和,但是教育的科学却必须借助这些语词来进行研究。我们既在主动意义上,也在被动意义上使用"教育"这个称谓:它既可以指教育的活动及其影响,也可以指这种活动指向的在"受教育者"身上发生的过程和这一过程的结果。德语中经常使用它的同义词"教化",但"教化"又有自己的区别于"教育"的意思。"教化"一词中蕴含了一种关于教育现象的十分独特的思考,因此偏指那些包含或者应当包含这种思考的教育活动。教育的动词形式

---

① 后文亦将 Bildung 一词翻译成教养,见"教育学教养"(Pädagogische Bildung)。作"教化"译时,Bildung 指人与世界之间的互动,具有动态性;作"教养"译时,Bildung 指的是教育和教化在人身上产生的结果。——译者注

（Erziehen）可以当作教化的动词形式（Bilden）来理解。"教化"一词出现较晚，其源于 18 世纪，并且越来越呈现出替代"教育"和最早的"训育"表达的趋势。但是只要人们意识到，教育现象首先涉及的是个体的、伦理的意志关系，关乎的是责任人之间的相遇，那么其就会重新偏爱使用"教育"这个术语。因此，词语的使用已经受到较早的科学思考的影响①。

由此，想要如同在自然科学思考中所要求的那样，在科学研究之初就对教育的事实存在做出明确定义是不可能的。言及人的行动的领域，是反对精确地定义其对象的，这不仅仅是因为我们只能人为地将单个现象从人类生活的全部现象中剥离出来——就这一点似乎是可以通过给概念下定义来尝试的——而且因为人类在本质上是不可定义的。我们恰恰是把人类定义为这样一种生物，这种生物"对自我本身"做出行动，因而该行动可以具有多种意义。人通过对自我本身做出理解而生存着。正是人如何理解自我本身决定了人自己的存在。由此，人对自我本身做出决定。但是，人不是一个可以被客观定义，且该定义对所有人都适用的对象。这是因为，人必须要通过活着、忍受苦难、行动和构建的方式，自己来完成对自我的阐释。所以，对人自己而言，人不是一个可以被确定的客体。人的多义性是人自由的前提，而自由就是人的存在、人的使命。

对自我的理解在人身上慢慢构建而成——诗人说："塑造着，改造

---

① 参阅施皮勒（Spieler Josef）编：《当代教育学词典》（*Lexikon der Pädagogik der Gegenwart*）第 1 部中的词条"教育"和"教化"，1930 年，第 673—674 页和第 349 页及后续几页；格特勒（Joseph Göttler）著：《教育概念之研究》（*Studium zum Erziehungsbegriff*），出自《灯塔Ⅱ》（*Pharus* Ⅱ），1917 年，第 414 页；格特勒著、威斯特迈尔（Joh. B. Westermayr）改编：《教育学体系》（*System der Pädagogik*），1948 年，第 27 页及后续几页。

着,我为惊奇而存在。"①通过内心的决定,人成为真正的人,或者成为扭曲和堕落的人。这种于内在之中进行的创造活动,又可被理解成它的对立物,即上天赐予的礼物或恩赐,它是一种前意识的精神行为,人在进行解释的过程中才会意识到它。在这种活动中,人是一个自由的存在,他能够也应该自己解释自我。多义性是这种自由的前提。人能够找到迈向真理的道路,因为谎言、自我欺骗和意义不清的现象可能在他身上存在;人能够去爱,因为他会恨;人能够自由地生活,因为他也能束缚甚至杀死自己。

教育分享了所有与人有关的领域的这一独特性,我们存在于教育之中,由此使教育变成了我们让它成为的样子。只有在负责任的行动中,我们才会获得关于教育最深的理解。而这一行动可能会带来有益的成功,也有可能会招致有害的失败。这种最深的理解只存在于具体的行动过程中,不可被精确地表达出来。只有在可见的实例中,人们才能将其指出。可以表达出来的理解包含着抽象的特性:人们必须从具体的理解中去除一部分内容,然后,存在的范畴才会显现出来,虽然这些范畴与具体的存在相去越发遥远,但是它们却可以越发精确地被表达出来。这是因为,事实情况越是得到抽象的提炼,就越能得到精确完整的指称和描述。

这样的原理适用于所有这样的科学,它们全部以人对自己、对所处的世界及历史的认知为出发点,并全部倾向于由这些认知出发去描

---

① 此句是歌德的诗歌《示意咏》(*Parabase*)中的最后一句。该诗是歌德暮年创作的一首抒情诗。原文为:"Freudig war vor vielen Jahren Eifrig so der Geist bestrebt, zu erforschen, zu erfahren, Wie Natur im Schaffen lebt. Und es ist das ewig Eine, Das sich vielfach offenbart. Klein das Große, groß das Kleine, Alles nach der eignen Art. Immer wechselnd, fest sich haltend, Nah und fern und fern und nah; So gestaltend, umgestaltend-Zum Erstaunen bin ich da."——译者注

绘一幅现实本身的图景。当人们尝试定义"教育现象"时,也必须牢记上述作为一般逻辑结论的原理。教育现象也涉及具体的人类存在,即遭受(Leiden)和完成(Vollbringen),其建立在时间的自然进程之中,但却真正发生在精神的领域之中。只有用多种观察方式才能够科学地将教育现象解释清楚,这些观察建立在不同的抽象等级之上,且越深入就会越接近具体的教育现象。

观察人和教育的四重视角

第一重:生物学的视角

以人为课题所做的最深入的抽象就是生物学的抽象。它不考虑我们在具体情境中经验到的、作为人的内容的一切,而只是去把握人与其他生物,即植物和动物,特别是那些与人类最具类比性的生物之间的接近之处。生物学的范畴从自然界全部生命体的王国之中获得,接着,这些范畴被运用到人类身上。人在生物界中所独有的特性构成了人类生物学的研究内容。这种运用到人类身上的观察视角是从外部出发的:精神、真正的人格自我及其奥秘被忽视。就这点而言,虽然该观察视角是一种直观的视角,但却是抽象的。

因此,我们可以局限在生物学的范畴内去构建一种教育的理解,该理解在它的这种最深的抽象性和直观性中将教育现象体现出来,但是却绝无可能完全领悟具体的教育现象背后的本质。

人的生长与植物和动物一样,人产生于精子和卵子的结合,是两性的。人类拥有一个青少年期,与树木不断长出新的年轮不同,人类的生长在青少年期进行,并与哺乳动物一样在某一天戛然而止。人也会经历不同的生理时期,但不像蝴蝶从毛虫到结蛹再到化蝶的阶段区分得那样明显,而是又与哺乳动物一样,逐渐地走向性的成熟、自我的成熟,直至最后变得苍老和迟暮。与植物结果、动物产崽一样,人也会孕育新的生命。与动物集群而居一样,人也形成了氏族、部落和民族。经济生活和国家生活的组织形态对应昆虫巢穴中固定的生活秩序,前者和后者一样都通过建立秩序来抚育后代。因为动物幼崽在能够自己活动和捕食之前需要得到哺育——同样地,果实的组织结构确保了种子的传播,并在种子独自展开生命旅程之初提供保护和初始的养料。

如果观察个体生命的发展过程,即它作为自身物种的"范例"是如何完成自己应有的发展的,那么人和动植物的这种相似性会继续显现出来。个体被赋予了需求以及满足这些需求的手段;被赋予了行为方式和组织器官;此外,还被赋予了一整套恰当的、带有目的性的行为模式。这些行为的实施不一定需要潜意识或在意识之下做出决定,我们将之称为本能。我们虽然不了解本能是如何运作的,但却可以从其履行的目的出发去了解它们,而这需要我们"从人类形态学的角度"把自然天性想象为具有意愿和思考能力的力量。本能或与生俱来,或在生长的过程中形成,比如那些与性成熟有关的本能。天赋同本能一样具有重要的功能,但必须首先经过训练和培养,因而可以与本能区别开来。有些功能必须,也只有经过模仿才能被掌握,我们称这一模仿为学习。正是本能和天赋的存在才使得训练和学习成为可能,确切地说,才导致了训练和学习得以出现。在此方面,动物和人类所拥有的"游戏"发挥着重要的作用。从生物学角度看,人和动物必须在闲暇时锻炼他们的机能、器官和行为,这样做的目的是,有朝一日在他们丧失哺育他们的长者的保护和帮助时能够独当一面。长者通过和幼者玩耍,激励幼者并促使他们的能力愈发娴熟。"游戏"经常难以和"本能行为"区分开来。当高等动物的本能行为进入休止状态时,当它们无须为食物和天敌的侵袭担忧和害怕时，"游戏"才会出现。"游戏"在某种情境中引导动物熟悉周围的环境。在这一情境中，动物没有完全沉浸到其行为的"轨道"之内，不会对周围环境的特定刺激和标志特别沉迷，以至于让自己在外部与自己的本能目的形成统一体；在这个"放松地带"，动物以"游戏"的方式让自己对那些不是直接迫使它进行的行动做好准备。这种"自由"帮助它冲破本能行为的阻碍。长者通过哺育和保护幼者建立起这一"放松地带"，从而使幼者可以和环境之间形成更加多变的关系。如果我们暂不考虑人的一切特有属性，那么在动物世界中也可发现类似于人类教育现象的现象。也就是说，在成年动物本能的照顾和帮助之下，原本需要帮助的幼崽逐渐变成了该物种中的一员，它们不再需要长者就能维持生存，并且能够繁衍和抚育自己的后代。

人类生物学的观察

从生物学视角出发，教育现象可以被确定为幼者生长和成熟的过程，与之相连的是成人用来保护和支持这一过程的全部过程。

但是，生物学视角需要首先限制在人类生物学的角度之上。为了减少与进化论相背离的程度，19 世纪的自然科学趋向于把高等动物与人类之间的本质区别视为无足轻重的。而近代人类学又重新倒向了赫尔德和歌德、洪堡和卡鲁斯(Gustav Carus)的观点。赫尔德认为，人之所以是自然界中的一个特例，是因为人生存所必需的各种活动没有通过本能和特定的需求及器官被确立下来，相反，它们是不确定的。代替它们的是一种行动，这种行动起初基于本能，但后来又脱离本能，脱离的目的是通过把环境设想成一个处于其自身之中的客观世界来找到行动的方向。这样一种客观的世界图像之所以能够形成，是由于人们广泛地扩展了与周围世界的游戏式的交往。而这种扩展的前提是本能行为有一个广大的放松地带。这一地带由两个生物学上的奇特现象造就而成。一是，儿童在出生后的头一年中仍处于半胎儿的状态。在此期间，儿童比任何一种动物都更加需要得到照顾和帮助，由此也就受到父母和手足的影响，与他们建立联系并获得爱的能力。这在其他任何一种高等动物身上都是不存在的。二是，人类在一岁之后开始直立行走和学习语言，这才真正让他显现出和成人的相似性并让他具备了生存的能力。但是，一岁之后的生长发育并不像高等哺乳动物那样呈直线型地快速上升。确切地说，儿童的生长发育存在于发展的冲突之中，这些冲突已经不再能从肉体层面，而只能从精神和社会学角度加以理解。性的成熟与个人身体的成长并不相互交织着进行，而是处于一种紧张对立和相互抑制的关系之中。借此，个体摆脱了直接赋予在他身上的大自然的物种目的，并获得了一种与物种的本能冲动领域相对的自由。四至五岁的儿童处于性意识萌芽的阶段。随后，由于文化条件的不同，儿童又到了对客观世界感兴趣和喜欢摆玩物体的阶段。在这之后，个体便进入到青春期前期和爱欲发展的第二个时期；同时，这一时期也可能成为抑制本能和展开新的学习的特殊时期，并将摆脱本能钳制的解放引向高潮。

　　由于人类行为脱离了本能，且不再程式化地受制于特定的环境刺激，人最终可以把他生活的世界理解为一个与他的行为呈中性对立关系的世界。这一世界被表征到精神之中，并通过语言被构建成一个共同的世界。由此可以进一步预言，人的行动是可以独立于本能之外而受理性的引导的。由此，精神和语言成为生物意义上不可欠缺的能力，这一点在人的解剖结构中已经得到了证实。由于行动的不确定性，人类可以适应多种气候条件，不被固定的生活方式所束缚。在精神的帮助下，人能够创造形态迥异的建筑结构，比如古代尼罗河流域、爱斯基摩人和波利尼西亚人所创造的灿烂文明。

因此，如果把人类的精神连同他的符号系统和记忆系统也看作带有生物目的性的东西，并且把同样以精神为先决条件的社会秩序也包括在内，那么从生物学立场出发对教育所做的观察就必须更加地专门化。除了对幼儿的哺育和保护以及训练与教授之外，这一视角还取决于两种人类特有的现象：一是对符号所构成的意义内容的理解，对象征符号的使用，特别是对语言这一最为重要的符号体系的习得；二是对特定的社会秩序的要求——幼者学习去共同参与和理解民族共同体的全部活动。

相比动物世界，这里所要求的游戏和以游戏方式进行的预备训练要多出很多。并且，相比动物非常有限的游戏可能，人类世界中可能发生的游戏的不确定性和可塑性也格外突出①。此外，训练对象征符号的理解和使用必不可少，它能促成一种有序的教和学。由此造成的结果便是，人类有着漫长的青少年时代。在所有的造物当中，人类拥有最漫长的童年。人类面临的生存条件十分错综多变，以至于必须学

---

① 拜腾迪耶克（F. J. J. Buytendijk）著：《游戏的本质和意义》(Wesen und Sinn des Spiels)，1933 年；赫伊津哈（Johan Huizinga）著：《游戏的人》(Humo Ludens)，1944 年第 3 版；拜莱（Gustav Bally）著：《论自由的起源与界限：对人与动物之游戏的一种解释》(Vom Ursprung und von den Grenzen der Freiheit：Eine Deutung des Spiels bei Mensch und Tier)，1945 年；沙特（Jean Château）著：《儿童的游戏》(Lele Jeu de L'eufant)，1946 年/《游戏中真实的和虚构的儿童》(Le Réel et L'imaginaire dans Le Jeu de L'enfant)，1946 年；肖艾尔（Hans Scheuerl）著：《游戏：关于其本质、教育可能性和界限的研究》(Das Spiel：Untersuchungen über sein Wesen, seine Pädagogischen Möglichkeiten und Grenzen)，1953 年；谷鲁司（Karl Groos）著：《动物的游戏》(Die Spiele der Tiere)，1930 年第 3 版/《人的游戏》(Die Spiele der Menschen)，1899 年；斯普朗格对拜腾迪耶克的书评，出自《教育》，1935 年第 10 期，第 497 页及后续几页；芬克（Eugen Fink）著：《游戏作为世界的象征》(Spiel als Weltsymbol)，1960 年。

习很多知识来应对一些实际上根本没有出现但却始终有可能发生的情况。由于生活环境可能千差万别，因此人类的禀赋没有被确定下来，需要朝着某个确定的方向去发展。一种文化背景之中生活环境的结构越丰富、越交错，那里的青少年时期就会越长。性成熟和文化上的成熟会彼此分离。在性成熟之后的时间里克制、节欲会延长青少年接受能力持续的时间，也使长时间高强度的学习成为可能。与此相应，生物意义上的衰老也与精神上的迟暮分离开来。学习和精神的成长可一直持续到耄耋之年。此时身体机能已然衰退，但由于精神上的专注和活动，身体的衰老甚至可以得到延缓，从而仍可以长期发挥它的本质功能①。

---

① 舍勒（Max Scheler）著：《人在宇宙中的位置》(Die Stellung des Menschen im Kosmos)，1928 年；普莱斯纳（Helmut Pleßner）著：《有机体和人的阶段》(Die Stufen des Organischen und der Menschen)，1928 年；盖伦（Arnold Gehlen）著：《人、人的天性及其在人世界中的地位》(Der Mensch, seine Natur und Seine Stellung in der Welt)，1940 年；利特（Theodor Litt）对此所做的评论《人与世界：精神哲学的基本轮廓》(Mensch und Welt: Grundlinien einer Philosophie des Geistes)，1948 年，附论第 287—306 页；波特曼（Adolf Portmann）著：《人之生命初年的生物意义》(Die Biologische Bedeutung des Ersten Lebensjahres Beim Menschen)，出自《瑞士医学周刊》，1941 年第 71 期；波特曼（Adolf Portmann）著：《关于人的学说的生物碎论》(Biologische Fragmente zu einer Lehre vom Menschen)，1944 年/《生物学系统中的人类诞生》(Die Menschengeburt im System der Biologie)，出自《我们当今时代的儿童》(Das Kind in Unserer Zeit)，1958 年，第 14 页及后续几页；兰格费尔德（M. J. Langeveld）著：《儿童人类学研究》(Studien zur Anthropologie des Kindes)，1956 年；蒂姆（Hermann Diem）、兰格费尔德（M. J. Langeveld）著：《儿童人类学之调查》(Untersuchungen zur Anthropologie des Kindes)，1960 年；莱斯特（Walter Rest）著：《人类的孩子：一种儿童教育学的构想》(Das Menschenkind: Entwurf einer Paidologie)，1961 年；盖伦（Arnold Gehlen）著：《原始人类与迟来的文化：哲学结论与论断》(Urmensch und Spätkultur: Philosophische Ergebnisse und Aussagen)，1956 年；布吕宁（Walter Brüning）著：《哲学人类学：历史前提与现今状态》(Philosophische Anthropologie: Historische Voraussetzungen und Gegenwärtiger Stand)，1960 年；弗利特纳（Andreas Flitner）编：《迈向教育人类学的道路》(Wege zur Pädagogischen Anthropologie)，1963 年。通过以作为一种生物的人为出发点，并探究人与动物之间的区别，人类生物学的观察视角就忽视了具体的、现实的现象。如果出发点（转下页）

第二重：历史的和社会的视角

人类生命进程中的生物现象具有不确定性，只有依靠精神性的生存条件才能获取确定性，而这些条件并非千篇一律，没有固定的程式和规律，只有在历史的长河中才可被理解。因此，有必要选取第二重视角来观察人的生命，其中也包括对教育现象做出一种特定的理解，即历史的和社会的理解。

同样，我们也可以首先尽可能抽象化地把这种理解建立起来。其方法就是：比较一切已知的人类历史，从中提炼出历史事件的历史形态及历史模式有什么类型。这种研究推动了社会学、比较民族学和人类地理学的发展。该类实证研究把人作为一种自然生物来当作研究的出发点，因此很容易想到，该类研究认为人与动物类似，也和自然之间有着极为密切的联系。它追寻着人类确切走过的发展历程：人怎样从原始森林及河海流域迁徙到绿色的草原，怎样从开始的采集者、狩猎者变成后来的伐木者、游牧者、耕作者，最后又置身于有着城市、阶层、邦国和帝国的高度文明之中的复杂建筑里。这种研究遵照很早就形成了的三大人种的划分，即东亚的以及后来从东亚又迁徙到美洲的黄色人种、非洲沙漠地带以南的黑色人种，以及这些沙漠以北和西亚、中亚山脉地区的白色人种。研究得出，这些人种都有一个共同之处，即人作为个体只有在社会中，而人在社会中又只能在精神的帮助下才具有生存的能力。在此方面，所有的种族本质上都是相同的，并构成了统一的人类整体。

（接上页）变成一种全人，那么所观察到的图景就会发生改变。这种全人与精神之中的真理有关，其生活于一种文化之中，有一个身体，并在自己周围和自己的内心构建起一个世界。这样，生物现象就融入人文现象之中，从而与文化人类学和存在分析的现象构成了不可分割的关系。在这种情况下，要解释生物现象只适合采用现象学的方法，正如拜腾迪耶克(F. J. J. Buytendijk)等人所使用的那种方法。

如果排除一切形而上学的关系，从纯粹实证的意义上来考虑，那么我们便可把精神理解为人类创造和使用工具、符号及社会产物的能力。精神是创造性的，它能从它"感知"到的无限现实中创造出前所未有的东西。工具作为精神的产物和载体可以不断得到改进，因此，一项发明可以为下一项发明打下基础。符号承载着一定的固定意义，由此人们可以记住符号。而且，符号使得人类的认知、感觉和想法能够组成更大的意义结构，只要它们凝结在符号之中。而这些意义结构同样也可以相互接续并互为产生的条件。由于社会当中自然的、出于本能建造的生存设施使用了工具及符号，因此它们也变成精神性的，成为了历史的设施，成为了那些衍变成习俗、法律和国家的社会产物。个人同样也获得了这种客观的、精神性的内在形态。这种形态借助体态和表情、语言和风格向外"表达"自己，并体现为一种传承下来的形态、一种历史性的惯习，而个人就以这种惯习来理解和表达自我。所有的精神性的东西因而都变成历史性的了——其借助记忆和传承流传下来，在已有的内容上不断建设新的内容，且脱离过去就会变得不可理解；并且其形态在不断变化着，因为新的经验在留存过去历史的记忆的同时还会改变它，且以事先不可确定的方式表现为已有历史的结果。

这一图景正是社会学、民族学、历史学和解释学研究的对象，其把个人展现为历史团体、传统和组织机构中的成员；把这些客观的、精神性的产物以长久存在的形态表现出来。这些产物保留着几千年来的记忆，它们的源头决定了它们的一切变化，它们总是不断地再生，但并不能永存，最后会在某场历史的灾难中终结①。

---

① 参阅费舍(Aloys Fischer)著：词条"社会教育学"（Soziologische Pädagogik）与"教育社会学"（Pädagogische Soziologie），出自费尔康特(A. Vierkandt)编：《社 （转下页）

传承与融入

这一图景中有两种现象在教育学上具有非常重要的意义。一是社会的、历史的产物的再生，也就是传承的过程。在此过程中，这些产物的形态和精神被传给后代，而其当代的承载者则逐渐衰老并最终走向死亡。二是，成长中的个人融入迎接着他的历史的、客观精神世界的形态及精神内涵之中。

人作为"自然生物"迈向成熟和生存能力的自然生长过程——这是第一重视角所能描绘的——与传承及融入的所有过程交织在一起。一方面，作为成长中的自然生物，人在精神方面是可塑的，具有使用工具、理解符号以及创造两者的能力。这种对精神内容的可塑性是与生俱来的，在动物界就早已初现端倪。幼儿在出生后即被置于精神世界的理解共同体中，并在不可遏制的自然天性的推动下融入这一共同体中。成长中的人渴望理解，因为他想共同行动并与他人共同生活。另一方面，历史世界的所有产物中都蕴含着人们想要寻找后人和对后人进行培育的渴望：社会产物，如国家、行会、协会和团体，是通过人口的生育、增选或输入来获得更新的；精神的、客观的产物，比如艺术和科学，则是通过其掌握者传授它们的渴望来获得更新的。所有这些产物的意义内涵都与一种倾向不可分割地统一在一起。这种倾向就是：承载着这些产物的精神的人们想要争取到其他人，来同样理解、肯定产物的意义内涵，并赋予这种内涵以创造性的活力。因此，成长中的人

（接上页）会学袖珍词典》（*Handwörterbuch der Soziologie*），1931 年；福莱尔（Hans Freyer）著：《客观精神之理论》（*Theorie des Objektiven Geistes*），1928 年；哈特曼（Nicolai Hartmann）著：《精神存在的问题》（*Das Problem des Geistigen Seins*），1933 年；弗利特纳（Andreas Flitner）著：《社会学青年研究：来自教育学视角的描绘和批判》（*Soziologische Jugendforschung: Darstellung und Kritik aus Pädagogischer Sicht*），1963 年。

对理解共同体、共同理解和参与的渴求,以及历史产物塑造后人的渴望相遇到了一起。这些精神上的发生过程极其紧密地与那种自然的生长过程交织在一起。

从第二重视角出发,所有这些相遇和发生的事情都可被理解为教育的事实存在。教育现象可以被确定为,那些源于历史产物的再生渴望及自然成长着的个体融入精神世界的追求而发生的全部过程和行为。施莱尔马赫正是如此来理解教育的事实存在的。他以各民族的文化活动及代际之间的更迭为出发点,而这一更迭包含着"民族浮沉和兴亡"的可能——也就是说:一方面,传统面临着僵化、失去创造力和不再被理解的危险;另一方面,人们担心文化活动能否真正得到履行。问题是,"年长一代对年轻一代有什么要求""基于年长一代与年轻一代之间的这种关系,我们如何去建构这一理论范围内的所有东西"①。

对世界各个民族和所有传统领域内的再生及成长者的文化融入的事实过程做实证性描述,然后对之进行比较,以期概括出其中典型的特征,这就是最近重新被赋予期望的实证的比较教育科学的研究领域②。它将绘制出一幅准确的图景,借以确切地将每种社会形态及每个共同体的精神传承给下一代。人们会觉得,人类完全就是一种集体生物。事实上,被打上集体的烙印是惯常发生之事,哪怕是在传承中做一点小小的改变,即便这种改变是落后的和消极的,或者也可能是

---

① 出自施莱尔马赫 1826 年以"教育理论"为题开设的讲座讲稿,参阅施莱尔马赫著:《教育学文集》第 1 卷《1826 年讲稿集:教育学文稿》,1902 年,第 5 页(1957 年版第 9 页);罗赫纳(Rudolf Lochner)著:《描述性教育学》(*Diskriptive Pädagogik*),1927 年,第 107 页及后续几页。

② 费舍(Aloys Fischer)著:《描述性教育学》(*Diskriptive Pädagogik*),出自《教育心理学杂志》,1914 年第 20 期,第 81 页/《世界局势与教育问题之间的关联》(*Der Zusammenhang von Weltlage und Erziehungsproblem*),出自《教育》,1928 年第 3 期,第 1 页。

创造性的和引领性的，都需要一种超乎寻常的力量。克里克（Ernst Krieck）延续了韦伯所做的观察，最近，他在自己关于种类训育（Typenzucht）的书中强调了这种完全的无缝的后代同化①。但是，由于他完全忽视了个人的精神活动且赋予教育技艺太过微小的发挥空间，因而遭遇到了这种抽象的视角所带来的风险。对克里克来说，教育只是社会的一种功能——后代同化是自动发生的，人们将之称为"功能性教育"，似乎受教育只是社会的一种功能。再生和融入的整个过程仿佛只是单纯的适应过程。"训育"一词没有被用来表述道德规训，而是被故意用于整个教育过程。这种做法表明，社会学的和统计学的观察视角，即一种抽象的观察视角，在这里取代了教育学的观察视角。接着，由这种社会学至上主义而产生了一种错误认识，即教育者是上述功能的执行者，是受集体摆布的不自由的工具，有意识的教育只不过是"功能性教育"的一种不自由的延续②。

这种视角不必再像第一种方式一样，把教育的事实存在局限于青少年时期的现象之中。很明显，问题不仅存在于代与代之间，虽然代际关系最为重要。确切来讲，当文化上不同的层次相互遭遇，且一方激发出同化对方的渴望，另一方迸发出加入理解共同体的愿望和融入其中的意志，并且两种渴望相互碰撞时，也会产生教育的任务。这里形成的关系和境况也可以在一定限度上被称为教育的事实存在。因

---

① 费舍（Aloys Fischer）著：《描述性教育学》，出自《教育心理学杂志》，1914 年第 20 期，第 81 页。克里克（Ernst Krieck）著：《教育哲学》（*Philosophie der Erziehung*），1922 年/《人的形成：比较教育学的基本特点》（*Menschenformung. Grundzüge der Vergleichenden Erziehungswissenschaft*），1929 年/《文化民族的教育体系》（*Bildungssysteme der Kulturvölker*），1927 年/《哲学手册：教育哲学》（*Erziehungsphilosophie*：*Handbuch der Philosophie*）第三部分，1930 年。
② 之后，克里克又从他的观察视角中推引出一种极权主义的、纳粹主义的教育实践。任何一种抽象的集体主义的思维方式，必定都会追求一种偏离真正人性的实践。

此,北美移民的融入问题不仅被视为政治的问题,也是教育的问题。同样,人们可以把一个新形成的社会阶层,比如工业劳动者,看作是在传统文化之内出现的新兴群体,因此双方的接纳问题也应得到教育学上的思考。与此类似,在一个因工业、国际货运和信用经济而发生改变的文化之中,传统农民阶层的处境也构成了融入的一大问题,并在无数地方引发出教育的问题。这些问题和上述所有情况一样,都既涉及成人也关乎青少年。这样就开辟出一些研究领域,我们最近把这些领域称为国民教育及成人教育的研究领域。殖民国家形成了殖民教育学的问题,传教活动则面临着无数的、不过尚很少得到深层思考的有关宗教皈依的文化前提及文化后果的问题。即将到来的世界文明新纪元充斥着文化的碰撞和渗透,这也将带来此类教育的,或者确切来说应该被称为成人教育的大量任务。在此之中,青少年教育的问题只是更为广泛的教育过程中的一个特定情况。这些教育任务之所以出现,是由于社会阶层、民族或文明必须或者想要在精神上融入至今对他们而言仍然陌生的传统中。古罗马帝国时期的古代民族就经历过这样的过程,但在当时,人们并没有注意到这个问题。同化发生着并找到了自己的献祭品,而人们却没有在这一过程中发现这种责任。但是,这一责任不仅过去存在,现在也依然存在[①]!

一般来说,凡在文化形态不同的群体相依而居的地方,受命运的驱使,这些群体希望寻求相互联系或在文化上融入对方,就会出现教

[①] 斯普朗格(Eduard Spranger)著:《文化形态学的问题——普鲁士科学学院会议报告》(*Probleme der Kulturmorphologie——Sitzungsberichte der Preußischen Akademie der Wissenschaften*),1936 年,第 14 页/《文化形态学的观察》(*Kulturmorphologische Betrachtungen*),出自《教育形》,1937 年第 12 期/《文化病理学?——演讲稿》(*Kulturpathologie? ——Rede*),1947 年/《文化相遇作为哲学问题》(*Kulturbegegnungen als philos. Problem*),出自《宇宙》(Universitas),1948 年第 12 期,第 1033 页。

育的情境。这是因为对所有的历史内容,各种文化形态都带着不同的深度和解释来对它们做出理解,并把它们重新变为现实。因此,人们总是会期待那些群体去做出努力,这些群体虽然感知到那个更高级的文化形态,但却要么无法产出,要么无法完全理解这个形态;他们会尝试把自己投入到更深层的理解中,并尝试去接受那个从历史的角度看更加高级的形态。

从社会角度看的高级的形态是否从价值角度看也确系更加高级的形态,关于这一点我们可以首先不予考虑。一旦这一形态适合人们的社会本能和自然天性,人们就会出于这些本能自发地追求这一形态。如果另一方迎合这一追求,或者这一迎合也是出于自然的或者社会的需求,那么由此产生的情境也完全应当被视作具有教育的意义。

因此,人类的整个生活可以被理解为人们在其精神内涵上的一种交往。在这种交往中,不同层次的群体及个人相遇到一起:一些在体相、能力和理解上超过了另一些,各自的文化参与的深度和广度也不相同。由于这些差异,人们取得一致的理解和做出共同的行动总是面临着一些障碍。当这一点被感知到时,就出现了教育的关系。这些关系倾向于平衡人们之间在精神力量和理解上的差异,从而使得需要达到更高层次的人也能达到这种层次。代际关系只是这一普遍关系中最自然的,因而也是最重要的特殊情况。

如果说第一重视角主要把青少年的成长视作教育的事实,并在尊重发展规律的前提下要求照顾和支持青少年,那么第二重视角首先关注的则是传承和追求融入这些事实存在。这个视角所看到的教育关系存在于精神的、历史的产物的要求中,以及尚未融入的人之间。这种人被置于某种权威之下,需要得到某种管束、指导和教育。训育和教导源于历史上的秩序和内容。由于个人的融入,集体得到了更新——借助这种超越单个相遇而形成的教育共同体,集体受到了教育。教育者是历史秩序、历史秩序的精神传统以及承载这些历史秩序的集体的服务者和"器官"。教育者代表它们的要求,并让这些要求发挥效用。

本真人性的视角①

如果观察视角停留在上述框架内,认为能够以此将教育现象全部描述出来,那么就会形成一种片面的社会学和历史学的教育理论。出现该理论的地方,通常都会借用生物学的视角,比如斯宾塞(Herbert Spencer)、巴尔特(Paul Barth)和弗雷(Fouillé)的教育学思想。

上面两种视角分别从作为自然生物的人和作为社会生物的人出发,对教育现象进行了外部的观察:虽然是经验性的,但却都不具体。它们忽视了本真的东西,即我们赖以思考的、此时此地仍感知到其有效性的意义内涵,忽视了那些此刻让我们在责任中真正捆绑在一起的道德关系。

在描述人心灵深处的这一现实时,人们部分采用了形而上学的概念,部分采用了神学的概念。论述这些思想是否合理属于哲学的范畴。而作为一种精神劳动,哲学经常变化,教育科学只能与之建立一定的联系。自古希腊哲学萌生和教父哲学时期希腊哲学与神学结合以来,人们反复重新解决和试图消除的总是那些古老的问题:这些问题全部寻求将本真人性与沉溺于常规和非本真的庸常生活区分开来。在自然主义者和经验主义者眼中,这一宏大的精神劳动犹如西西弗斯(Sisyphus)面对的工作一样艰难。事实上,这种精神劳动也构成了一

---

① 本书从这里开始讨论另外两重视角(即第三、第四重视角)。从本真人性和精神自由出发,可以引出精神唤醒和人格视角。——译者注

大领域,在这一领域中,人类从野蛮的或未开化的、庸常的共存生活挺进到一种自由的境界中。在这种境界中,人类才得以感知到人是什么或人能够成为什么。

人类数千万年来一直生生不息①。只要人拥有语言且生活在精神世界中,人就会面临单纯的碌碌生活,或本真的存在的矛盾与张力。我们不再把神秘信仰的玄幻仪式理解为极端的荒诞和迷信,而是视其为人类与整个现实极度和谐的一种外在表现。人类惊恐于秩序的混乱,并且期望通过自己的努力使宇宙重归安宁,也就是说,人类倾向于保持人与自然之间的和谐状态,那些神秘的思维方式及行为的意义恰恰存于此。在这些思维方式和行为中,其实已经存在着一个潜在的自由的要素。在这种原始的思维阶段,古苏美尔、古巴比伦、古埃及和古印度这些高度发达的文明中产生了关于宗教的遐想和形而上学的思考,远古希腊人的思辨也与这些联系在一起。与此同时,神话的世界解释及玄秘的行为首次获得了合理的根基。以此为基础,人类跨越了那些尚未完全启蒙的阶段,进一步形成了批判—实在主义的思想。这种思想是实证科学的思想。由于宗教思想的持续影响,批判—实在主义的思想从一开始就包含了一种全面的、覆盖所有单门知识的思考,人们可以称这种思考为批判—超验的思考。它试图整体地去观察

---

① 参阅下列明确阐发历史阶段的书籍:魏茨泽克(Carl Friedrich von Weizsäcker)著:《自然的历史:十二篇讲稿录》(*Die Geschichte der Natur. Zwölf Vorlesungen.*),1948 年;韦伯(Alfred Weber)著:《文化史作为文化社会学》(*Kulturgeschichte als Kultursoziologie*),1950 年第 2 版;汤因比(A. Toynbee)著:《历史研究》(*A study of history*),共 6 册,1933 年及后续几年,桑陌威尔(D. C. Sommerwell)将之改编为单册的德语版本的《世界史研究》(*Studie der Weltgeschichte*),1949 年;雅斯贝尔斯(Karl Jaspers)著:《论历史的起源与目的》(*Vom Ursprung und Ziel der Geschichte*),1949 年;吕斯陶(Alexander Rüstow)著:《当代的地域特性》(*Ortsbestimmung der Gegenwart*),第 Ⅰ 卷,1950 年/第 Ⅱ 卷,1952 年/第 Ⅲ 卷,1957 年。

存在，并尝试解释人类的存在。

在公元前6世纪起的希腊启蒙运动中，批判—实在主义的思想首次全面形成，并逐渐进入到单门学科之中。这一思想一直维持到了古希腊罗马时代的后期。后来，西方欧洲世界重拾这一思想并使其得到了充分发展。在我们看来，正是得益于这种更新发展，我们才得出那些在古代时期尚未了解的方法，这些方法赋予了我们的研究高度的稳定性和合作的关联，它们就是精确的自然科学所使用的数学和实验的方法以及精神科学所使用的语文学和历史学的方法。

同样，批判—超验的和存在解释的思考也由古代的或古希腊罗马时代的柏拉图及其弟子开创而成，但很快又进入到不具批判性的形而上学的思辨之中。在近代，批判的方法明确地形成了，尽管其尚未达成内部的完结。无论是休谟或是康德，黑格尔或是孔德和施莱尔马赫，狄尔泰或是克尔凯郭尔和尼采，都研究过批判—超验的思想，但他们在基本观点和研究方法上似乎未能取得一致。唯一可以确定的是，玄秘的行为被摒弃，世界被祛魅。不过，尝试对存在本身做出思考是超出科学的可能的；而可知内容与广阔的，甚至不可知的内容之间所存在的关系，却无疑是可以被揭示的事实存在。在对世界整体和世界各个领域做出"描述"时，揭示这样的事实存在体现为对所有感知和描述的前提做出批判性的澄清。但是，当我们对作为人的自我本身进行理解时，就会感受到，以实在主义的思维方式来探究人似乎是不可能的。我们无法从人这一概念中抽离出与超验现实及丰富存在之间的关联。确切地说，恰恰在这种不可能中，一些重要的思想家们看到了人的本真性。人也和动物一样，每时每刻都在过着平淡的生活。但人拥有记忆，可以预先规划未来，并且知晓自己终将死亡。在这些认知以及人的生命可见的多义性中，人赢得了他的自由：可以是虔诚心灵的自由,其向隐蔽的意义或者与丰富的超验存在的隐蔽关联敞开心扉,因为对他而言,丰富的超验存在是来自上帝的启示;也可以是另一种自由,即愿意接受意义的隐蔽性,并决定接受一种生活方式,在这种生活方式中,人变得自我,并且,鉴于那种隐蔽的真实,人在与同伴的共处生活中保持着自我对非自我的觉醒和尊严。

无论宗教、神学、逻辑学怎样去领悟和深入思考这一情境,我们一共有上述两大途径来实现对于本真人性的选择,这也是人类最主要的抉择,并且这些途径还是具体的。它们把那些真实性存有争议的东西变为真实,即将意义引入了生活。生存体验告诉我们,我们无法在绝对虚无中生活。一旦信仰不在,癫狂便会乘虚而入。

上面两种体验本真人性的途径开启了一种双重的自由。歌德把这种自由的两点称为理念和爱。在他看来,理念和爱也与希望和信仰联系在一起。第一重自由形成于人与其秩序及造物之间的关系中,第二重自由来源于内在的生命,来源于人与自己及他人的关系中。

关于秩序和造物,它们最初由生活必需性所决定。我们身处于历史性的社会世界的秩序中:在家庭、氏族、婚姻和继承秩序中,在占有关系和生产关系中,在特定的法规下,在国家宪法以及行政和警察系统的约束下。由于有了精神的产物所构成的体系,比如技术、成文法和未成文法这些产物,有了风俗习惯和科学,有了诸如语言和艺术形式之类的有效符号体系,这种社会秩序得到了规范和内容上的充实。这些内容也均在历史之中形成,并且有其供于传承的惯常形态。

所有造物和秩序内在都有一种理念性的东西作为其真正的客观内涵,且都与他人存有一种关联。人的内在命运,即作为人的命运,取决于个人能够在他的所作所为、日常交往、创造和活动中认识到这种真正的客观内涵以及同他人的这种关联。获得这种认识不是通过反思或意识,而是通过精神性的行动本身。

在耶拿进行就职演讲时,席勒就曾对面包学者和学术学者做出区分;这种区分适用于传承的所有分支领域。呆板地沿袭和创造性地、自由地钻研意义或钻研理念,这两种传承方式在任何领域都可见到。这是因为,无论社会秩序还是精神产物,其内在都有一个意义内涵,即一种"理性",一种理念性的东西。理性意味着对意义的获取。我们之所以称意义为理念性的,是因为在被传承的东西中,在秩序和精神产物的惯常形态中,会显露出一个原始形象。原始形象来自哪里?是谁的思想意识?这些术语反复指向一个未知的奥秘,它们从已知指向所谓的未知,而这一未知恰恰包含了图像、比喻和符号的意义。因此,存在的这种本真内涵依然是不可认知的,信仰费尽辛苦才让人们对这种不可认知予以信赖般的肯定。同时,这种信赖又谦卑地把自己理解为一种造物、一种纯粹的恩赐,它是因"慧根"而实现的圆满,是作为真理使者的精神受到撼动的结果。因此可以得出,双重自由来源于信仰精神的这种具体实现,而这却犹如越过汹涌澎湃的大海一样艰难。但是,无论是在集体的历史中,还是在个人的生活中,都可以体验到这种双重自由。作为意义存在,它被人们拿去理解;作为爱存在,它被人们拿去实践。

人性作为精神中的自由

精神的感知在具体情况中极富多样性,要想指出一切之中包含的原初现象,只消援引社会秩序领域中的几个例子。在共同生活的各个领域都会产生法规,即公众认可并确立的、由一方对另一方提出的可以申诉的要求。它们基于风俗习惯或者通过契约或公共权力被确定下来，并且源于一定的目的而产生。其权威性是事实存在的。背后支撑它们的是公共舆论、司法判决和国家强制力。出于习惯或恐惧，我们屈从于这些法规。但是，思想诚实正派的男士和有修养的女士却会在自由的精神状态下发自内心地肯定和支持法规；或者他们会批判地指出现行法规的错误，并进而提出一个真正有效的更加恰当的法规，因为他们明白并认同法规的意义。这种在惯常的法规中或实在的法规中的真正的法就是法规中理念性的东西。人们从精神上去感知这一理念，尽管由此也引发了许多争议。如果追寻造成这一理念的终极原因，人们就会发现它们存在于爱中。法的存在是为了人类的繁荣和幸福。它之所以正当，是因为法通过建立普遍的秩序让人作为个体得到发展，正如爱所要求的那样。

或者，我们从经济劳动的必要性出发来加以说明。一个特定的社会体系必须实施经济劳动，这样整个社会和全部个人才能维持生存，也才可能为其后代创造一定的财富和安定的生活。从某个时候起，我们迈入到劳动和经济的秩序中。我们的思维方式倡导或节俭或奢侈，或吝啬或慷慨。每个人都努力按照自己的喜好和能力过好自己的生活。而公共舆论又会再次对我们在劳动生活中的"投入"做出评判。贫困、权力欲、发挥作用的渴望，尤其还有公共舆论的监察，都会推动我们去共同参与劳动和履行我们的职责。但是，有教养的人并不只为这些世俗的动机所触动，他们还会同时从精神上去感知理念的东西。在他们看来，劳动的世界充满意义，对他们具有很高的价值。他们借助自己的劳动产品提供服务，塑造出有意义的、有用的或者美好的事物。他们将自己活动的精神客观化，并通过自己的作品来与他人分享。这里，对理念的感知又以产生充满爱的劳动为结果。当然，此处的理念也是有争议的，人们可以对它提出质疑。它本身又具有所有形而上学问题都含有的多义性。理念指向一系列实在的东西,这些东西本身不可认知,但当我们对之投以信赖时又能感受到,这些东西真真切切地存在着。在人与经济劳动这一领域的关系中,也存在着抉择的特性和恩赐的要素;在劳动生活中也存在着一种责任和一种理念的要素,因而也就存在着一种人格的自由,虽然这一领域有阴郁的暴力强权和疯狂的权力及金钱欲望在作祟。

类似的道理也适用于人们归属于某个国家,但仍享有政治上可能的自由。这种自由建立在人们对权力范围内的理念要素的感知之上①。

在精神产物方面,也存在着上面两种对立的情况,即僵化的沿袭和生动的、创造性的、"自由"的行动,后者在这一领域也建立在对理念的感知之上。无论是在宗教、文化和教育的产物中生活,还是在科学和艺术的产物中生活,都需要对理念进行感知。我们可以用书面和文学语言为例来进行说明。母语的掌握是约定俗成的,人们可以用母语自如地闲谈,并参与各自所属的不同交际圈中发生的日常交流。但是,语言中存在着某种可以被感知的理念的东西。如果我们依据语言的精神,纯粹、真正和真实地使用语言,我们就会触碰到这种东西。语言在其自身之中拥有一种真正的精神,我们称之为语言的理念。从语言真正的精神出发恰当地使用语言,包含着语言使用的正确性,但语言使用的正确性只是为其打下工具性的基础。语言的这种理念也与人对他人的正直态度及人对自己的真诚有着间接关系,这一点表明:语言的理念也与爱存在关联。自由的要素在于:言语者从僵化的沿袭、惯常的表达和半知半解的词语中脱离出来,能够依照语言的精神

---

① 弗利特纳(Wilhelm Flitner)著:《教育的自由问题》(*Das Pädagogische Problem der Freiheit*),出自《迈向自由的教育》(*Erziehung zur Freiheit*),1960 年。

个性化地、创造性地表达自我。借此,言语者得以创造性地、直接地与周围人相遇接触。他必须让周围人理解自己,并与他们交谈和应答。好的交谈是实现人性自由的媒介,但是这一自由同样也意味着对真实约束的发现。约束不仅存在于伦理道德层面,而且还存在于对语言"精神"的顺从这层意义上。

第三重:精神唤醒的视角

如果像这样把人类理解为"必将迈向自由的理性生物",就会产生一个比前两种视角更能贴近具体现实的教育概念。诺瓦利斯(Novalis)曾经说过这样一句名言:教化是"对超验自我的意识"。当这一教育洞见首先在德国和意大利得到宣扬时,正值唯心主义的后康德哲学统治着概念的世界,但其实这一思考方式可以追溯到柏拉图的基本思想。该思考方式将两种自我区分开来:一种是自我看到理念并让理念规引自我;另一种是自然的自我,即处于惯常的生活秩序中的平常的、历史的自我。当人们转向理念时,人与人之间便出现了一种教育关系。这是因为,受理念规引的人应该对无理念的、精神上不活跃的人产生影响,并且应当依据意义对其进行管理,使其活跃起来。于是,内心深刻领悟到某一事物的理念,明白某一社会秩序或精神活动的价值及意义的人,就成为了教育的权威和力量;那些在活动中只机械地模仿,或者只擅长墨守成规的人,就成为了有教育需要的人。精神上活跃的、通晓一种秩序或精神产物的内在意义的人就会负有这样的倾向和使命,即让那些精神上麻木迟钝,仅仅看到秩序和产物的外在的人也能够洞见价值和热爱价值。

如此就形成了一种十分独特的教育情境:活跃精神作为权威与只知道因袭守旧和机械模仿的迟钝精神对立,事物的理性与事物纯粹的物质对立，意义与理念的外显对立。唤醒正当的精神成为教育的主要目的；迈向价值洞见的觉醒以及深刻领悟一个善的事物的意义，成为教育过程的核心。这个过程在多人之间发生，但最终总是在个人的精神之中进行，因为教育的关键是自我教育。所有的一切均取决于，事物及其纯粹的意义在受教育者、学生、认知和行动着的个人身上获得的效用和产生的影响。每个人只能自己去形成信念，给自己充实价值，也必须独自去寻找意义。如果一个教育者想要把正当的精神传授给年轻人，那么他就必须寻求解放他人创造性的自我，然后这种自我必须在整个人格之中内在地贯彻开来。从这个角度看，所有的"他人教育"都要达到"自我教育"的结果，并且必须尝试逐渐让自己退出舞台。

因此，教育关系就在两者之间的精神交往中产生了：一者是传统的积极承载者；另一者虽然共同生活在同样的传统之中，但却尚未完全领悟传统秩序及产物的意义内涵。接着，教育的过程在于，唤醒人们去感知和理解那种将这些秩序和产物创造出来并赋予其灵魂的精神，并且必须把这一精神与其自身核心的理念点联系起来。因此，教育的功能不是仅仅机械庸常地延续文化传统，而是要在精神上激发文化传统的活力。

所有社会秩序及所有精神活动中都隐藏着意义内涵。人们必须透过习俗的表象和客观化的产物，透过精神的符号和记载，才能发现这些内涵。后代的适应与融入必须与这些意义内涵的理解统一在一起。理性或理念应该在受教育者身上获得自己独立的生命，这样，受教育者才能从事物的意义出发创造性地生存于共同生活的秩序之中，并于自身内部将精神劳动自由地继承下去。被纳入到秩序之内和被引入到精神活动之中的受教育者，应在与教育者或自由行动的权威之间的交往中，自己去回想事物的意义内涵。这样一来，教育关系似乎出现了三个阶段：(1)事物的意义内涵、事物的理性和理念，不仅对承担教育责任的教育者还对学习者起到教育的作用；(2)教育者及其受教育者均把自己奉献给精神，双方之间形成了一个精神上的共同体；(3)教师用理念之火点燃火炬并将火苗传递给学生。在这个视角下，教育现象的核心是：借助揭示出的意义实现自我教育；借助精神上的唤醒实现传承。教育者和受教育者的相遇形式是精神交流；其目的是将人引向一种客观精神，这种精神存在于社会秩序及精神活动所涵盖的所有基本方向中。

早在古代，在苏格拉底和柏拉图的教学方法以及对人的指导中，就已发展出这种对教育现象的认识。在德国古典教育学和人类学中，这种认识获得了一种现代的形态。例如，在席勒的文集里，尤其在席勒关于人类审美教育的书信中，在赫尔德发表的学校演说中，在洪堡的作品中，在让·保罗的《列薇娜》中，在阿恩特(Ernst Moritz Arndt)的人类教育观以及赫尔巴特的教育思想中，都有体现。近代以这种视角进行研究的有弗里许艾森-科勒、斯普朗格，还有与斯普朗格共同做出研究的凯兴斯泰纳和利特。斯普朗格在《生活方式》一书中写道："在成长者的精神中保持人类已经领悟的意义内涵的活力，在此基础上来传承文化，这就是我们所谓的教育。"在另一处，他又如是说道："也就是说，教育是一种由对他人心灵给予性的关爱支撑起来的意志。其目的是使全面的价值感知力和价值构建能力在他人内心中得到发展。"① 反对者谴责这种视角为"文化教育学"；凯兴斯泰纳教化理论中

---

① 斯普朗格(Eduard Spranger)著：《生活方式》(*Lebensformen*)，1921年第2版，第338页；凯兴斯泰纳(Georg Kerschensteiner)著：《教化的理论》(*Theorie der Bildung*)，1926年，主要见第17页；利特(Theodor Litt)著：《引导成长或任其成长》(*Führen oder Wachsenlassen*)，1929年第2版。

的价值哲学基础尤其遭到强烈的批判①。然而，这种对教育现象的描述既不依赖于文德尔班（Wilhelm Windelband）和里克特（Heinrich Rickert）的价值哲学，也不以康德的认识论或唯心主义形而上学为基础。与之关联的应该是一种对精神的基本倾向的分析，比如狄尔泰学派所做的分析，以及最近关于客观精神的理论中通过重新阐释黑格尔（Georg W. F. Hegel）的学说所进行的分析②。任何一种撇开这第三重视角的教育学，肯定都会偏离真正的教育的现象。

第四重：人格的视角

之前我们讲过，人可以通过两大途径来完成对本真人性的重要抉择：一是通过理解社会秩序和精神活动中的意义内涵；二是通过爱。

人类秩序和创造的中间世界是理念关乎的对象，而作为整体自我的内在人格的意义内涵则直接表露在爱中。对人格的观察再度开辟出一个特别的、同样也是针对教育现象的第四重视角。正是由于依靠神学的和形而上学的思想，我们才有可能谈论内在的、人格的生命的重要意义。

我们可以假定，精神上对爱的感觉与精神本身，甚至和人类一样古老。但是，真正意识到人格却是在我们可以回忆起的时间里新近得出的一个历史结果，也就是在五六千年左右这样一段相对较短的高度文明时代才形成的。荷马时期的英雄的行为表明，他们仍然感觉自己

---

① 布莱特纳（Fritz Blättner）著：《教化的理论可能成为科学吗？》（*Ist Theorie der Bildung als Wissenschaft Möglich?*），出自《教育》，1930 年第 5 期，第 329 页及后续几页。
② 狄尔泰（Wilhelm Dilthey）著：《狄尔泰选集》（*Gesammelte Schriften*）第 1 卷，1914 年；斯普朗格（Eduard Spranger）著：《生活方式》，1921 年第 2 版；福莱尔（Hans Freyer）著：《客观精神的理论》（*Theorie des Objektiven Geistes*），1928 年；哈特曼（Nicolai Hartmann）著：《精神存在的问题》（*Das Problem des Geistigen Seins*），1933 年。

受神灵主宰,更多是在忍受和观察着神灵的作用;但与此同时,他们的臂膀在工作,他们的激情在澎湃。古风时代的抒情诗人身上表现出一种感知性的自我,他们知道自己是其心境的创造者。之后的悲剧诗人起初认为人处于众神灵力量的撕扯中,最后又把人视为自我行动着的负责任的个体①。苏格拉底的理解特别明确:人必须视自己为自我行为的创造者,并且其灵魂须在所有状态下都与自身保持一致。拥有纯洁的良知,能够指出自身所有的不当之处,这就是柏拉图笔下的苏格拉底希望在死亡判官面前展现出来的状态。

在很久之前,中东地区的宗教中就已出现了类似的发展。以色列的先知们宣布只存在一个上帝,他们要求人类坚持公平正义,检验人心是否纯净,使恶人孤立无援并对其发怒,对正义之人则给予仁慈宽爱。各种异教的恶魔和神灵被驱逐出人的心灵;上帝的信徒终生匍匐在上帝面前:作为人格,他保持着与自身的一致性,并通过虔诚如一的信仰在内在生命上得到了升华。

人格概念的关键在于,自我在其状态中保持一致,自我也将他人视为一种如此的人格,自我认识到自己对他人负有责任,并在一种超验的、神圣的要求下去承担这一责任。

在古希腊、古罗马及欧洲的传统中,神学和哲学的讨论以无数相互对立的观点对人格的这些要素做出了进一步的阐释。这些阐释并非理论的游戏,它们甚至将有教养之人的人格存在确立下来。对所有文化和民族都十分重要的是,个人如何理解人与人之间的联系,如何

---

① 斯内尔(Bruno Snell)著:《精神的发现:关于欧洲思想在希腊的起源的研究》(*Die Entdeckung des Geistes: Studien zur Entstehung des Europäischen Denkens bei den Griechen*),1948 年第 2 版/《一门科学的语言在希腊的发展》(*Entwicklung einer Wissenschaftlichen Sprache in Griechenland*),出自《语言和科学》(*Sprache und Wissenschaft*),1960 年,第 73 页及后续几页。

与自己进行自我的对话：是把自己当作一个随意的主体，还是也当作一个绝对体与之进行交谈。如果个人对超验满怀敬畏，那么他就会尊重那些在他周围也怀着敬畏之心与超验进行对话，或被召唤着进入这种对话关系的人。在爱中，人们体验到了践行这种理解最深刻的方式。爱在所有精神性的感情中是最高尚的，同时也是最朴素的。通过爱，我们意识到周围人身上那不可估量、令人敬畏的价值。通过爱，我们在行动中认可他人具有一种人格的存在，他人的每个生命瞬间都有绝对的意义，他人与超世俗的一系列存在具有关联。在积极的行动中，爱人之人无须任何反思，就能肯定人格存在的这种状况。爱让人超越被爱之人的局限状态看到他的无限性，让人不仅仅从自然的、惯常的和社会的角度去回应他人的生命表达，而且还看到那个在这些表达中未能完全展现出来的他人的本真存在。这些都是爱所创造的美妙功绩。最深层的爱应给予作为上帝的造物及同样也负有迈向幸福使命的他人。尽管他人的状态并不完美，但这并不会抹杀他的价值：在其现在的具体状态中已经预示出一个无限的充满价值的未来。在基督教的这种思维方式中，我们遇见的每一个人都可以被视为上帝的子民，每一个人都有可能是上帝在人间的化身；通过基督，每一个人都成为罪行可以得到宽恕的我们的兄弟，他的不幸和贫穷恰恰可以被视作其使命的神圣标记。由此可见，与周围的人建立具体的、帮助性的联系，才会唤醒爱人之人去过一种本真人性的生活，才会唤醒"其人格化的自我"。

50　　非基督教的思考方式也同样保留了这种对于人格的理解，并由此保留了一种关于人性的具体概念。康德这样教导道：人绝不应该仅被视为实现目的的工具，更应始终被看作目的本身。道德准则针对人格生效，在此之中，康德看到的是对人格可能的自由和对其无限价值的肯定。在康德那里，人格的这种理解依然与一种假定的对上帝和对不朽的信仰联系在一起。在当今的哲学家中，雅斯贝尔斯革新了这一思想。他认为，人与他人存在关联是因为：他是人，是"永远不会满足于自己这个存在而渴望超越自己的人"，是在自身"无信仰的虚无状态中"找到"自我存在的力量"，并能够借助这一力量"在遮蔽状态面前升华地完成内在行为"的人。这里，信仰的皈依被理解为一种哲学的立场——"那些将自己依付于神性的人，并非失去自我，而是在有限的自我存在的失败中，体验到其自我升华的真实性。"哲学的立场使得人们能够在"失败"（由于恶行，但也由于死亡、错误、僵化和野蛮的思想而造成）之中，作为本真的、真实的自我，即在人们所属的超验存在的遮蔽状态面前，继续生存下去①。这种观点和康德的理解一样，都把对上帝的信仰作为前提，而没有特别重视对基督的信仰，也就是说，它们没有重视信仰中所包含的让罪恶得到宽恕的希望和肉身转化的奥秘。

从当今西方与信奉佛教的、儒教的及印度教的东方之间进行的争论中，我们几乎还无法判断，在非基督教的和圣经以外的宗教信仰的基础上，人格的概念可以在多大程度上得到保留。这将对争取世界民族之间的教育合作产生十分重要的意义。那些在东方世界传教的基督教士和新建的基督教会，尤其会碰到这一教育核心问题。在西方世界里，诺斯替派（Gnosis）在其信仰基础上也支持人格主义，尤其是唯心主义的形而上学仍旧在很多圈子内尝试去论证人格主义。尽管人格主义的形态各异，但它们在教育上却达成了这样的统一，即保持自我

---

① 雅斯贝尔斯（Karl Jaspers）著：《时间的精神情境》（*Die Geistige Situation der Zeit*），1931 年，第 179 页和 181 页，1956 年第 2 版/《哲学》（*Philosophie*），共 3 卷，1932 年，1956 年第 3 版。雅斯贝尔斯后期的出版物表明，这一哲学立场之中其实也包含着一种神学的立场，该神学立场虽然摒弃了基督教的信仰，但却依然建立在信奉圣经的基础之上。参阅雅斯贝尔斯（Karl Jaspers）著：《哲学信仰》（*Der Philosophische Glaube*），1948 年；布伯（Martin Buber）著：《对话的生命》（*Dialogisches Leben*），1947 年。

本身的一致性并使自我与一种超验的要求对应起来。当一种教育建立在这种极普遍的前提之上时，我们就可以将之称为最广泛意义上的"人文主义"的教育。借此，我们也就改变了西方世界对人文主义一词传统的语言使用。

此外，当代关于存在的阐释也继续尝试保留人格的概念。这些阐释不是在信徒的信仰中，而是在人的绝望之中去发现"内在行为在遮蔽状态下的升华"，这些绝望之人在现实中看到了那个让我们只能以恐惧来面对的虚无的裸露根基。面对宇宙世界的绝对冷酷，虚无主义者的存在主义在其对存在所做的解释中提出了一个"英雄式的升华"，孤独的个体应该借助一种不可解释的意志自由去完成这一升华①。此处，脆弱的人面向无限的存在而进行的基督教活动，被理解为从虚无中去制造自我的一种意义，而意义的真正指向却没有被弄明白。由此，人性在临近深渊之处还是被保存了下来，尽管这一阐释几乎无法安置爱的精神性情感②。唯物主义者则完全放弃了爱的情感，那些形而上的感觉对他们而言似乎只建立在自我欺骗之上。同样如此的还有坚定的实证主义者，他们克制自己对超验做出任何评判，并试图从思想中以及从实践的、行动的生活中切断与超验的一切联系。这些思想形态否定了我们在这里称为本真人性的东西。从它们的言论来看，这些思想形态通常声称从道德的传统出发坚持人文的思想；但在实践中，绝望的虚无主义者的立场却越来越影响着当代的人，确切来讲是所有"世界观阵营"中的人。许多人在具体的思想中都是没有信仰的

---

① 萨特(Jean Paul Satre)著：《存在主义是一种人道主义》(*L'existentialisme est un Humanisme*)，1946年。
② 雅斯贝尔斯(Karl Jaspers)著：《论真理：哲学逻辑学Ⅰ》(*Von der Wahrheit*：*Philosophische Logik* Ⅰ)，1947年，第352页及后续几页；卡姆拉(Wilhelm Kamlah)著：《世俗中的人》(*Der Mensch in der Profanität*)，1949年，第212页及后续几页。

虚无主义者，他们只是在口头上信奉基督教和人文的传统。这些人全部无根地漂浮着，按照他们实际的思考方式，他们没有在精神性的情感中赋予爱以优先的地位，也没有把当下的个人视作目的本身，而是让个人归顺于集体主义的目的，归顺于独裁者和统治阶级的专制以及抽象的管理规定或所谓的更好的未来之下。除了从自然的或者集体的和社会的角度去理解教育现象，他们获取不了更高深的理解。但是，他们的这种理解注定是抽象的和扭曲的，因为他们把关于人的一部分领域狂热地当成了人的全部。

良知和信仰的唤醒

当自我出于对上帝的爱，或从自我属于超验的这一属性出发，去理解自己本身，当我们由爱出发去理解周围的人，我们就完完全全地获取了关于人的具体理解。它不再是抽象的理论，而是在行动的、虔诚的爱中具体发生的理解。在此方面的理论只是将那些作为信仰和爱具体存在着的东西模式化地反映出来。只有像这样去厘清本真人性，才能完全明确教育现象。

从最后这种视角中得出的教育情境，依靠一个人们能够想到的最为重要的区分而形成。被区分的一方是人格已经觉醒的、具备认知能力的人；另一方是要么尚未形成人格，要么再度失去它的人。这是已经觉醒的和尚未觉醒的人格之间的区别：前者在现实生活中能做到人格上开放，能承担责任和自在地生活；后者尚未经历这一觉醒，或者由于某种过错又丧失了这种觉醒。两种状态可能会在同一个人身上相互斗争——这甚至是一种事实常态。认识到人格远远不能代表一个人已经实现了人格。但是，认识到人格的人可以起到帮助作用，在这种情况下，他就已经成为一个人客观性格的教育者，因为这个人靠其自身的选择尚未达到人格觉醒的目标。认识到人格者和需要帮助者的角色可以分配给两种人,也可以分别出现在同一个人的主观性格和客观性格之中。无论哪种情况,两者之间都出现了教育关系:一方认识到人格,另一方的客观性格事实上还不得不被视为不自由的和尚未确定的。那些被托付给我们的灵魂,其中也包括我们自己的应该迈向人格存在的开放状态。对此我们大家都负有责任,并有责任在这条道路上提供我们的帮助。教育相遇的目的便是引导他人走向自我:使得他人能够自主地监管自己的客观性格,自主地肩负起责任,并自己开创出内在的生命,使得他自己能够释放内心深处的信仰、希望和爱的源泉①。

但是,只有当人们也一并接受其他三重视角中提出的教育任务时,这一目的才可实现。当我们想要帮助一个人培养他的人格自我时,我们必须首先呵护他,让他吃饱穿暖,满足他的生存需要,让他过上有序的生活——裴斯泰洛齐嘱咐教育者们要牢记这一法则。我们还必须帮助他获得社会能力和社会的尊重。如果我们爱他,就还会想要赋予他一种内涵,向他敞开关于文化秩序和产物的理解,使他领悟理念。但是反过来说也是成立的:如果我们不同时把一个人视为成长中的自我并去爱他,那么我们就不会真正地帮到一个人去走出生活困境,去提高社会地位或升华价值认识。

当代有两种观念争执不下。在宗教的观念中,教育相遇就是唤醒虔诚的、行动的爱。良知上的敞开、对罪过的认识和对宽恕的祈求与自我的觉醒之间构成了某种关联。因此,教育关系存在于那个了解自

---

① 关于主观性格和客观性格的区分,可以在1806年出版的赫尔巴特的《普通教育学》中找到,也可以参阅诺尔(Herman Nohl)著:《性格与命运:一种教育的人类研究》(*Charakter und Schicksal*: *Eine Pädagogische Menschenkunde*),1938年。

我之中本真的存在并敞开接受信仰的人，以及那个依附在他周围的人之间，后者在这种最内在的关系中要么尚未敞开自己，要么本身尚未获得掌控自我的足够力量①。

在这样一种教育相遇中，人们会体验到一种教育悖论。这种悖论体现出了教育活动的具体性和无法预估性、多变故性和真正的历史性。只有当灵魂把超验本身感知为一个生动的现实时，自我觉醒才能存在——然而这一点恰恰不受外界的任何影响。这个最为关键的一点，恰恰在本质上不为教育者力量所左右。就在教育追求发挥最重要的功效的地方，教育遇到了其内在的界限②。但是，全人类都共有这一悖论。

第二种观念认为，人格的实现首先由道德现象所决定，于是教育相遇的主要关切在于唤醒受教育者的良知。道德伦理的要求源于人类秩序和产物的理念内涵；自我本质上被建立在以迈向理性为目的的教育之上。这种教育学容易陷入道德主义的陷阱中。此外，它还存有这样一种倾向，即在某种合理的、可以为理性所获得的东西中去寻找信仰的基础。而这条道路又潜藏着另外一种危险，即理性会在纯粹的怀疑中迷失方向，良知只是在表象上得到理解而缺乏实质。

但是，如果不考虑其各自的局限性，这两种相互争执的观念却在如下教育概念上达成了统一：两者都把人格的意志关系视为教育的根

---

① 当涉及"相遇"与"依附"时，教育者的关系不需要稳定持久。对于这一点，博尔诺夫（Otto Friedrich Bollnow）在其书中做出了阐明，参阅《存在哲学与教育学》（*Existenzphilosophie und Pädagogik*），1959年。

② 格里泽巴赫（Eberhard Grisebach）著：《教育者的界限及其责任》（*Grenzen des Erziehers und Seine Verantwortung*），1924年/《西方的命运问题》（*Die Schicksalsfrage des Abendlandes*），1942年；布伯（Martin Buber）著：《对话的生命》（*Dialogisches Leben*），1947年。德雷卡特（Friedrich Delekat）著：《论有意识的教育的意义和界限》（*Von Sinn und Grenzen Bewußter Erziehung*），1927年。

本现象,这种意志关系存在于了解全部人格存在、敞开自己接受信仰生活的人与在这一方向上需要帮助的人之间。

教育四重视角的统一

只有当上面提到的四重主要视角被当作一个整体结构的构成时,人们才能够确立一个全面的教育概念。四重视角都有其适用性,但是它们各自定性教育的能力是有限的。它们在彼此对立中构成了一个整体,而这个整体绝不可能表现为一个不存在矛盾的系统。教育作为我们生活当中的现实,能以各种各样的形态在完全不同的情境中被体验到。从外部和内部来看,作为集体的或个人的现象来看,教育会各自呈现出不同的情境,但其内在却拥有某种实质的关联。

从外部和个人的角度来看,教育是与生长过程相联系的、使人这一"自然生物"适应生存条件和展开丰富生活的发展过程。

从外部和集体的角度来看,教育是融入文化的过程:文化财富被传承给新生的后代或新近加入到一个历史的生活圈子中的新人,直至他们达到社会性的成年。

从内部和历史性、社会性这方面的集体性来看,教育是精神上的唤醒过程,即未成熟的人在与比他们成熟的人的相遇及精神交流中得到提升的过程:它引导未成熟的人从价值、理念及事物的意义本身出发去理解秩序和传统;引导他们在全部生活秩序和全部生命表达所涵盖的精神的基本活动中去获得创造力。

从内部和人格存在的角度来看,教育最终是在精神上唤醒一种道德和信仰生活的过程。这一过程形成于两种人的关系之中:一种人知晓人格的存在,并敞开自己接受信仰;另一种人围绕在前一种人周围,且需要他们的帮助。

教育现实就是与这些过程相关的一切构成的整体。由于我们所处的境况和视角的不同、工作岗位的不同、与他人的关系的不同、自我的成熟度的不同,因此对于我们各自而言,教育现实分别以不同的程度、不同的混合方式出现。

只有认识到这四重视角不可分割,我们才能够得出一个全面的教育概念。

但是由于这四重视角各不相同,由于它们建立在不同的抽象层级之上,所以统一它们的方式只能是指出它们之间彼此互补。这四重视角是无法相互取代的。科学的思考应当指明它们之间的互补性和相互制约性,而不可将之人为地简化。虽然我们在行动的生活中,为了所有人健康地存在和行动,有必要把事物本身简化;但是在这里,简化不应建立在一个理论体系的表面简化之上,而应通过如下方式从理论上建构出来,即教育学作为科学应对不同的抽象层级和观察视角做出澄清。一种视角越抽象,其在实践上的运用就越有限。因此,想要了解自己做着什么以及还能够做什么的行动者,还必须首先学会全面掌握自己的实践动机属于何种范畴及其界限。

如果从身体的角度去看待教育现象,正如医生主要采取的方式那样,那么这种视角是片面的且高度抽象性的,虽然这种抽象非常有用。生活当中需要反复使用这种视角,对儿童的照料也别无其他方式。但因为社会的、精神的、道德的教育过程不可与身体上的成长及发展过程分割开来,所以照料也是一种教育现象,而非纯粹的医学现象,更不是纯粹的自然现象。因此,当医生是一个合格的医生时,他实际上也是一个教育者。另一方面,当他在教育方面做出一些分内的最浅显的事时,他却不再是"那个"教育者了。即使是完全教育学化的医学也不可能领悟全部的教育现象。因此,教育性的医生发挥的作用始终是有限的。他可以借助教育学教养了解到教育关系的其他存在形式，这会对他大有裨益，但他却不可把其他教育关系的情境与医疗情境简单地混为一谈。当他自己的孩子生病时，最好还是请别的同事代为治疗。

这同样也适用于社会关系。比如，当国家依靠行政机构组织教育工作时，同样，行政机构也不是仅从外部对训育和教导实施干预，从而在教育上保持中立的态度。相反，在它们貌似只进行组织和管理工作时，它们其实已经承担了现实的教育义务。其他所有从事教育工作的社会机构也均是如此。它们引导和规定的融入过程就是现实的教育。虽然这些组织机构表面上与集体的、社会的任务有关，但是这些任务只有在教育的其他层面也得到重视的条件下才能得到满意的解决。因此，凡是这些行政机构工作的地方，就会设有一个教育的管理部门；这些机构有一种独特的视角，其从政治和社会层面出发做出评判，期望借助道德和法规并以道德和法规为目的，借助政治形式并以政治形式为目的来进行教育。在这里，教育过程同样不能与政治的和社会的过程分离，确切来讲，前者其实包含在后者之中，只不过前者由一种特别的、可辨识的教育意图所决定。但是这种从政治方面观察教育的视角也是局限的，因而不可被绝对化。它必须允许其他观察视角与自己平行或在自己之上发挥作用。政治的和社会的教育部门必须拥有足够的教育学教养，从而认识到这一界限，即必须允许其他观察视角发挥效用，特别是那些不太宏观的，但更加本质的视角，也就是内在的观察视角。

而内在的观察视角也互不相同，且彼此之间不具可比性：一种把教育当作精神的塑造和文化化，另一种则视教育为灵魂上的帮助和指引。精神指导能够引导人、启发人和塑造人，灵魂指引能够给人以道德和宗教上的引导,两者在自己的"岗位"上和独自的"关联"中发挥着作用。其各自的教育关系完全不同,要求的具体情境也各有特性。但是,它们所发挥的作用和建立的关联都是真正教育性的;师父、教师同牧师、朋友和顾问一样,同父母和夫妻一样,同青年团体的领袖或寄宿学校的领导一样,都是"教育者"。没有一个"教育者"集所有的身份于一身,除非是在暂时情况下,且在这之中混合的教育任务越多,就会造成越大的障碍。因此,每一种关联之中的每一个教育者都应该知晓,他必须得到来自其他力量的补充,因为其自身注定是片面的。

这一思考让我们认识到,上述四种尝试理解教育的视角彼此之间互不相同且必须互相补充。它们对应着不同的现实情境及其中包含的教育任务。

视角越抽象,就越容易获得统计意义上确定的定律,但是它们对具体的教育活动的意义也就越小。科学论断越靠近具体的实践决策,概念的形成就会越模糊,但是影响也就越深远。

所有的视角都值得人们重视,但它们的重要性按本书展开论述的顺序逐渐递增。只满足于其中一种思考形式而把其他几种束之高阁的做法是错误的,并会造成一种歪曲的实践。这几重视角的互补性体现在,只要不被绝对化,它们各自只展现了人的现实之中的某一个方面。它们都是相对被合理化的人类学观点,它们之中的每一个都生成了一个只展现出教育的一面的教育概念,当然这一面同样不能被当作教育的全部。只有这样来思考,教育的全部才能被认识出来。人们既不可能用一个综合的教育概念来宣称——教育现实中的所有现象都可以被归结到一个共同点上,也不可能在实际的教育关系或教育任务中无限制地碰触到教育现实的全部。

然而,对于实践来说重要的是,当教育者想要在个别情况下履行其有限的义务,并想要处理好特殊的教育关系时,要能够认识到教育的全部。这一整体认知不仅能够防止教育者迂腐地高估教育的活动,同时还能表明:一切细微的工作之中皆蕴含着整体,没有哪一次教育责任的履行是白费的,即使它微不足道;当教育者乐于发挥教育作用时,就可以确切地认识到这些关系的无穷意义。

关于人的四重理解

对教育的思考由我们对人、世界和超验的理解所决定。反过来,我们对教育世界具体生活的深入考察也是检验和纠正对人的理解的一种途径。一个保护和培养孩子的母亲会意识到她对孩子的爱。对于她来说,个体生命的无限价值在其孩子身上是确定无疑的。父亲想让子女融入劳动和社会秩序的世界之中,想要赋予他们的生命有意义的内容。在与子女的这种关系中,父亲意识到这些重要事物以及理性的、有益的生活秩序的意义内涵。并且,当他越明智和越负责任地投身于这一关系时,他的价值感受就会越深。教师通过向青少年敞开认知和理解,自己也理解了科学和艺术的真正内涵,以及它们如何在本质上与人们对此在①之中本真性的领悟联系在一起。牧师希望在绝望者身上重建信仰和勇气,在这一情境中,他会获得一些根本的体验,这些体验有关于人类的道路,有关于灵魂的孤独,有关于时间流向死亡的不复返性,有关于苦难的意义和罪恶及宽恕的本质,有关于思想的转变和重生,以及有关于爱的形而上的深刻。

当然,要自我组织好这些体验,必须用言语把它们表达出来。为了赋予它们思想性的结构,我们需要一种传承下来的语言,而这里的语言是取其最广泛的词义。这就需要一个可以表达此在意义的总体

---

① 此在,德文 Dasein,出自海德格尔的哲学思想,指人的存在。——译者注

的语言架构。口头和文字语言只是其中最基础的，审美艺术和科学也是语言，此外还有礼拜行为、符号以及思想。但是，所有语言都以客观精神的方式呈现出来，都是历史性的。为了使用它们，我们必须学会它们，且这一学习过程不会终结。它们超出了我们的理解能力，并且我们的寿命也不足以让我们完全获得这些瑰宝。

由此，我们在自我的体验中找到了我们对于人的理解，但前提是，必须借助传承下来的语言去理解可体验的东西。没有什么能够逃脱这一良性循环。认知真理始终是一种冒险行为：体验到的和习得的东西必须结合起来，只有通过这种结合，我们才能各自理解现实的一个碎片或者也可能无法获得这种理解。最终的关键在于，树立信仰并大胆地怀着信仰去开创、体验。任何认知真理的过程都以实现费希特所说的"本原行动"[①]为结果。

因此，哲学史并不是对数量越来越多且可靠度越来越高的认识的报道，虽然人们在认知上确实取得了这样的进步，比如对物质的分析或对星体运动过程的描述和解释。但是，对形而上学的核心问题以及对人的整体理解却没有取得持续的进步。这一领域只划分出人类成长的几个大的阶段，而且其中包含的对人性的理解既相互对立又古老久远。到了我们今天的思维阶段，那些自古代就已确立好的理解仍然争执不下。它们总是反复出现，虽然各自以一种变化了的思想语言来呈现，但是，它们始终都是在人内在的那些本原行动中，即在理智的那些本原行动中，被确立下来的。

狄尔泰在其《哲学的哲学》(*Philosophie der Philosophie*)中研究了希腊和欧洲世界中世界观流派的核心论断，并认为可以在其中确定

---

① 本原行动，德文 Tathandlung，指纯粹的意识活动。——译者注

三个典型的基本流派。它们分别是实在主义(自然主义)流派、泛神论(客观唯心主义)流派和英雄二元论(自由唯心主义)流派①。狄尔泰的这些结论在多方面得到了证实,尽管它们是以不同的术语被表达出来的②。然而,这三个基本流派并不能穷尽可能存在的对人的理解,因为它们把纯宗教的思维方式只看作哲学思考的前期阶段;尽管狄尔泰自己也明白,宗教思考的内容并不会消融在哲学思考之中——确切来讲,狄尔泰依据的是赫尔德和歌德的立场。这两人将宗教和诗歌视为精神的独立语言,其位置永远不可能被哲学或实证的科学取代③。

于是,我们从哲学史被进一步引向宗教史和宗教社会学。由狄尔

---

① 狄尔泰(Wilhelm Dilthey)著:《狄尔泰选集》(*Gesammelte Schriften*)第8卷《世界观学说》(*Weltanschauungslehre*),1931年;雅斯贝尔斯(Karl Jaspers)著:《世界观心理学》(*Psychologie der Weltanschauungen*),1925年。
② 狄尔泰的结论依据的是孔德的观点。孔德将人的思想分为三个"阶段":宗教阶段、形而上学阶段和实证阶段。在《狄尔泰选集》第8卷,第87页及后续几页中,狄尔泰将宗教的世界观称为"形而上学世界观的预备阶段",但宗教世界观"永远不能融入形而上学世界观之中"。因此,狄尔泰列出的三大世界观类型其实是哲学思辨的主要类型;宗教观念先于这些世界观类型存在,并与它们共同发挥着效用。接着,狄尔泰把孔德提出的"形而上学的"思考方式划分为两种"唯心主义"类型,即一种一元论的和一种二元论的类型;与孔德实证主义的、非形而上学的思想类型相对应,狄尔泰提出了自然主义的类型。弗里许艾森-科勒在其《教育和世界观:一本教育学理论的导论》一书中遵循了狄尔泰提出的这种类型模式,并按这一模式将教育理论也分为这三大方向。同样以狄尔泰的分析为研究基础的还有诺尔的《风格与世界观》(*Stil und Weltanschauung*),1926年。舍勒在《人与历史》(*Mensch und Geschichte*)中划分出五种可以把人类学理论归于其框架之内的"基本理念":希腊哲学的基本理念、有神论的基本理念、自然主义的基本理念,还有叔本华(Arthur Schopenhauer)、巴霍芬(Johann Jakob Bachofen)和尼采的理念类型以及舍勒后期自己提出的观点——"责任的假定无神论"的理念类型。前三者与狄尔泰的类型有关,后两种是舍勒自己新加上的思想形态。
③ 狄尔泰(Wilhelm Dilthey)著:《我的哲学的基本思想》(*Der Grundgedanke meiner Philosophie*),《狄尔泰选集》第8卷,1931年,第175页及后续几页/《体验与诗》(*Das Erlebnis und die Dichtung*),1922年第8版,第185页。

泰所创立的"哲学的哲学"继而迈向了一种"神学的哲学"的研究任务①。

"神学的哲学"的视角清楚地表明人类一定经历了漫长的时代,在这一时代里,精神所拥有的形态使得人类持续蒙昧地生活在原始和远古的文化中②。我们把这一精神形态称为玄秘的、神话的思想形态,并且意识到,在此形态之前肯定还存在过一个更原始的、"前神秘"的思

---

① 关于宗教史最重要的新兴研究可以参阅施密特(P. Wilhelm Schmidt)著:《上帝之爱的起源》(*Der Ursprung der Gottesliebe*)第1—7卷,1912—1915年;格拉狄斯·冯·德鲁(Gerardus Van der Leeuw)著:《宗教现象学》(*Phänomenologie der Religion*),1933年。关于宗教社会学,除了可以参阅韦伯(Max Weber)的选集外,还可以参阅瓦赫(Joachim Wach)著:《宗教社会学导论》(*Einführung in die Religionssoziologie*),1931年。由于高加藤(Friedrich Gogarten)与布尔特曼(Rudolf Bultmann)发起了关于基督教思想去神化的讨论,神学论述的哲学化问题就变成了一个迫切的问题。参阅布尔特曼(Rudolf Bultmann)著:《新约与神话学、启示与救赎》(*Neues Testament und Mythologie,Offenbarung und Heilsgeschehen*),出自《关于新教神学的文稿》(*Beiträge zur Evangelischen Theologie*)第7卷,1941年/《福音传道与神话》(*Kerygma und Mythos*),1951年第2版;高加藤:《去神化与教会》(*Entmythologisierung und Kirche*),1953年。关于坚定的信仰,我们可以这样说:虽然信仰者以批判的眼光识破,一种神话语言的根本存在只是一种神话的存在,但却仍然可以把这种神话的存在放到事实关联中去理解和运用。同样,诗歌也不能既"去神化",而又不损害它的真实内涵。诗歌的真实内涵不能被转嫁到散文之中。所有关于诗歌创作的阐释,都只是向那些愿意聆听的人,指出诗歌可以为人感悟的触点。甚至在科学中,如果我们从语言中将语言的神话精髓彻底抽离出来,我们也就无法对事物及人类,尤其对文化世界及精神世界再做有意义的探讨,尽管这些对象都是现实中的存在。虽然对于逻辑学及数学基础而言,弗雷格(Gottlob Frege)创造的一种纯粹概念语言或概念演算意味着一个非常重大的成就。但是,只要是在科学中去处理我们作为人体验到的和经历到的内容,就需要合作,需要对话,因而也就需要全部的语言。虽然,我们应该通过努力的思考和研究去澄清语言的概念以以批判的态度将这些概念确定下来,但是,这些概念终究不能替代语言本身。语言的表达方式是隐喻式的。这一问题境况促使人们从现象学的角度对人类学的基本问题做出探讨。这种探讨借助语言,将意欲呈现自己的全部现实直观地展现出来,并从中发现出现实中那些可以用概念来表达的结构。

② 孟欣(Oswald Menghin)著:《石器时代的世界史》(*Weltgeschichte der Steinzeit*),1931年;汤因比(A. Toynbee)著:《历史研究》,共6册,1933年及后续几年;韦伯(Alfred Weber)著:《文化史作为文化社会学》(*Kulturgeschichte als Kultursoziologie*),1950年第2版;吕斯陶(Alexander Rustow)著:《当代的地域特性》,第Ⅰ卷,1950年/第Ⅱ卷,1952年/第Ⅲ卷,1957年。

想形态。我们依然保留着它的痕迹,尽管这些痕迹几乎不再在我们的精神能够理解的范围之内。神秘的思维尚不能清晰地区分以下两者,即客体中存在的是什么,以及感知着的和反应着的主体由自身的生命力投射到外部世界客体中去的是什么。但是,这种思维也是有效用的,因为它使文明的集体生活成为可能;而且它也是有深度的,因为它懂得以自己的方式把经验以及必定与现实关联在一起的超验完全结合起来。只不过,这种思维不加批判地把超验与现实混为一谈,正如它把主体与客体混淆起来一样。

我们必须把玄秘的、神话的思想形态当作历史上首次出现的新阶段来看待,而不应该视之为最原始蒙昧的阶段。在最原始的阶段,精神的行为尚且不能与我们模糊地称为本能的行为区分开,也就是说,人类文化在这一阶段几乎仍然显现为集体生活的一个"器官"。这一初次出现的时代更替已经近乎消失在人们的记忆长河中;但是,从神秘的思想形态过渡到批判的思想形态,这却完全发生在有明确记载的历史之中,并且这一过程仍在继续进行。

我们把这一过渡的过程称为启蒙的过程。

从对鬼怪和神秘力量抱有玄幻的、超自然的信仰,到信奉神灵和信仰一个上帝,宗教史上的这种过渡为启蒙做好了准备和铺垫。从主体方面来看,与这一过渡相对应的是,人获得了一种能力,即能够区分自我和世界,能够在全部所作所为中把自己理解成一种行动的自我。该自我能做出反应,对自己的所作所为负责。通过上帝的召唤所发出的"启示","人格"作为自我贯穿一生的身份集结而成,并与动荡的世界及所有集体的影响区分开来。历史的潮流推动着人格往这一方向迈进。人格把自身理解为一种自我,该自我具有反抗的自由,知道自己是自身行为的制造者,并在其内心最深处拥有自己的良知。

良知的自由也带来了思想的自由。此时，与超验的关联以及与外部世界现实的关联可以被体认出来。哲学与科学的研究开始兴起，现实不只简单地被拿来做客观的观察，而是在人那里得到阐释。我们认识到我们喜爱什么，我们总是通过理解自我本身的方式来理解外部世界。现实的多义性显现出来；在人们对现实的每一次理解中，与超验的联系同时在发挥着作用。否定这一联系就会改变人们看待现实的角度，而这并不能让我们确信，如此对现实的理解就是明确单义的。于是就产生了多种多样的世界观以及与之相关的无尽讨论；因为人们只有在信仰的勇气中才会形成一种决断，即确信一种只能依靠"本原行动"才可获得的内涵。由此，关于人的思考就获得了多层次性。这种多层次性在历史上体现在如下事实中：人类古老的思维方式始终保有其真理，尽管其有效核心已被人们归入到早就过时的不重要的事物中。但是，只有依靠那些依然保留着前神秘的、神秘的和神话的构成部分的古老的思维方式，宗教的思想和行为才能将自身表达出来；不过，对我们来说重要的不是它们披裹的外衣，而是那个永恒生效的真理内涵。只不过，完全抛弃这个"外衣"是不可能的；如果这样，真理的内涵将不再能够得到表达。

特勒尔奇（Ernst Troeltsch）认为，我们的教育由四大有着不同历史来源的组块统一而成①。但同时也指出，这四个组块分别代表着思

---

① 特勒尔奇（Ernst Troeltsch）著：《现代精神的本质》（*Das Wesen des Modernen Geistes*），出自《普鲁士年刊》（*Preußische Jahrbücher*）第 81 册，1911 年/《德意志教育》（*Die deutsche Bildung*），出自《照亮者》（*Leuchter*），1919 年。特勒尔奇的分析，如同这里列出的他的作品一样，涉及现代欧洲的文化圈。从这一历史立场出发，特勒尔奇写出了他的"普通"教育学。那么该普通教育学也适用于其他文化圈吗？事实就是，该教育学只能描述那些没有受到我们文化圈的精神前提的决定性影响的现象和事实情况。这就将那样的事实存在排除在外，对于这些事实存在，你我个人的、关于人格的及关于基本权利和基本义务的理解起到了关键的影响。这种理解形（转下页）

想的四个层次和人的四个维度。特勒尔奇称之为四大世界,即日耳曼传统的、古希腊罗马时代的、基督教的以及现代的技术和自然科学实证主义的世界。日耳曼要素活跃在我们的语言中。建立在这种语言之上的不仅有诗歌,还有那种把自然解释为我们家园的充满感情的淳朴的自然观。那些与前神秘的及神秘的思维阶段的关系,也依然存留在这种语言中。基督教赋予我们高度发达的宗教的思维方式,即使我们脱离它成为异教徒或者有意回避它,我们依然在与它发生着关系。从古希腊人那里,我们继承了唯心主义的思想形式,这使得我们可能从理念的角度去考察社会生活的秩序并在这些秩序中看到价值的实现。借助古希腊的思想形式,我们学习去领悟精神的自主性。现代的实在主义和实证主义开辟出客体的世界,它们详细研究主体的外在,制造现代技术,并开启了虚无主义思想发展的可能性;而正是由于这种可能,信仰真正的本质才得以完全被揭示出来。一方面,实在主义和实证主义的思维方式与物质自然,特别是其中有生命力的,即生物,发生关联;另一方面,这种思维方式又延伸到文化生活以及社会科学的研究对象上。

我们现在区分出一种宗教的生命观和一种形而上学的、精神分析的思维方式,前者囊括了从最原始的思想到高度精练的基督教思想的

(接上页)成于欧洲的教育者群体中,并且以一种充分的共识为基础。如果以佛教和儒家的精神前提为出发点,尤其在考虑到"发展中国家"的教育前提时,就会对教育现象做出不同的分析。因此,正如施莱尔马赫所说的那样,"我们的理论的应用范围"是有限的,即使针对那些在本真人性上与我们想法一致的生活圈子。在人们建立"比较"教育学的尝试中,人们试图在不同的文化圈间的教育问题上建立实践性的交往与帮助,这种认识是根本性的基础。问题解决的方式绝不可能是,让异域民族照搬欧洲重要的精神理念、技术、实践和科学;如果这样,问题反而会加剧激化。只有在人类基本问题的深层次上达成一种共识,舶来的技术和实证科学才能够被长期接受。在此方面,联合国教科文组织在发展援助上所做的努力和它追求的目标需要得到彻底的修正。

整个范畴,后者由哲学创造而成。同时,在此基础上又增加了两种"实证"的思维方式,其中一种把人看作历史的和社会的生物,而另一种简单抽象地视人为生物性的存在。于是,就形成了彼此之间相互交错的四种形式的人类理解观。这四种人类理解观既不能被整合成一种单独的形式,也不能自己独立存在。不仅人的多义性,而且人类可能的人格完满也都以这些不同形式的视角为基础。这些视角已经超越了单纯的观念——每一种观念都对应着一种解释自我的倾向,因此也就对应着一种基于该解释之上的顺应。

在过去的三千年中,在原始思想发展成批判的、分化的思想的高度文明的地域,这四种思维方式以当今的形态获得了语言上的表达——就人类历史而言,这个时期来得太迟也太短暂。对此可以说:在这一时期,"时间被填得满满的"①。——我们看到:宗教思想在犹太先知和圣徒基督教的神学中;精神分析的思想在古希腊哲学家及其西方的追随者那里;作为生物学的思想,实在主义、实证的思想在现代的自然科学中;作为社会历史学的思想,实在主义、实证的思想又在过去两个世纪中的社会学、语文学及历史研究中,获得了语言上的表达。

这四种视角既追求被统一成一个整体,但也出于其自身独立性的考虑,以同样强烈的程度追求彼此分离。如何有效地将它们统一在一起,这一任务与童话里男孩面临的任务一样艰难。这个男孩必须放弃可以帮助他管理兔子的魔笛去照看一百只兔子。很少有人能够恰当地解决这一难题,这是不可言传的内在努力的结果;有关于此的异端邪说蜂拥而至;但是,精神的自由和健康却反复出现在现实中,当我们与之相遇时,我们会把它感受为神圣精神的作用,感受为

---

① 此句出自《圣经新约》加拉太书,原文为"Die Zeit ward erfüllet."——译者注

天才的显现,感受为一种奇迹。这种自由可能是最为丰富的灵魂创造出来的伟大成绩,但也可能是极致的单纯和纯净的心灵结出的果实。

若四种人类观追求相互分离,则会导致每一种视角都试图排挤和取代其他三种。这会造成理论上的败坏和歪曲,进而会给教育世界带来很大的危险。如此形成了基督教的人类学。这种人类学既不想与精神塑造的前提产生瓜葛,也不想承认从社会和生物的角度对人这种生物所做的观察。轻视宗教情境的庄严与肃穆的唯心主义人类观也形成了。如今,特别在大众平常的思维当中又产生出一种世俗的理解,这种理解仅把人视作劳动的人。劳动的人为了达到社会最大效益,利用自身智慧发明和使用工具,但对精神自由却毫无概念,更不要说去领悟祷告的体验或感知上帝的召唤了。根据上面的逻辑,这些不健全的人也只会形成不健全的教育理解。上面四种视角越是充分地联系在一起,我们对教育现象的认识就会在已有条件的基础上越丰富、越真实。

意识和意图属于教育的本质吗

上述关于教育所确立的形式上的和一般的属性,让我们能够在一个古老的有争执的问题上做出判定。这个问题就是:教育是否完全属于有意图的和有意识的行为领域,还是一种发生在更大的维度之中且超越意识行为的事情? 在有关人的理性主义学说的影响下,教育的概念过去被限定在有意图的行为之上。比如,齐勒(Tuiskon Ziller)定义道:"教育是对一个人施加的有意图、有计划的影响,确切来讲是对处于青春年华最初阶段的个体的人的影响,影响的目的是,按照计划在这个人身上培养出一种特定的,同时也是不可磨灭的完形。"魏茨

(Theodor Waitz)和科恩(Jonas Cohn)也做出了类似的阐述:"教育以培养人为目的,对具有可塑性的人施加持续的有意识的影响。"①这些定义符合当下流行的观念。按照这一观念,现代文化中有意识的教育活动被视为本质性的。由此,风俗和生活秩序也可发挥教育影响的事实就被忽视了。然而,清楚地看到风俗和生活方式对于教育的重要作用,这在实践上却是非常有价值的。比如,要让一个不耐烦的小孩安静下来:母亲或兄弟姐妹是否呵斥了他;是否转移了他的注意力,以及借助了哪些手段;是否通过言语或借助情境的改变来施加影响;他们自己如何行动、控制和克制自我;是否有爱从他们的心中流淌出来;是采取惯常的思维还是会有客观冷静的意志掌控——教育者当下做出的这些反应并非产生于当下。成长中的儿童有求于成人,希望从他那里获得技术上的指导,或得到一个政治或形而上学难题的解答。成人的反应是兴致盎然还是无精打采,是精力集中还是漫不经心,是死板地教导学生还是循循善诱地点燃儿童心中的求知欲望,是给出质朴的还是做作的、真实的还是虚伪的回答和指导——所有这些反应都有其自身的风格。虽然它们由偶然的状况和成人的特性所决定,但是如果对更大的生活圈进行观察,就会发现:到处都存在着一

---

① 齐勒(Tuiskon Ziller)著:《普通教育学》(*Allgemeine Pädagogik*),1876 年,第 7 页;魏茨(Theodor Waitz)著:《普通教育学》(*Allgemeine Pädagogik*),1833 年第 3 版,第 41 页;科恩(Jonas Cohn)著:《教育的精神》(*Geist der Erziehung*),1919 年,第 5 页。与之相对的观点请参阅布伯(Martin Buber)著:《关于教育的讲演》(*Rede über das Erzieherische*),出自《造物》(*Kreatur*),1926 年第 1 期,第 38 页;科普(W. Koepp)著:《福音之下的教育》(*Die Erziehung unter dem Evangelium*),1932 年;彼得森(P. Petersen)著:《教育学的起源》(*Der Ursprung der Pädagogik*),1931 年,主要见第 190 页及后续几页;德雷卡特(F. Delekat)著:《论有意识的教育的意义和界限》(*Von Sinn und Grenzen Bewußter Erziehung*),1927 年;兰格费尔德(M. J. Langeveld)著:《教育及教育学中的意图和非意图》(*Das Absichtliche und Unwillkürliche in der Erziehung und Erziehungskunde*),出自《选藏》(*Die Sammlung*),1954 年第 9 期,第 29—34 页。

种风俗习惯，而成人与儿童的这种交往就发生在这种风俗习惯中。该风俗习惯有它的风格和历史。工人和农民、新教教徒和天主教徒、大城市和小城市、国家、民族和时代都各有其自己的和儿童交往的方式，并基于各自不同的立场投入完全不同的力量和手段。这些风俗习惯属于教育反思必须思考的对象之一。

另一个思考对象就是人们的生活方式。人类在各个领域都显现出分化：比如分化成不同的文化圈、种族和民族，又比如社会阶层、宗教团体和交往圈子的分化。所有这些分化中不仅包含着独特的精神内涵，而且还含有道德评判的结构、理想、有影响的公共舆论，这就让所有生活关系仿佛都确立了自己的风格。因此，一个仍由中世纪的手工业同行会培养出来的手工匠，是完全不同于现代化的专业工人的，因为他生存于一种不同的生活方式中。

风俗习惯和生活方式都是不折不扣的教育力量，而且是所有教育力量中最强劲的。相对于受理性监控的教育措施，它们是潜移默化地塑造着人的教育力量。然而，人们也不能因此忽视负责任的、有意识的和可变化的行动在教育中占有的空间。因此，当人们基于集体主义教育学的意义这样定义教育——"教育是由精神的影响产生的、对人一切形式的塑造和培养"，或者当人们认为"每一种新关系的形成"就已经是教育时，此时的人们并没有领悟教育的现象的本质[①]。无疑，一切塑造人的影响和关系都具有重要的教育意义，但是具有决定意

---

① 克里克(Ernst Krieck)著：《教育哲学》(*Philosophie der Erziehung*)，1922 年，第 175 页；科普(W. Koepp)著：《福音之下的教育》，1932 年，第 5 页。有关这方面，现在可参阅斯普朗格所做的透彻研究《来自生活的教育：一种精神哲学的分析》(*Das Leben Bildet: Eine Geistesphilosophische Analyse*)，出自斯普朗格(Eduard Spranger)编：《教育真理和半真理》(*Pädagogische Wahrheiten und Halbwahrheiten*)，1959 年，第 69—129 页。

的,还是所有这些之中所涉及的人与人之间的相互影响。他们彼此负责,并且这种责任在一定情况下有必要被明确指示出来。教育是一种道德生活关系。因此,教育现象的本质是,这个领域内的事情虽然在生命过程中朴素地发生,但随后也变成有意识的,因为它们的责任必须有人承担,并且它们可以接受精神上的构建;所以,它们必须也能够经受住人们的质疑。而在这一领域内,人处于超个人的力量之下,是协会和团体的成员,处于传统和风俗之中,正如我们的第二重视角所展现的那样。在这种历史性和集体性中,个人必须被视为负责任的影响者和自由的行动者。然而,这种理性化有其外在的界限,即风俗习惯和生活方式所构成的无法克服的力量,以及内在的界限:因为教育不可能成为技术,教育始终是真正的人的相遇,在这之中,双方必须保留各自的自由和不可触犯性[1]。

因此,我们不可以让教育这门科学的研究对象丧失掉它关键的内涵,即每位参与者的个人责任。如果教育的科学只想做实证的描述,并回避那个令人困惑的问题,即在行动中发自内心产生的对行动意义和对恰当行为的追问,那么这门科学就会丧失自己的本质。教育是历史的行动和负责任的、出于我们的良知所发生的事件共同构成的范畴。它的发生动力和发生过程既存在于我们身外,也存在于我们内心,尽管我们内心可能并不会反思地意识到这些。

---

[1] 弗利特纳(Wilhelm Flitner)编:《1826 年讲稿集:教育学文稿》,出自施莱尔马赫(Friedrich Schleiermacher)著、普拉茨(C. Platz)编:《教育学文集》第 1 卷,1957 年;布伯(Martin Buber)著,《关于教育的讲演》,出自《造物》,1926 年第 1 期,第 38 页。

第二篇

教育学的基本概念

教育学范畴之架构

人们的日常用语中早已存在一个汇集所有的教育概念和考察的基本思想。这些概念源自早期的经验和理论,它们凝聚为指导实践者实际行动的部分规则、原理和学说;它们被哲学思辨的理论拿来探讨并加以批判性地检验,目的是把它们重新纳入教育学基本思想之中。正是为了这一基本思想,人们才对这些概念进行如此检验。

为了进行批判性的检验,那些彼此之间存在不可分割的关联、必须给出有意义的表述来解释整个教育情境和任务的概念,不得不被拆解开来。普通教育学获得的任务是,区分教育思考的范畴,并让人们批判性地意识到它们——在此过程中,普通教育学并没有忘记,只有把这些单个概念当作某种表述方式的构成部分时,它们才能得到使用和理解。在这种表述方式中,教育思考的整个基本思想构成了一个统一体。

因此,这些基本概念组成了一个架构。斯普朗格说道:"在教育过程这一独特的文化现象之上可以彼此区分的多个方面,决定了教育的科学的基本结构。于是,教育的科学把历史社会世界中形形色色的教育现象归于四种主要视角:教化理想、可塑性、教育者以及教育共同体。"①在所有教育科学的阐述中,这些范畴总是以不同的名称反复出现②。

---

① 斯普朗格(Eduard Spranger)著:《文化和教育》(*Kultur und Erziehung*),1928 年第 4 版,第 180 页。
② 参阅科恩(Jonas Cohn)所做的章节划分:《教育的精神》(*Geist der Erziehung*),1919 年;施特恩(Erich Stern)著:《教育学导论》(*Einleitung in die Pädagogik*),1922 年;斯图姆(K. F. Sturm)著:《普通教育科学》(*Allgemeine Erziehungswissenschaft*),1927 年。

68　　这些范畴与描述人类行为的基本概念相挂钩,特别是那种制造物质产物的技术行为,这种行为最容易为人理解,而且结构也最为清晰。在技术行为的发生过程中,我们必然会在行动者和他的产物之间,在目的和手段之间,在物质和工具之间,在劳动过程、操作方法和制成的产品之间做出区分。这些区分最为清楚,我们将之运用到所有类型的作用、创造和行动之上,但同时也承受着不能对它们做出真正运用的风险,致使我们不自觉地对任务做出错误的解读和错误的行为。

　　尽管在教育活动与这些技术范畴之间进行类比不是很恰当,尽管我们仍然依赖于这些范畴的使用,但我们必须赋予这些范畴一种变化了的意义。可以考虑在技术范式的基础上做如下改变。

　　第一,人与人之间一切行动的交互性。教育不仅仅是对外的行动,也作用于行动者自身。受教育者发出反作用,在他身上发生的事情会变成他的行动,受教育者自己也成为行动者,对教育者提出要求并作为有人格的人对教育影响做出回应。

　　第二,教育者和受教育者之间相互性的生活关系不仅仅可以被理解为教育性的关系,它还一直是另一种源于生活秩序的内容而形成的关系。比如:父母和子女之间的天然关系,教会堂区成员之间的关系,统治者与被统治者之间的政治关系或者一国公民相互之间的协作关系,还有那种以传承知识为使命的道德共同体之中的关系,共同效力于某项事业的师父与弟子之间、师傅与徒弟之间的业务关系。所有这些关系均不是仅由教育意图构建而成的,而且教育意图也不总是作为一种被意识到的意图存在于这些关系中。甚至,教育习俗及其教育习惯、教育体系及其所有机构设施,都先于一切个别的教育相遇而存在于生活秩序中。儿童、学生、学徒、帮工以及其他各种类型的学习者都

69　　在这些机构中进行着现实当中的一部分生活——即使他们学得不好,

即使他们没有与教师及教育者建立起内在的关系。

第三,教育行动的"手段""素材"也与两方行动者形成了一种精神上的关系。对他们来说,素材不再是外在的东西,而是将他们容纳在一起,并要求他们在精神上继承传统或建立教育的共同体;而借助这些要求的实现,素材本身也会得到改变。手段和素材同时都是目的。人与内容之间不是对立的关系,人生活并存在于内容之中。

考虑到这些因素,我们划分出以下几个最重要的基本概念。

(1) 我们不仅把教育者和受教育者区分为行动者及其行动的对象,而且认为两者之间存在一种相互关系,两者由一种交互关系和一种精神交往维系在一起。由此,我们获得了第一个范畴——教育共同体。

(2) 第二个基本概念是"受教育者"。受教育者不可被视为教育行动的客体,也绝不可被视为教育行动的"原料",而是应该从可塑性的角度来加以观察。

(3) 第三个基本概念是成长者所要掌握的材料。这不是指成长者实现个体成形所需的原料,而是指产生教化客观内容的精神生活,以及使后代融入其中、围绕在成长者周围并对其起到塑造作用的教育性社会秩序。

(4) 作为第四个基本概念,教育的结果——教养不仅是有计划的和在成功的教育中通过有意识的教育努力获得的可以预计的结果,而且,教养还是无计划的、无意识干预下的教育性事件的结果。但是,计划的结果可以与无计划的结果区分开来,被单独称为教育的目标。

(5) 教育者的方法措施以及成长者身上的教化过程构成了最后的范畴。把这两者放在一起是想再次指明,受教育者内心之中发生的过程是不可能被完全掌控或完全认知的。

教育共同体——教育关系

一

70　　教育共同体指人与人之间形成教育情境的全部相遇和关系,在这一情境中,人们感受到的是责任和义务①。

　　这种相遇中存在相对的两方。一方在此在的特定要求,或者这些要求的总体面前,表现为未充分成熟的、不强健的、未成形的和未觉醒的状态;另一方认知到,这些要求对前者具有效用和重要性,并视自己对前者负有责任。教育学习惯把这种关系中的两极程式化地称为"教育者和受教育者"。

　　这种称呼也属于抽象的概念——因为相互对立的不是教育者和受教育者,而是有血有肉的人;当他们在教育共同体中联系到一起时,必定也同属于某种真正的生活关系,无论这一关系是社会的、精神的还是道德上的。这些生活关系的教育内容总是在其他某个内容已经存在的前提下才会出现。因此,家庭是宗族和血缘的共同体,是经济秩序的细胞,是法律关系的联结,是居住的共同体,是夫妻与其子女在精神上结成的统一体;这些内容的每一方面都赋予家庭一种教育的功能。类似的道理也适用于工作车间;工作车间也具有教育功能,而且

---

① 布伯(Martin Buber)著:《关于教育的讲演》,出自《造物》,1926 年第 1 期,第 38 页;也可参阅博尔诺夫与德波拉夫在《教育学杂志》上发起的关于"相遇"概念的讨论。博尔诺夫(Otto Friedrich Bollnow)著:《相遇与教化》(*Begegnung und Bildung*),出自《教育学杂志》,1955 年第 1 期,第 10 页及后续几页;德波拉夫(J. Derbolav)著:《论历史性相遇的本质》(*Vom Wesen Geschichtlicher Begegnung*),出自《教育学杂志》,1956 年第 2 期,第 73 页及后续几页;博尔诺夫(Otto Friedrich Bollnow)著:《论历史性相遇的本质:一篇讨论稿》(*Vom Wesen Geschichtlicher Begegnung: Ein Diskussionsbeitrag*),出自《教育学杂志》,1956 年第 2 期,第 242 页及后续几页;德波拉夫对博尔诺夫做出的答辩,出自《教育学杂志》,1957 年第 3 期;博尔诺夫(Otto Friedrich Bollnow)著:《存在哲学与教育学》,1959 年(*Urban* 系列丛书),第 87 页及后续几页与书中第 156 页及后续几页引用的文献。

它本来就具有其他的内容。因此，许许多多的生活关系，无论其长久还是短暂，都拥有建立教育共同体的可能性。对此起决定作用的是，这些生活关系中是否出现了教育的意图，人与人的关系是否由于这一意图和内在的倾向而浸染上那种特别的色调。

只有在理想模式中，教育共同体才会包含教育者和受教育者这两种个体。现实中，如此"纯粹与个人相联结的共同体缺乏独立的生命"，正如科恩得出的不无道理的结论一样①。只有在那些将许多受教育者和教育者长期联系在一起的地方，比如家庭、学校、青年团体、学徒车间，教育共同体的本己生命才能充分展开。但是，把纯粹个人之间的关系，同样还有那些仅仅是附带的、短期的教育关系，也视为真正的教育共同体，这对于教育共同体本身的概念而言很是重要。这样才会清楚地显现出：教育的生活关系如何普遍地渗透在其他所有生活关系中，教育的责任如何普遍地存在，以及教育责任如何时而只是蒙在对周围人所具有的普遍责任和义务之上的一层着色，时而又是这一普遍责任和义务的主导性内涵。

教育意图指的是在行动和相遇中出现的态度倾向，即帮助作为成长者的他人，使之拥有更强的生活掌控能力，形成更深的精神理解和构建起更高层次的价值观，并在道德和存在意义上获得更深层次的唤醒。能更好地通观他人情况的一方尽自己所能促进另一方的发展，使之迈向成熟，这就是教育共同体的原初现象。按照我们前面的分析，这种意图可能以一种与生活直接关联的直觉认识的形态而存在。这样，它就成为一种态度——被传承为"习俗"，被客观化到历史上存在的教育体系的"机构"中。它可能会遭遇困难，然后得到反思，变得明

---

① 科恩（Jonas Cohn）著：《教育的精神》，1919年，第222页。

确"意识化"。一种意图是否可以被视为真正的教育意图取决于它能否从我们的生活关系的深层出发去指向教育性的目标。一旦这种意图找到了回应,那么就形成了教育关系:一种和其他任何关系一样有责任的关系,但具有其独特的责任形式①。

二

教育共同体包含在多种多样的生活关系中,因此有着各不相同的特性。首先要问的是,它们是真正的共同体,还是单纯的外在形态的社会关系②。因为当教育的联系长久存在时,便会由之形成一种社会产物。即使这种产物内在的先决条件早已丧失,它也能够依然存续。有些学校不再是教育机构,而是沦为僵化的社会躯壳。它们自然在坏的层面上还具有教育意义,并且一直为可能的积极意义上的教育关系提供着土壤,只是它们已不再配得上"共同体"这一称号。

如果我们满足于从外部视角和单纯的社会关系来看,便区分出了自然的教育共同体和人为的,或者说有组织的教育共同体。前者对应教育的自然形态,后者对应教育的人为形态③。教育共同体在宗族团体中是"自然的",而宗族团体在当今的主要形态是家庭。当超越这种团体形成城邦和教会,并开始出现对古希腊、古罗马及欧洲的历史具有标志性意义的共同体的分化时,教育共同体就变得人为化了。

一方面是国家与教会,另一方面是所有社会群体都感兴趣的艺术

---

① 赫尔茨(Helene Hertz)著:《教育关系的理论》(*Die Theorie des Pädagogischen Bezugs*),1932 年。
② 按照滕尼斯(Ferdinand Tönnies)所做的区分:《共同体和社会》(*Gemeinschaft und Gesellschaft*),1925 年第 7 版。
③ 按照以前的社会学家所做的区分,参阅巴特(P. Barth)著:《社会学及精神史学视角下的教育史》(*Die Geschichte der Erziehung in Soziologischer und Geistesgeschichtlicher Betrachtung*),1925 年第 5 版,第 52 页及后续几页。

和科学的传统。这两方面使建立机构成为必要,以教育和塑造下一代。所有这些机构中都产生了教育共同体。机构代表着制度,制度在一定时间内为教育关系提供保障,并在其未能得到有力履行的时候维护这一关系——制度确保教育关系克服精神的软弱。这样,教育关系就在各种形式的军队教育、教会机构、职业教育、社交生活、学校之中产生了。军械师和操练兵,宫廷总管和侍从,新进士兵,见习修士,神甫和忏悔人,师傅、帮工和学徒,教师和学生,寄宿学校中的"生活老师"及其"寄宿学生"①(教育者和受教育者范畴的名称由此而来),以及人为组织的教育机构中各种各样的教育关系,这些构成了教育共同体的类型。

接着可以区分出长期的和短暂的(偶然发生的)教育关系。

持续终身的教育关系只存在于自然的基本关系中,即父母和子女之间。甚至这种教育关系也会随着子女越来越独立而变得越来越次要。其他任何关系都在时间上、实质上或功能上有局限性。高成效的、巨大的教育影响建立在短暂的相遇之上。与牧师或老师的一场谈话,与朋友或夫妻之间的一次交流都可能对生活起到决定性的影响,而且恰恰是在教育的方向上。坚信礼上牧师和儿童之间形成的短暂关系对于宗教的唤醒是多么重要!如果与研究者建立起个人联系,在德国高校度过一个充实的学期会带来多么大的影响!歌德在斯特拉斯堡与赫尔德的相遇具有多么大的意义!还有苏格拉底、柏拉图圈子中的相遇,青年团体中的教育友谊以及所有诸如此类的现象。

如果再做第三步区分,就会涉及一场相遇中发挥影响的内容的范围。某些关系指向的是教育这个整体,是全面的。其他生活关系的特

---

① "生活老师"的德文是 Erzieher,该词也可在广义上指教育者,"寄宿学生"的德文为 Zögling,在广义上也可以指受教育者。——译者注

点在于，它们在教育上不追求全面，而只借助这种生活关系所特有的内容进行教育，是局部的。只有当一个新人违背一个生活圈子的内涵和礼俗，或者融入得不尽如人意时，这些生活关系才会被赋予教育的意志以效力——只要礼俗和秩序得到认可，这些生活关系就会将其教育特性隐匿起来。任何由某种或正义精神或邪恶精神结合在一起，并且通过融入下一代且偶尔对之进行教育的方式来关心下一代的成长的群体均属于这种生活关系：比如社交圈子，一个部门的同事，各种类型的伙伴关系、合作关系、协作关系。它们所拥有的教育功能只占次要地位。

三

如果说教育现实展现出群体和生活关系在最大程度上的混合，并且在这一混合体中，教育意图时而是本质的，时而又只是附带的和偶然的，那么教育关系就进一步表现出真实、深入与虚假、肤浅之间的矛盾。教育关系要真实和深入，就必须具有相互性。但是关系双方起作用的动机、反应形式、意图和态度是完全不同的。

从教育者一方来看，即从通观他人情况且赋予自己教育责任的人来看，哪些是真正的教育动机和意图①？这些动机和意图又来源于我们的此在的不同层面，并且作为结构化的整体在发挥作用。

我们首先按照人的存在方式对这些动机和意图做出划分。从自然这一层面来看，是教育的本能起着推动作用。与之相应的是受教育

---

① 凯兴斯泰纳（Georg Kerschensteiner）著：《教育者的灵魂和教师教育的问题》（*Die Seele des Erziehers und die Probleme der Lehrerbildung*），1927 年第 2 版；斯普朗格（Eduard Spranger）著：《关于教师教育的思考》（*Gedanken über Lehrerbildung*），1926 年；莱布勒（Albert Reble）著：《德国教师教育》（*Lehrerbildung in Deutschland*），1958 年。

者天然的受教育意愿。动物界中存在的哺育天性在人身上也很强烈；当这一本能不起作用时，我们可以将之归因于社会的、情境造成的或精神上的障碍。母亲，或者说所有的女性，甚至想要成为母亲的儿童都有这种天性。那些对爱抚幼儿乐此不疲的祖母和白发老人也是如此。类似的天性可能也表现在男性保护和照顾他人的本能之中。

从社会文化方面的原始经验和追求这一层面中产生出第二类动机。这一类动机也有着天性的基础，即互助和合作、统治和征服的本能。因此，教育共同体总是有这样一种倾向，即把自己构建为统治的关系或协作的关系，或两种兼而有之①。

除此以外，教育动机还有精神上的根源。人类社会生活于精神之中：想要掌握对意义的理解并把它向其他人敞开，这与受教育者身上存在回应的渴望几乎是统一的。受教育者渴望对所有周围的和令人困惑的意义关联至少能够有所了解，以让自己被纳入到理解共同体中。因为每一种意义的客观物都局限在有限的圈子内，这个圈子内的人能够对某种意义的客观物达成相互理解。由此就产生了一种十分基本的、由意义客观化的能力所直接形成的追求。这种追求渴望为同一生活圈子中的他人提供指点，领他们入门，让他们参与，给他们启蒙和教导，并要求他们参与到交流理解中。当然，肯定也存在着希望扩大交流圈子这一基本追求。

除了这些本能的动机，还有那些在伦理情境下出于精神意志而形

---

① 凯兴斯泰纳(Georg Kerschensteiner)著:《教育者的灵魂和教师教育的问题》，1927 年第 2 版，第 81—82 页；费舍(Aloys Fischer)著：《强制、自愿与自决作为教育的力量》(Zwang, Freiwilligkeit und Selbstbestimmung als Erziehungsmächte)，出自《青少年关爱中的强制和自由——公共福利总会第 9 次大会文集》(Zwang und Freiheit in der Jugendpflege. Verhandlungen der 9. Konferenz der Zentralstelle für Volkswohlfahrt)，1917 年，第 14—30 页。

成的动机。精神意志能够认识效力,能够看到价值并拥有对价值的热爱。因此,它必然也想让他人体验到对价值的热爱,对领悟人类世界本质内涵的热爱:精神意志成为了精神性的教育意志。

对伦理情境的理解使得人能够领悟他人全部的存在,因此也就直接呼唤出一种真正的、肯定人的隐秘性的爱,这种爱意图把他人引向完满的存在——它指向的是他人全部的目的和他人的自我实现,尤其指向他人最核心的道德觉醒,但同时也致力于他人的身体强健、精神开化和外在福祉,以作为迈向道德觉醒的前提和阶梯。这份爱期望以其最纯粹的形式来实现他人无尽的价值升华和圣化。

抚育的本能、社会的原始经验和天性、价值意志和救赎意志,这些共同作用构成了教育的动机。当这些动机中迸发的教育责任作为一个整体在真实的教育情境中发挥作用,并且从受教育者那里得到回应时,就形成了真正的教育共同体。

四

因此,所有动机在教育之爱中结合在一起。教育之爱显现出各种不同的形式,它体现为一种特殊类型的爱。当教育之爱为一个人指定特定的生活方式,成为这个人身上主导性的动力,且产生出教育者这样一种具备成形个性的类型之人时,斯普朗格就将这种最深层的教育动机描述为"面向他人灵魂的给予性的爱",这份爱从其自身中产生出一种创造现实的"意志"①。教育之爱创造的成果是,促进他人的价值感知力和价值构建力从其内心深处得到"发展"。同时,教育者的教育之爱也涉及"生命的客观意义和价值,他想帮助他人从这些可能性中

---

① 斯普朗格(Eduard Spranger)著:《生活方式》,1921 年第 2 版,第 338 页/1925 年第 5 版,第 378—379 页。

获取这一意义和价值"。因此,教育之爱这种爱的形式,有别于博爱和情爱,"它不追求仅凭爱本身来发挥影响"①。

对于这一描述的正确性,舍勒没有提出驳斥②。舍勒把爱描述为"从较低价值到较高价值方向的运动":在爱的行为的内在运动中,爱的对象对于爱的给予者而言具有越来越高的价值。舍勒因此总结道,"当下的教育态度立刻并且必然会使那种当下的爱消失","在如此之爱中根本不存在改变爱的对象的意愿"。因为这种教育态度把他人是什么和他人首先应该成为什么区别开来,并由此进行实际的观察。这样做的原因是,教育态度不靠"爱的运动"本身来实现和欣赏较高的价值,而是想要实际地,以客观的、可检验的方式来创造这种价值。舍勒这里所分析的是爱的行为的现象。但是当下尚不等于真实——爱作为体验和行动中精神性的现实,超越了单个行为现象中的现实。爱是对他人的关切,这种关切在舍勒所描述的那些经历的基础上,也就是在爱的行为的基础上,建立起一种面向他人的、持久的、带有实际的审视和干预的态度。同样,教育态度也是超越"教育态度引起的行为"的,这是舍勒没有想到的。当下的有意识的教育关切也会被完全不同的行为取代,它会消失在精神的交往、伙伴关系和其他行为关系中;这些行为关系虽然潜藏着准备好的教育意图,但这种意图绝不会持续地在实际中表露出来。通过这种行为现象学的分析,那些在现实中必须放在一起并由此构成教育生活的诸多现象就会被拆解开来。人们必须首先在实际中经历过爱,然后才能根据爱的脉动,透过他人的爱的

---

① 斯普朗格(Eduard Spranger)著:《生活方式》,1921 年第 2 版,第 379 页;另参阅凯兴斯泰纳(Georg Kerschensteiner)著:《教育者的灵魂和教师教育的问题》,1927 年第 2 版,第 48 页 53 页。

② 舍勒(Max Scheler)著:《同情的本质与形态》(*Wesen und Formen der Sympathie*),1923 年。

行为抓住爱。教育关系就是这样一种会产生异常矛盾的"当下态度"的存在关系。

博爱,即出于信仰的爱,虽然不致力于人的"价值升华",但它却能使个人自我得到实现。甚至在个人价值观崩塌、犯下罪过和濒临死亡之时,它都看在上帝的份上对个人予以肯定。正是通过这种方式,博爱支撑起了教育共同体,并在不具特别的教育意图的情况下实现了教育的一个终极目标[①]。

教育动机构成的特殊整体不可被归因到其他生活关系上。正如弗里许艾森-科勒所做的最为清楚的阐释:这个整体在国民秩序的系统内做出了自己特有的贡献,并以特定的内容使人得到了充实。弗里许艾森-科勒将爱欲关系和教育关系进行了比较。爱欲关系是"庞大的生活关系中的一种,教育之爱与爱欲之爱相仿。也许教育之爱在人类精神史上所起的作用并不比前者小,只不过较少为人觉察和更少得到研究罢了"[②]。与纯粹爱欲的爱恋关系相比,教育之爱的特殊之处体现在:教育者在活着的人身上有所创造,另一方面还同时作为一个"赞叹者欣赏着"创造出来的成果。"他一次又一次地感受着青春,且同时享受青春的愉快、未来的希望和年长者的慎思。只有教育者才能够充分感受青春散发出来的朝气,能够在当下体验青春中单纯的幸福,而青少年自己却由于某种错误的观念很少意识到这种幸福,成人也只将这一幸福作为过往的和早已逝去的东西来看待。"

---

① 阿尔托豪斯(Paul Althaus)著:《圣徒相通》(*Communio Sanctorum*),1932 年;吕格论(Carl Nygren)著:《爱欲与博爱》(*Eros und Agape*),1930 年;绍尔茨(Heinrich Scholz)著:《爱欲与仁爱》(*Eros und Caritas*),1942 年。教育之爱既不是情爱也不是博爱中的一种特别情况,虽与两者皆有关系,但它却是一种独立的现象。

② 弗里许艾森-科勒(Max Frischeisen-Köhler)著:《师父与学生》(*Meister und Schüler*),出自《教育学短文集》第 20 册《哲学与教育学》,1931 年,第 24 页及后续几页。

被弗里许艾森-科勒描述为教育影响之永恒典范的是：基督的所为促使教会得以创建，苏格拉底的毕生努力促使哲学生活及科学群体得以建立①。二者生命旅程的结局都是：其事业因受人迫害而归于烟尘。

五

除了取决于教育动机，教育共同体还由教育者本人的存在所决定，这使得他成为"权威"。这一权威在教育情境下形成，而非基于专制或独断之上。教育理论长期研究如何推引和论证教育者权威的问题。按照天主教的认定，父母天然的权力和教会超自然的权力原本就存在，其他一切教育权威皆由之衍生而来。在实证主义者看来，教育权威或从社会学的角度由社会需求引申而来，或从个人主义的角度由受教育者的需求推引得出。唯心主义教育哲学则超验地借助理念来解释权威。但是，如果我们看一下生命整体的历史变迁，我们肯定就会从教育现象的内在理解出发得出结论：只要存在一个真正的教育情境，权威首先就是既定事实。我们不从其他地方推引出教育责任，而是在具体情况中去发现它的存在，比如作为父母、国家和教会成员，比如在我们的社会关系中。凭着我们胸中燃起的教育责任，我们视自己为受教育者的权威。但是随即又产生了对于真正的权威的探索，这又继续引出目标设置的问题。

因此，无权威的教育是一种荒诞的想法。欧洲争取自由的运动虽然试想过这一想法，以此来回避对于真正的权威的探讨——但这一尝

---

① 弗里许艾森－科勒（Max Frischeisen-Köhler）著：《师父与学生》（*Meister und Schüler*），出自《教育学短文集》第 20 册《哲学与教育学》，1931 年，第 26 页及后续几页；斯普朗格（Eduard Spranger）著：《生活方式》，1921 年第 2 版，第 340 页/1925 年第 5 版第 383 页。

试却自行消亡了。因为这种无权威教育的观点会遏制我们此时此刻所拥有的教育责任,并将这种责任推向一些不知名的力量(自然、社会、国家)。在这里,抽象的思维只会将人引入歧途。自然不可以被人格化,国家和社会也必须由负责任的个人来代表,个人由此成为教育的权威;自然不可能承接教育的岗位。

但是,如果人们以外在的教育概念为出发点,就必须对权威加以推导和论证。由此,人们也会被误导着以完全抛弃个人权威的方式去建构实践。然而,那些否认自己想要赋予权威效力的人,其意思只可能是,他们不想骄纵权威。骄纵权威乃教育上的原罪。在教育责任中,教育意图被感知为一种必要性,超脱于任何专制强令之外;同时,这一意图也会反作用于教育者身上,要求他坚守教育权威赋予他的职责:使精神变为现实,在受教育者身上培养他们对于精神的认可。教育者通过将自身置于真正的教育内容的要求之下,成为了这一内容的代表,也成为了真正的权威。

教育者只能把自己置于这一内容的要求之下——是否由他本人去实现这一内容,并非总是由他自己决定。我们不可期待他具备完满的人性。被赋予教育权威的不只有完美无瑕的智者,还有迷失困惑之人和犯下罪恶之人。但是,不真实和不可信之人却不会被赋予教育的权威:这些人不会抱着认可、承受和为之奋斗的态度将自己置于自己提出的要求的内容之下,不会以这一方式成为这些内容的代表者。而人们在教育岗位的承担者身上所期待的保守克制恰恰指的就是这一点。社会道德期待——教育岗位的承担者永远不会忘记自己所致力的目标。但是,如果要求这些承担者本身完满,就会诱导教育者造作地假装完人,并使教育者成为笑柄。

六

教育者的权威与爱、存在与动机性态度结合成了教育者的个性。对于这些个性,可以根据类型来进行理解①。

有这样一类个性的教育者。在他们的个性中,母性的动机占主要地位。这些教育者的权威建立在他们对自然和道德以及精神在人身上相互交融的感受上。裴斯泰洛齐和福禄贝尔就属于这一类型。在他们那里,教育之爱产生于对人类共同体所遭受的衰败和威胁的体验,产生于对能够将人类共同体,甚至包括其自然基础维持下去的精神的忧虑,这一带有母性力量的"社会"类型无论对成人还是幼儿都给予了同等的关注。他们清楚地看到自然天性与道德在各个年龄段的共生现象。因此,他们愿意把爱给予每一个人,无论其天资聪慧或是天分平平,无论其患有精神疾病或是犯下罪行。同样,这份爱也不会因性别不同而有所差异。随着年龄的增长,他们的这种爱的能力不但不会丧失,反而会由于生活阅历的丰富而增强。

第二类教育者的个性主要由统治的和现实的动机所决定。这类教育者权威的基础是个人的力量与才干,是未雨绸缪、保护和救济以及担当的能力。促成教育之爱的决定性经历是,他们为领导某一群体做出服务和奉献,从而使得群体的秩序得到了创建和捍卫。共同献身于这一事业的同伴唤醒了这类教育者付出爱的追求。这一追求就是,唤醒这些同伴对于整个群体同样的责任意识,并把重要的才干和思想传授给他们。这一类型教育者的意义在于,他们懂得去塑造人的品

---

① 关于这一类型学说的萌芽参阅斯普朗格(Eduard Spranger)著:《生活方式》,1925 年第 5 版,第 384 页;诺尔(Herman Nohl)著:《教育中的对立面》(*Die pädagogischen Gegensätze*),《教育学文选》(*Pädagogische Aufsätze*),1929 年第 2 版,第 100 页及后续几页;博依默(Gertrud Bäumer)著:《精神引的意义和形式》(*Sinn und Formen Geistiger Führung*),1930 年。

性；其局限性在于，他们以一个十分明确的接受力为前提条件，但却不去关心在这一接受力尚不能为其教育内容所用的时候，首先自己要去培养这一接受力。只有当所涉及的教育内容与精神的整体联系在一起时，这一关系才是真正的教育关系。比如，一个追求勇敢的人，应该也了解骑士风度的所有内涵和精神。缺乏这些，这种培养勇敢力量的教育注定是粗野的和盲目的。这一关系在受教育者的少年时期发展最为充分。这种类型的教育力量拥有超凡的能力，但这一能力往往会随着年纪的增长而削弱。年轻时的赫尔巴特属于这一类型，还有青年运动以及利茨（Hermann Lietz）所推崇的自由学校中的教育者群体。过去的贵族教育体系所培养的教育者也是这一类型。

决定第三种教育者类型的是，那份对于精神活动的热爱以及塑造精神生活的可能性。这类教育者的权威建立在他们能看到精神性的东西上。在他们那里，教育之爱纯粹出于对理念的热爱——然后，这一类教育者客观地、忘我地把自己的活动理解为价值的引导、启发的艺术——或者说，教育之爱更生动地来源于友情，来源于爱欲的、审美的力量，这一力量在成长者身上看到他们迈向理念和此在的精神化的倾向。这一类型的教育者往往强烈否认，人们能够将受教育者都作为受教育者去爱，也就是同等地去爱每一个受教育者。这种教育者挑选自己喜欢的学生。由于他在这些学生身上看到了巨大的可能并热爱这一可能，因而经常能为这一可能提供巨大的支持。但他经常也会危害这种可能的发展，因为爱欲的、审美的爱不是无私的，故而易于向受教育者谄媚并寻求自我的利益。但是，他却能够成就非凡，能使精神觉醒，能箍紧人身上的发条使其不再停歇，能传递精神的火炬。柏拉图作品中的对话展现出了这一类型——甚至创办朴实的吕斯林格（Ryslinger）"成人教育中心"的教师科尔德（Kristen Kold）也明白这种教育影响的意义①。

第四种类型的教育者经历过道德在责任中不起作用的情况。基于这种经历及宗教的内在的核心体验,这类教育者获得了他的教育力量。教育者在自己和他人身上体验到,人类在自我救赎上面临着危险,这一危险及周围人的绝望打开了他的爱人之心。这里的教育权威直接在道德体验中赢得,它有着类似兄长和父亲的权威一样的特性。教育者从灵魂帮助及指导的角度出发,去看待教育的任务。众多的教会教育者就是用这种方式进行工作。

上述四种类型中的每一种都对应着一种教育学理论。这些教育学理论主要为各自类型的教育者量身定制,并且在历史的教育体系中充分地发展自己:诺尔描绘出三种教育理论和实践,即"社会的""现实主义的"和"人文主义的"类型。在此基础上还必须加上第四种类型,即灵魂指导的类型②。

每一种类型都有相应的畸变形态。在这些形态中,教育意图由于各种形式的误导或片面化而变得扭曲。由此,教育关系被误解和破坏为单纯技术性的和保育性的,或者纯粹个人间的依赖关系。精神分析理论中尤其凸显出对保育及爱欲关系的滥用(畸形的"固定化"③"俄狄浦斯情结")。这些理论认为,本能同样为最高级的和最复杂的精神行

---

① 瓦尔腾怀勒-哈夫特(Fritz Wartenweiler-Haffter)著:《走出丹麦成人教育中心的成长期》(Aus der Werdezeit der Dänischen Volkshochschule),1921 年;利特(Theodor Litt)著:《引导成长或任其成长》,1949 年第 4 版。
② 诺尔(Herman. Nohl)著:《教育中的对立面》,《教育学文选》1929 年第 2 版,第 100 页及后续几页;灵魂指导者的类型拥有一些独特的教育路径,比如使命降临、使人皈依和觉醒。关于这些教育意义,博尔诺夫在其著作《存在哲学与教育学》(参见第 76 页注释①)中进行了阐述。
③ 精神分析理论指出,当人的某个生命阶段的需求得不到满足时,人就会固定停滞在某个阶段不能向前发展。——译者注

为及意志倾向奠定根基("升华")。这种观点虽然是正确的,但是由于这些思想,20世纪的教育运动中曾短暂发展出对爱欲①的、领导型教育者类型的推崇,进而引发了严重的危害。人们力求使这一类型教育者身上的本能基础中的爱欲部分得到升华。借助柏拉图的思想,这些爱欲部分得到了提升,并被抬高到一个危险的地位②。此时,教育者有必要做出一个决断,这个决断不依靠对人的天资、个性和气质的分析,而是以我们教育体系的精神为依据。爱欲文化只可能在一处地方得到发展——在我们的文化圈,只可能在两性的关系中,因为别处不可能提供家庭中的亲密和母性的安宁,也不可能存在我们抚育子女的这种形式。与这一决定相关联的是,我们虽然以男女分开及混合的方式给予他们同等的教育,但却希望在男性身上唤醒骑士的风度,在女性身上培养淑女的品质。骑士风度包括:保持与女士彬彬有礼的关系,从中塑造出爱欲的张力和控制力。如果在这一问题上换做另外一种决断,那么我们整个教育体系都将改变,国民秩序的道德本质也将随之发生变化。

不同的教育者类型使得它们可以根据不同的任务在教育体系的框架内相互补充。培养精神性的创作者的教育产生出"人文主义"类型的教育者;国家和社会中培养统治者的教育产生出统治及现实主义

---

① 爱欲指教育者对受教育者情感上的偏爱和欣赏。——译者注
② 布吕尔(Hans Blüher)著:《候鸟运动——青年运动史——候鸟运动作为爱欲的现象》(*Der Wandervogel, Geschichte einer Jugendbewegung, Der Wandervolgel als Erotisches Phänomen*),1922年第6版;维尼肯(Gustav Wyneken)著:《情爱》(*Eros*),1924年第17版;布伯(Martin Buber)著:《关于教育的讲演》,出自《造物》,1926年第1期,第42页;阿伦斯(Heinrich Ahrens)著:《德国候鸟运动——从发端到世界战争》(*Der deutsche Wandervogelbewegung von den Anfängen bis zum Weltkrieg*),1939年;斯普朗格(Eduard Spranger)著:《1900至1949年间的五代青年》(*Fünf Jugendgenerationen 1900 bis 1949*),出自《教育观点》(*Pädagogische Perspektiven*),1955年第3版(扩充版)。

类型的教育者；培养劳动人民的职业和普通教育产生出社会类型的教育者；教会及非世俗的教育任务产生出灵魂关爱型的教育者。同样，在一个较大的教育共同体内，比如寄宿学校，教育者类型的多样化也是有利的，因为这样能做到人才互补。另一方面，不同的年龄段需要教育者具有的功能也各不相同：儿童需要母亲般的呵护，青少年男生需要统治和精神上的双重引领，而成人则需要灵魂上的帮助。

虽然教育者个性的单方面特性成就了重要的教育关系，但是，生活秩序需要的最多的却是朴素形式的教育之爱及权威，这在平凡人身上处处可见。我们的生活秩序依据的基础是：母亲，不管她有何特别之处及"天资"如何，首先在以母亲的身份进行教育；父亲，以父亲的身份进行教育；或者可以说，所有职业和岗位都按照他们的秩序进行教育。当每一"阶层"都深入了解自己的义务责任和力量源泉时，它就会直接确信下一代对于全体人民所具有的意义。每个人身上都会表现出这种对于教育使命的朴素倾向，每个人都被宿命般地指派了教育的责任，职业教育者们肯定也不例外。

从受教育者一方来看，他们对教育权威的动机及权威的此在所给出的回应至关重要。只有当回应发生时，教育共同体才真实存在。当受教育者真正感受到关切且期间没有障碍干扰时，他们才会给出真实的回应。当我们对儿童付出爱时，他们也会给我们爱的回馈。他们会在我们控制他们的注意力并向他们讲述事物、自然和人的重要性时集中精神，会与我们玩耍和交谈，会参与制作和劳动，会遵守我们在他们面前遵守的礼节，会体验我们在其内心种下的人格的内在价值和尊严，并且充满信任地期待着我们在自己身上也展现出相应的人格。在所有年龄段，这条回应定律始终生效。受教育者受到的关切在何种层次，他们的回应就在何种层次。而这始终需要一个前提条件，即教育者对受教育者的关切通过存在、行动和语言以真诚的、真实的方式进行，而非造作的、虚伪的或处心积虑的。与儿童玩耍，如果想与他们建立一种真实的关系，就必须真实和不做作。谁想要开启他人对于某一事物的感知，自己就必须对这一事物有充分的理解。谁想要与儿童交谈，就必须真正地融入谈话之中。若教育者身上缺少了这一真实性，就会产生在许多保育员教育中以及在幼儿园和学校许多无益的活动中所出现的虚假与造作的现象。而这将会遭到受教育者的抵触或造成他们的麻木迟钝，并使得这些教育机构变成浪费时间、给受教育者带来折磨的场所。

七

受教育者越成熟、越不同，就越要满足更多的前提条件来让他进入一种教育关系，并使他对教育意图做出回应。成人往往只因紧迫情况才敢开接受教育的影响。但是，由于外在急迫性与内在急迫性一样普遍存在，所以成人也是有可能做出回应的。

根据其不同的内涵，教育共同体也有着不同的教育意义。

单纯教授技术能力的教育关系，可以被理解为平淡且疏远的，并且可以被视为对整体的教育而言无关紧要的。这一关系的存在是出于生存的必要和经济的需求。

另一方面，若一种技术性的教育关系不能同时引起灵魂上的共鸣，或至少遵循一种可让受教育者在其中徜徉的文明，那么这种教育关系只能是难以忍受的。"教育事业的一体性"（赫尔巴特）不允许把任何一种教育关系理解为完全外在的或完全不重要的。

然而，即使最深层和最全面的关系也是有界限的。首先是时间长度上的界限：当儿童变得独立时，对他们的教育关爱就应该终止——

若无意义地继续这一关心,则要么惹人发笑要么令人害怕。同样,师徒关系也应找到内在的终点。而且,教育关系的终点应该已经作用到每一个片刻当中,因为教育意图的意义就存在于这一终点中。但是,终点又从不是绝对的。当独立之人表现出弱点和局限性时,教育关爱就会重新觉醒。越是临近终点,教育的反作用,即教育者从受教育者那里获得的教育回应就越强烈,教育关系就越次要:教育共同体转变为一种无持久教育意图的生活关系。即使是最深层的关系也必须知道自己终将结束,并对其终点有所期待。唯一不幸的情况是,关系不是真实的关系,并且同时追求了错误的目标。若受教育者能将教育者的德性、惯习和态度创造性地传递下去,并通过超越教育者的方式保持对他的忠诚,此乃尘世上最大的幸事。教育关系的不同侧重及其内涵与时间上的限制使得一个人有可能体验多种和多个这样的关系——泛滥必然导致关系流于表面化,而这将意味着这些关系的死亡。同样,成长过程中的人能够也必须经历多个教育关系——对他而言,走马观花式的泛滥关系也是致命毒药。教育关系要起到深刻的影响需要空间和时间,人们不可以对它们做过多试验和推敲。

八

要让鲜活的教育关系独立且持久地发挥影响,必须有针对它的机构来给它提供保护和秩序,由此创造出属于它自己的空间。如果不能确定可供关系生存的时间和地点、常规和习惯、协定和解除,那么即使最深切的关系也会最终变成虚有其表的空壳。这一切设置必须全部承载和体现出教育共同体的精神。

由此,这一共同体就获得了一个新的要素。教育场所变得如此客观化,其精神和风格、习惯和形态本身也都具有了教育意义。教育场所通过其中起作用的教育意图不仅引领着受教育者，也引领着教育者。两者都与这个机构的精神相遇，虽然这一精神起初由他们自身创建而成。这一精神可以长久保存下来，尽管在这期间教育者和受教育者不断更换，它依然可以不受一切变化的影响，被认作某个教育场所的同一精神。许多具体的教育共同体汇聚成更大的共同体，从而使教育体系成为可能。这些体系可以存续几个世纪，并且能够为全部的职业、阶层和民族提供教育。属于这一较大的共同体类型的有维持上千年之久的柏拉图学园，迄今1400年的本笃会修道院中的教育共同体，以及拥有800年悠久历史的欧洲大学中的教育共同体①。

一旦教育意图为教育者所领悟，它就会通过体制性的东西获得双重的倾向：它首先作用于受教育者，但其次也始终作用于机构的精神和形态，再由机构间接作用于当前和未来的受教育者。

因此，每一个教育共同体都必须在一种教育体系中寻求自己的场所，并遵守教育体系的风格。所有的教育关系，比如，天主教耶稣教会、修道会、亨胡特兄弟会、德国大学学者联盟、青年运动、高级中学、德国乡村教育学校②、英国公学、幼儿园和小学教育，都各有其统一的、与教育体系相符的特性。这一特性会增强某些教育动机，也会限制或抑制其他一些动机。同样，每种风格也都为教育关系带来了典型的风险，即这一风格特有的原罪。它们会在这一风格的历史进程中演变为危险的现实，它们是隐藏在那些美好特性背后的阴暗面。

有一种教育天才，他们专注于打造机构的风格，借此创建出持久

---

① 萨尔瓦托雷利(Luigi Salvatorelli)著：《圣本笃——西方的修道院院长》(*Benedikt, Abt des Abendlandes*)，1937年；德伊赛(Stephen d'Irsey)著：《大学之历史》(*Histoire des Universités*)，共2册，1933年/1935年。
② 乡村教育学校由德国改革教育学派创立，是指设在农村，通常为5—13年级学生准备的寄宿学校。——译者注

的教育共同体。这些共同体能维持数百年，并赋予那些在其轨道之内形成起来的诸多单个教育共同体以形态和内涵。所谓的教育传统的奠基人就拥有这一天赋①。

当教育者和受教育者的职能视情况不同在教育共同体的成员之间相互变换时，当较成熟之人或通观他人情况之人，即"教育者"不具备持久的优势地位时，就出现了教育共同体的一种特殊形态。这一类型可以被称为自我教育共同体。从儿童，特别是较成熟的青少年组成的最初的自由游戏共同体开始，自我教育共同体就有自己重要的教育功能。中世纪的行会和同业公会，工业社会的手工业者同盟会，青年运动中的学生团体和联盟，修道院中古老的宗教团体，资本主义时代的诗人同盟会和自由社交圈，共济会、修道会，以及类似形态的许多共同体，都可以完全被看成教育的机构。当然，这其中的教育倾向只在偶尔情况下，即针对新成员的到来，才会尖锐地显现出来；友谊、结盟、社交才是最主要的内涵。不过，这些内涵也总是被有意识地用来促进彼此之间的帮助，以实现精神上的发展和培养。由此，这一意图也就不自觉地成为了这些机构的长久特点。

成长者——可塑性

一

在教育学的作品中，"受教育者"这一表达被用来指教育关爱及帮助所指向的人。对于这一概念，我们缺乏一个准确的词语来囊括所有不同的、能让某人成为教育努力之目标对象的方式。

这一阵营首先所指的是儿童和青少年，他们所面对的是负责培养

---

① 萨尔瓦托雷利(Luigi Salvatorelli)著：《圣本笃——西方的修道院院长》，1937年；德伊赛(Stephen d'Irsey)著：《大学之历史》，共2册，1933年/1935年。

和指导他们的成人。但是,成人之间也会出现这样的关系。在这些关系中,成人被视为学习者,或者就某项任务而言在品性上首先有待发展的个人;他们也会结成与老师和师父、与医生和牧师的教育关系。圣经思想中甚至引申地说道:上帝教育着每个个体和全体人类。历史学思想说道:是理念、是国家和文学创作在教育着全体人民和所有生活圈。

二

自卢梭和赫尔巴特开始,教育者关于受教育者所做的思考就涉及了人接受教育影响的能力问题。在赫尔巴特1835年所著的《教育学讲授纲要》中,他以这样的命题开启了通篇的思考:"教育学的基本概念是可塑性。"可塑性的问题来源于实践。在实践中,这一问题被感知为最具紧迫性的问题:当教育者的良好意愿变成徒劳,当教育者的努力遭遇受教育者的抵触而使长时间的心血白费时,人们不禁会产生这样的疑问:是教育者不起作用,还是受教育者根本不以教育者所设想的方式具备可塑性?父母与子女、教师与学生、师父与徒弟之间的冲突总是会把人们引向这一问题。在具体情况中,遭遇失败的教育者,如果他是审慎之人,会首先寻找自己的过失。在此过程中,教育者其实已被进一步推向这一问题:他对受教育者的可能性是否做出了错误的想象。与此同时他还必须思考,自己是否选择了正确的路径去抵达受教育者的心灵或者以引起其兴趣,是否提供了恰当的帮助。要在这些杂乱的可能的原因当中找到具体的头绪,依靠的是直觉和经验;在这方面,除了正确判断教育方法及受教育者的反应能力,对人的认知及对生命的理解也至关重要。现在,通过科学观察,人们可以在对具体情况做直觉判断前做好重要的前期准备。

可塑性理论试图解释受教育者身上的普遍现象，这些现象在具体情况下可以被理解为发展的能力——当然，还可以假定的是，对处于特定情境下的受教育者，人们还会加上一种直觉的理解。因此，理解个体的情况并不等于运用可塑性理论的结果；理论结果只能帮助人们对情况做出一般性的解释，在这之中必须去探究真正的原因；能否成功找出这些原因，总是有赖于对生命的普遍理解以及教育者与受教育者之间直觉性的接触。然而，一般性的解释却可以起到根本的作用，特别是对于那些职业教育者、咨询员和教师而言，他们在现代的教育机构中工作，须在不确切了解青少年具体情况以及缺乏与儿童个体亲密接触的条件下去理解这些对象。

三

人究竟是不是可塑的，这一问题从古希腊哲学思考开始就一再为人们所讨论。人受教育影响会发生改变，这一点虽然无可争议，但问题是，这一改变是否是教育者想要和非常重视的。人天生会适应生活的情境，而教育机构和教育者的要求就属于青少年必须适应的情境之一。怀疑论者提出的疑问是，伦理观念或者基于信仰的立场所追求的真正内在的生命，是否可以通过教育来实现。他们认为，人的"性格"是天生的，并且断言，这一"性格"要么顺应教育要么抵制教育。与生俱来的秉性也决定着人们实质的内在命运，由此还决定着他们适应生活的方式。另一些人怀疑是否真的存在一个稳定的"性格"，这一"性格"按照自身独特的规律清楚地表现为人的内在；人始终是情境的产物，不过情境不依赖教育影响而发生改变，这使得教育活动可以被宣告为不重要的。

其他思想家持与这些决定论者相反的观点。在他们看来，教育的力量很大,甚至接近无穷,因为这些思想家主张人有不受限的意志自由;据此,受教育者有能力充分接受教育的影响。在此情况下,教育就可以产生不可估量的作用。

两种论点分别视教育者为无能或全能,而它们只是将可表明的部分事实错误地普遍化后而得出的推论。怀疑会在实践活动中烟消云散。实践活动感受到现实的责任,故而坚持认为教育影响是可能的,否则,责任将不复存在;但实践者也同样体验到,自己的力量有其界限,从道德的角度他也必须尊重这些界限。然后他体会到,问题不在于可塑性有多少,而在于可塑的方式——在消极意义上是界限,在积极意义上其实是一种要求,即要求教育者切合受教育者的情况,把握受教育者所拥有的,而不只是被期望拥有的可能性。正如赫尔巴特得出的那不无道理的结论一样,教育者既不可以假定绝对自由论,也不应该以绝对决定论为前提。受教育者在教育者面前总是表现出具体的可塑性,但是这一可塑性总是有限制地显现出来。一般可塑性指的是,人在其发展中面对有目的的教育影响表现出可塑特性的能力。与之相对,具体可塑性指的是,受教育者在特定的时间点及特定的情境下所表现出来的可塑性。具体可塑性其实已由受教育者曾经和依然身处的教育关系确定下来。一种受教育的意愿在这种可塑性中发挥着作用,而这一意愿是凭借受教育者迄今有过的经历才得以形成的。

四

也许,确立可塑性"本身"恰恰也具有着重要的教育学意义。在不考虑教育情境的情况下,可塑性可能就在受教育者身上发挥着作用。由此人们尝试,在不考虑人的所有历史前提的情况下将人设想为:对于任何历史影响以及一切所能想到的要求而言,人都是可塑的。

但是,这种确立绝对可塑性的做法只会生成一个形式上的概念。费舍(Aloys Fischer)将这一概念确立为"由外在的影响,特别是由那些意图按照预设目标去改变个体的影响所致,生命体或者至少其行为所具有的带有个体差异性的可变性"①。我们的理论有一部分涉及这一点,但这一部分不属于普通教育学的范畴。该部分探讨的是人天生的可塑性,是"人作为一种生物适应外在环境"的客观生物基础以及源自内在的可变性,即"生命体固有的发展以及由物种的构成类型而造成的成长"。在这样一种描述中,人这一生命体被揭示为既具有被动的又具有主动的可塑性:获取一种行为形态的能力,而这一行为形态是由许多生存必需的行为方式随时间的推移"自动生成的""习惯化的"和"练就而成的",并且这一行为形态建立在记忆的基础之上。人有意无意地追求学习行为方式,由此他也就获得了这些行为形态。

无论是先天遗传,还是后天所获的生理疾病或衰竭,都会对这种可塑性造成限制。通过研究,这些限制越来越清楚地被展现出来②。此外,研究还表明了哪些限制可塑性的障碍是首要的,哪些是次要的。由此,对先天缺陷、非正常情况、疾病状态做出描述具有巨大的积极意义。朴素的教育习惯很快就会放弃对这些状况抱有的希望,并把精神上的伴随现象与真正的障碍原因混为一谈。与之相对,一个科学的解释却可指明,还存有哪些适应的可能,如何利用这些可能以及如何弥

---

① 施皮勒(Spieler Josef)编:《当代教育学词典》第 1 部,1930 年,第 343 页。
② 参阅诺尔(Herman Nohl)、帕拉特(L·Pallat)编的《教育学手册》(第 2 册)第 2 篇中的文献。图姆利兹(Otto Tumlirz)著:《青少年研究导论》(*Einführung in die Jugendkunde*)第 1 册,1925 年第 2 版;尤其参阅该著作第 2 册《青少年的精神可塑性》(*Die geistige Bildsamkeit der Jugend*),1921 年。托马厄(Hans Thomae)编:《心理学手册》(*Handbuch der Psychologie*)第 3 册《发展心理学》(*Entwicklungspsychologie*),1959 年;布泽曼(Adolf Busemann)著:《教育学青少年研究》(*Pädagogische Jugendkunde*)第 5 版,1959 年。

补主要的障碍。通过界定障碍的起因,身体和智力残疾者以及精神障碍患者的教育取得了巨大的进步。这种具有方法意识的、科学指导的帮助教育及治疗教育取代了传统习惯中野蛮的放任不管的做法。

但是,我们必须超越上述流于形式的且极为抽象的解释,将一般可塑性理解为一种历史的存在。这样,可塑性这一概念就是指:人们面对历史世界中遇到的典型教育影响所表现出的典型意愿。

可塑性理论中的这一部分属于教育学理论的范畴,因此它也有着相同的方法论结构。这一点不仅适用于它与实证科学的关系,也适用于它与历史的、系统的研究方式的关系。要成功地对可塑性做一般研究,总是需要以一个特定的历史空间为前提条件。关于"那些"青少年和儿童的形象,关于各种性格的学说,始终只存在于某一个时期内、某一个文化空间中。对地球上的所有文化空间做出比较,虽然可以给人们带来重要的启示,比如,不同文化发展阶段中的儿童与简单发展阶段中的成人的相似性,但是,这种比较也只能有助于解释可塑性在某个特定空间之内的历史前提。

若要研究可塑性理论,不仅要把一个历史空间,甚至还要把一个特定的教育意志和一个特定的教育现实作为前提。可塑性不会表现出来,除非人们期待它的出现,除非已起成效的教育的可能展现了可塑性的存在。我们必须以如下一点为认识的出发点,即"在精神的世界中,受教育者的可塑性不是某种可以随便在什么地方,随便以什么方式,以及不依赖有效的和起作用的教化理想所产生的教育影响而被拿来研究的东西。"[1]即使是可塑性的一般理论也总是在历史的人身上获得的。这种历史性包括,今天我们如何看待他,他由于某段特定的

---

[1] 弗里许艾森-科勒(Max Frischeisen-Köhler)著:《哲学与教育学》,出自《教育学短文集》第20册,1931年,第46页。

历史如何变化,以及他如何在某种特定的精神中理解自我。

五

对一个既定的历史空间内的可塑性进行研究,可以聚焦在集体的或者个人的行为之上。关于人的成长,关于人成长的规律以及人健康发展的阻碍或干扰所做的研究有着较悠久的传统。

而在自然主义思想的主宰之下,这些认知几乎丧失殆尽。人的成长本质上被视为生理发育过程的伴随现象以及人的适应过程。逐渐将这些认知重新拾起的是本身也受自然科学影响的心理学:作为"理解的心理学"[①],它将精神的真实性与精神的客观表达理解为人格发展的基础;作为精神分析心理学,它在性格的蜕变现象上研究"欲望与精神"的关系[②]。人类学正在兴起,它从哲学的角度将所有关于人的单门学科归纳到一起。"关于人的认识"应该寻求与人类学再度联系起来。这一认识以前科学的形态存在于日常生活中,它在生活中获得,从它这里实际上仅能得出笼统的科学问题。不仅这种关于生活的有序认知,还有哲学性的人类学,以及生物学的、医学的、社会学的单门研究

---

① 理解的心理学又称精神科学的心理学,是 20 世纪初盛行于德国的心理学说。它的主要观点为:人类的心理与精神现象不能用因果分析的方法,而宜用了解的方法来进行研究。——译者注
② 埃里思曼(Th. Erismann)著:《心理学的当代倾向及其对教育者的意义》(*Die Gegenwärtigen Richtungen in der Psychologie und Ihre Bedeutungen für Pädagogen*),出自诺尔(Herman Nohl)、帕拉特(L. Pallat)编:《教育学手册》第 2 册,第 76 页及后续几页;费舍(Aloys Fischer)著:《心理学青少年研究的发展、现状及教育意义》(*Entwicklung*, *Gegenwärtiger Stand und Pädagogische Bedeutung der Psychologischen Jugendkunde*),出自《青少年研究与学校》(*Jugendkunde und Schule*),1926 年,第 1—150 页;罗特(Heinrich Roth)著:《教与学的教育心理学》(*Pädagogische Psychologie des Lehrens und Lernens*),1959 年第 3 版;盖尔(Walter Guyer)著:《我们如何学习:尝试奠定一种基础》(*Wie Wir Lernen: Versuch Einer Grundlegung*),1952 年。

都是个体可塑性理论依据的基础。

对个体可塑性的探讨出于双重的教育兴趣。成人对年轻人提出要求,以使他们具备生存的能力和充实的内涵;教育者以及内容均与年轻人相遇。这就要求年轻人具备受教育的意愿和感知力。其次,生长、成熟和学习的过程均可以被理解为一种有着具体形态的过程。所有教育机构都加入到了这种教化过程中。由此产生的问题是:这一过程究竟有着何种规律或典型的基本形态,从而可以借助这一标准或典型形态辨识出个体的偏离情况。教育上关于人的认识所使用的范畴就是指人成长过程的典型形态及规律。

六

起决定作用的范畴是发展的范畴,即过程本身这一范畴。人格只可被理解为向着目标奋进,以一个目标为方向发展着自己。对可能的尘世圆满的想象,对健康、教育、知识、能力、内心世界的秩序、精明的性格特点,以及成熟的设想都与人格的概念密不可分。在身体的组织构造上,这种对目标的追求已经被确立为一种无意识的建构原则;接着,处于灵魂和精神的觉醒过程中的人将追求目标感受为一种本能,并最终将之作为其有意识的渴求;父母、朋友和教育者都认定他身上具备这一前提条件。因此,人们在青少年时代需要"成为什么",需要教育自己。即便到了老年也还需要完成自己的事业,需要经受住年老的痛苦和死亡。人对自己此在的判断总是与未来的筹划联系在一起的,在这一未来中,人格应该显现出自己的价值、秩序和真实面貌,并且应该经受住考验。

但是,这种时间性的救赎,这种对真实人格的唤醒,会遭到阻碍和干扰,探究这些障碍的起因(病因)是可塑性理论的一大主要关切。依据生物学上的模式，人们区分出内在的和外在的这两种因素。据此，人格发展的成功或失败被习惯性地归结为两种原因：天资（内在构造）以及环境（外界情况）。最近有关人的认知的声音才让人们关注到第三个，也是人类专属的因素，即在成长的人格中形成的体验与行动的"准绳"①。该"准绳"被理解为人格已经获得的倾向，这一倾向是人格基于其内在的经历、业已遭受的命运和已经经过人格加工过的愿望、决断和价值观而获得的。借助这第三个因素，人们承认：从一开始，成长中的人格就在它对外界环境所做的反应中留下了自由决断的痕迹，并且会在它所选择的这条道路上继续走下去。"自由"决断确立了一种新的因果关系，而这又使决断总是具有新的发挥空间。已经成形的人格在构建它的经历时会主动选择环境刺激，并允许这些刺激对自己产生较深层或较表面的影响。面对其在天资上的前提条件，已经成形的人格也持独立自主的态度。如果试图把这种具有塑形能力的"准绳"本身解释为天赋的作用，则会忽视那些很早就导致这一"准绳"获得特定力量的决定性的印记所带来的历史结果，也会忽视文学创作和一切传记作品想要努力展现的内容。因此，必须在"遗传塑造、外在塑造和自我塑造"的共同作用（"趋同现象"）下，来理解人类普遍的目标追逐在每一个个体身上的具体体现。图姆利兹（Otto Tumlirz）将之表

---

① 狄尔泰（Wilhelm Dilthey）著：《精神的世界》（*Die geistige Welt*），出自《狄尔泰选集》第 5 卷，1924 年，此处见第 177 页"灵魂生命获取到的关联"（Der erworbene Zusammenhang des Seelenlebens）；诺尔（Herman Nohl）著：《青少年福利》（*Jugendwohlfahrt*），1927 年，第 102 页/《性格与命运》（*Charakter und Schicksal*），1938 年，第 102 页及后续几页；米歇尔（Ernst Michel）著：《论癔病的人类学阐释：一篇关于神经机能症研究的文章》（*Zur Anthropologischen Deutung der Hysterie: Ein Beitrag zur Neurosenlehre*），出自《基础研究》（*Studium Generale*）第 6 册，1950 年第 3 期，第 292 页及后续几页；/《"社会与个人对立"的过程》（*Der Prozess Gesellschaft Contra Person*），1959 年。

述为"先天的物种及个人资质""计划性的与偶然性的环境影响"以及"个体对其发展的自主干预"这三者的协同现象①。

七

这种对目标的追逐的发展使人发生分化,并且同时要求人格生命的不同"环节"形成各自的秩序。关于这方面的认知,人们用内在秩序或"人格构造"这样的范畴来进行表达。

正如本书第一篇中关于人类学的论述所展开的那样,人有着极其复杂的结构。他处于植物和动物体系的关联之中,从属于社会秩序和集体,在历史上存在的精神世界中拥有一定的理解力和构建能力,并且与作为人格的自我建立起一种关系。人的成长意味着人在这四种并列的维度之中的发展、觉醒和成熟,于是产生了和谐或分裂的可能。生命由此成为一个内在冲突的场域。要让人迈向完满的、健康的和成熟的状态,就必须使这些冲突达成平衡②。

教育者可以认定,成长中的人和追求上进的成人身上具备以下前提特性。

第一,对生存的渴望。这种生存能够运用那些指向保存、延续和提升生命力且敬畏死亡的生命功能。道德主义者视这一最为普遍的追求为粗野低俗的,并谴责其自私利己。与之相反,教育者却很高兴看到儿童咬一口苹果或跳跃一条沟渠。他为这种生命力感到欣喜,并寻求在它微弱的时候去增强它,在它受抑制的时候去释放它。

---

① 施特恩(William Stern)著:《趋同现象的原理》(*Der Grundsatz der Konvergenz*),出自《儿童早期心理学》(*Psychologie der Frühen Kindheit*),1928 年第 5 版,第 25 页及后续几页;图姆利兹(Otto Tumlirz)著:《青少年研究导论》(*Einführung in die Jugendkunde*)第 1 册,1921 年,第 10 页及后续几页。

② 诺尔(Herman Nohl)著:《性格与命运》(*Charakter und Schicksal*),1938 年,第 102 页及后续几页。

第二，对社会效用和能力的追求也可被认定为一个一般的前提。当这一追求特别虚弱时，就会引起教育者的担心。人们期望适应社会，其中还包括渴望在社会上发挥效用、被人需要和承认。这一欲望滋生出虚荣、嫉妒、权力欲和名利欲；但也滋养出健康的性情，例如，追求自我在他人中间的存在，追求参与和同享共有的财富，追求名誉和好的声望。教育者也支持成长者身上这些"性情"及荣誉意识，并试图让那些古怪和怯懦之人以及社交障碍者自如地参与到社会性的、自由的和行动的共同生活中。同时，当这些追求蜕变为无节制的野心、权力欲和虚荣心，从而给人在这一维度上的追求带来危险时，则必须得到持续抵制。

第三，这种抵制之所以成为可能，是因为还存在第三种也可被认定为一般前提的追求：对精神生活的追求。这种对认知、省察、理解、辨识、指称和描摹的渴望其实源于同生存的联系，因为对人而言，精神也是一种纯粹外在的生活必需品。语言和知识、探究、回忆和记忆及预见和对未来的预估，这些都是生物意义上的需要；同样，社会生活中一定需要理解和沟通，技术工作中一定需要知识学问。但是，若要追求领悟价值宇宙（即由价值构成的宇宙世界），并寻求与他人就价值、真理及意义进行沟通理解，这种对精神生活的追求就必须得到深化。它是一种精神上的欲望，是爱的一种形式，在每个人身上表现不一；我们不可由此错误地假定有两类人存在，并否定其中一类具备真正的精神追求。虽然从满足生存需要或获得社会力量的角度来看，对精神的真正热爱并不是必需品；在这方面，单纯外在地参与精神生活就已足够。然而，对人而言具有本质意义的却是"指向内在的活动"，这一活动脱离了单纯的生存需要和发挥社会效用的意愿。在没有被教坏和没有受到干扰的人身上，精神恰恰会表现出它真实的面貌——教育者在实践中总是以此为出发点。当青少年表现出另一副模样时,就必须寻找障碍的起因。如果幼儿生活有序且在其他方面都发展良好的话,那么他们肯定也能直接感受精神的力量。这是因为幼儿能以敞开的心灵去追求精神性的东西:他们会屏息倾听一则故事,被诗赋的魅力所吸引,为色彩和形状、建筑和音乐所陶醉,乐意对世界的建构发出赞叹和做出思考,虽然他们集中精神和刻意绷紧神经的能力还很有限。成人的精神追求可能会隐藏在厚厚的硬壳之下:教育者认为,这一追求尚未完全僵化,还可以被重新挖掘出来。渴望在精神上表达自己的内心,渴望美好地构建我们的世界,渴望理解生命和沟通交流,渴望惊叹真理和发现真理,这些都是成长的人格不可磨灭的特性。因此,教育者原则上视每个人都具有精神上的可塑性。他努力将那份被掩埋的、对精神的爱从所有畸变形态中释放出来,并且滋养它和满足它。教育者认为,即使是在最朴素的此在之中和在最困苦的情况之下,也有可能让人的所作所为精神化,也存在着真正的人性尊严。

第四,同样普遍的一个可塑性的前提是人格的生命。它作为行动中的良知,作为存在的意识,发挥着影响。凭借这一维度的此在,人才成为人;个人的所有其他层面能否有机联系起来,能否相互融合,取决于人格自我的觉醒。

八

发展规律和塑造规律作为一般可塑性的基本模式,可以被拿来进行细化的研究。对此,可塑性理论按照如下模式进行了一些探究。

第一,研究人逐步向环境敞开自己的过程。婴儿只能观察到离他最近的物质和感官环境,只和哺育他的母亲有亲密交流;当他发展为儿童时,就在一群人中拥有了自己的地位,并把房子、庭院、花园、故乡构建为空间的世界,把为数不多的回忆构建为内心的世界,把不断丰富的语言工具、其他象征工具以及图像和概念构建为内在的"知识";待他长成青少年时,他会选择朋友和老师,会理解传统并在其中自主地活动;最后,他成为不同年龄段的成人,有着各自的"世界"和"使命"。对于每一个阶段而言,为了走完这个阶段以及走进下一个阶段,人都是具有可塑性的。

第二,研究人对外部世界的反应过程。在生命的每一刻,世界都对人产生着影响,人也对这些刺激、印象和要求做出反应。在人不同的成长阶段,这一反应从最年幼儿童的直接和自然反应开始逐渐变得富有思想,也就是说,对反应的"认知"抑制了生命的原初反应。由此,通过对印象做出反应,人在每个阶段均以不同的方式具有可塑性。任何客观物体都会引发幼儿的行为,而对于会主动选择的人来说,只有遇到与他相关的、从他的准绳来看对他具有意义的人与精神内涵时,他才会表现出可塑性。

第三,研究成长中的人与时间性的关系。认知世界及自己本身意味着认知过去和未来。动物也有客观形态的记忆:它们记得自己的友善和敌对行为,并借助这一"记忆"视情况调节自己反应的准绳。这种记忆同样会在人身上形成。但是它超越了动物的记忆。它变成自觉的意识,可以任意产生,可以被构建,并且可以通过人的自省获得各种不同的意义。过去作为经验在客观性格中产生影响,在主观性格中成为有意识的回忆。客观性格会受主观性格的影响:记忆会受精神上加工过的回忆的影响。体验可以在事后得到校正、改造、重新评价和再体验。因此,人的发展是客观性格在保留经历痕迹的情况下得到的发展,是主观性格在持续作用着的、不断重新改造整个过去的回忆中的发展。追求人的有序状态是普遍的规律。这种有序性指的是:对回忆进行加工从而使主观性格与客观性格一致，使新行为、新生活在对原有决定进行提炼净化的基础上将原有决定继续下去，并且，新行为、新生活能够弥补过错，避免人误入歧途，使人通过领悟过去获得纯净的明天，赢得觉醒的心灵，且在生活中和须做出必要牺牲时，担负起责任并收获到快乐。这些发展和秩序的可塑性必须在教育上被认定为一种先天的前提，如果人偏离这些发展，则可解释为这一可塑性没有发挥效用。

第四，凭借动物性的天性——勇气和畏惧，人将目光聚焦于未来。关于未来，人知道，他必须武装好自己迎接未来，未来是不确定的：他为自己设想出一个更高水平的状态作为未来的理想。同时，随着年龄的增长，人越来越确切意识到自己的状态是有尽头的。即便是年轻人，在面临死亡的威胁时也已经能体会到这一点。因此，只要没有干扰教育的障碍出现，人都会追求更强的生命掌控能力和更大的完满；同时，人也明白，胜利存在于非永生之中，完满必须通过不断地犯错去追求，也就是说，完满只能在放弃、信仰和爱中找到，而无须兑现太多生命的可能。对理想的规划以及对人的现实和有限性的认知的发展会磨灭人的理想追求，并在这一迈向成熟的过程中焕发出新的追求，这因此表现为可塑性新的一面。通过平衡勇气和畏惧，平衡理想的追求和现实的洞见，人达到有序性。这一有序性必须被进一步理解为这些过程中的塑造规律。

上述这些模式展现的是范式，是规律，其仿佛是对精神性的人做出了一次解剖。这里面的每一种范式都对应着一种异态，一种退变、早衰、晚熟、畸变和无序。个体情况混杂着健康和缺陷、优势和弱势，发展规律和塑造规律这两种模式只对判断个体情况起帮助作用。解释具体的可塑性是一种必须尝试的冒险，是一种直觉。但是，通过人们的留心观察和切合实际的范畴化的通观思考，这一直觉可以从本质上得到澄清。

九

可塑性的一般理论必须将其研究从人的个体发展领域扩展到集体的现象上。个体的发展处于社会关系和集体之中，这些也为个体的可塑性带来了可能和界限。这些可能和界限本身可以被拿来研究。社会学研究社会和集体生活的整个领域；教育社会学以社会中的教育可能为研究对象，它不仅采用典型分类的方法来确定集体之中可塑性的一般现象，而且采用专题性的方法来研究空间和时间上特定的社会关系。于是，人们便针对大城市青少年、农村儿童、村落、移民和失业者的教育情境，以及各个社会阶层和民族的教育条件展开研究。正如存在教育人类研究去探讨人的成长及其可塑性一样，我们也可以要求开展教育的民族研究，以此从各种表现形式去探究当今生存着的人民：作为民族、国民、社会（在"善的"社会的意义上），作为不同教会的教民、居民区的居民，作为各个等级、阶层和拥有特定经济地位的人群。当然，集体可塑性的理论也与个人的成长相关，它想要了解的是：个体生命在何种典型条件下处于上述这些社会关联之中。这一理论不仅要研究社会条件为个人成长提供了什么基础，还要研究个人成长在社会条件下面临着何种阻碍。

人的发展领域中的某些范畴与社会学思考方式中的某些范畴具有相似之处，因为人类集体与个人的生命息息相关；集体造就了个人，个人组成了集体。个人与集体的关系具有不同的层级：有真正的人的关系，在此之中个人把他人当作人格存在来看待；还有深浅程度不一的表面化的单纯社会关系，这种关系中没有真正集体的、个人的生命①。另一方面也存在一些社会关系，它们虽然在相互承认对方的人格存在的条件下得以维持，但其内涵却是只关乎一种事务的，或者说人与人之间短暂的联系。因此，在未建立更加紧密联系的情况下，那些出于特定目的结合在一起的团体成员，或者因公务往来有所联系的人们彼此之间也能得体且有教养地相互交往；他们仅在某个抽象的、纯粹事务性的特定领域发生关联；即使这样，总还是可以感受到人们想要建立真正的联系，想要给爱留有空间的意愿：正是这一点构成了这一交往之中的文明之处。

由于社会内在生活与人之间的这种紧密关系，我们也就有必要从教育的视角来思考集体和一切社会性的东西。

于是，我们将集体和社会性的东西置于健康和有序的范畴、正当和有益的范畴之下，正如我们用类似的概念来理解人的发展一样。

教育者必须把社会看成一个精神产物——这个产物依靠人及其造物观构建而成，并且充斥着精神和灵魂，必须把社会看成人格成长和价值形成以及全部个体获取意义与幸福的条件——社会自身也朝着繁荣的状态迈进。由此，社会体中也蕴含着某种类似目标追逐性的东西(隐德莱希，Entelechie)②。教育者的出发点是：社会生活存在秩序，必须由每个具体的情境出发努力实现这一秩序。在他看来，这种秩序是以人的方式去掌控社会情境的正当(理想)形态的。按照我们的分析，这一预先设想出来的状态首先是物质繁荣的状态——公共福利和卫生。其次是制度和法治的状态以及经济上有意义的实践调控

---

① 利特(Theodor Litt)著：《个体与集体》(*Individuum und Gemeinschaft*)，1924 年第 2 版。
② "隐德莱希，Entelechie"，源自拉丁文 Entelecheia，字面意义为"有一个目的在自身内"，指每一个事物所要达到的自身目的。——译者注

的状态。通过这些调控，自由的创造和作用、享受和理解才有可能达到最佳状态——国民经济学意义上的"监管"与经济，现代国家理论所言的自由秩序，以及正在形成的国际法中所谓的法治与和平。第三个是文化繁荣的状态，是每个教育者都必须为之奋斗的共同目标：技术在为人服务方面得到有意义的发展，精湛的工艺依靠公众良性的竞争意识由能工巧匠练就出来，自由的认知得到促进，真理得到传授，科学得到滋养。真正的精神在教会中保有活力并给人以指引——为公共状况祈福的祷告中所祷告的一切内容，乌托邦文学中（只要不是讽刺意味的）所描绘的尘世间可以想象的所有场景，这些都被教育者视为一种集体追求的目标。凡是与这一目标相违背的，在教育者眼里都是紊乱的或病态的。

如果说，先知耶利米（Jeremia）将耶路撒冷毁灭者的到来视为上帝的惩罚，哲学家黑格尔视这一灾难为狡黠的、有意义地构建历史的世界理性的一种行为，那么教育学家裴斯泰洛齐则把侵略者拿破仑及他的追随者视作疯狂之人，即对真理、正义和"人最内在的本性"丧失了理解力的人。从这种教育性的视角来看，我们不得不承认它的正确性。一旦我们从人及人迈向本真性的发展角度来看待公共状况和历史过程，便会对它们做出独到的评判：我们必定会希望去影响这些社会的和历史的力量，以使它们为个人根本的发展创造可能、提供便利，并召唤出这种发展。因此，这里涉及的可塑性是公共状况在人文意义上的可塑性。

然而，这种评判是针对具体情况的判断。教育者的出发点是：在已有的情况中存在着一种能让生活得到掌控的方式。由这一目标出发，现存状况中的某些地方就显现为有益的和健康的，而另一些地方则表现为致病性的和破坏性的。教育总是不断地介入到现存的状况

101 中,然后教育对秩序和蜕变所做的判断发挥作用,且这一判断本身也会成为一个历史要素。这种针对实践的判断有别于宗教上对世界末日前千年和平国度的想象,或者政治上乌托邦式的空想;虽然这两种思想中都有教育的原始经验在一同发挥着作用。乌托邦式的空想一部分是用来讽刺的思想实验,一部分是严肃的方案规划,它想要的是在理论上合乎逻辑。与之相对,转世论的构想只是人们发出的美好祈愿,而畅想完满的国民秩序及民族和平的教育思想则是具体的指导思想。依据这些思想,教育对公共及历史的状况施加作用。教育思想之所以具体,是因为它们把历史性的状况作为当下教育的条件,并且只关注让现有的状况迈向完满的秩序。对于这样一种关于具体秩序的可塑性的思想,裴斯泰洛齐在其作品中展开了论述。他一生中追随过的政治纲领一共有三个。起初,他遵循的是古德意志宪法中等级制的封建政体和诸侯国所拥有的宗法体系,这体现在《一位隐士的夜晚时刻》(*Die Abendsturdeeines Einsiedlers*)和他的民俗小说中;接着,他醉心于法国大革命建立的共和政体,这一点从其作品《是或非》(*Ja oder Nein*)中可以看出;最后,他与某些浪漫主义的政客一样推崇后革命时期的自由的人民法治国家,正如他在《致无辜》(*An die Unschuld*)中所写的那样。然而,裴斯泰洛齐对国民秩序的教育理解却始终未变,他用尽所有的教育方式只是为了去追寻一种状态。在这种状态中:人所有的真正需求都能确保得到满足;每个人都享有自己的尊严、财产、个人自由和安宁;人在进行一切劳动和供给时都怀揣着一种虔诚的爱的精神。这一思想使得裴斯泰洛齐能够对病态的国民状态做出分析,该分析在《瑞士新闻报》(*Schweizblatt*)中以直观的方式,以及在《我对人类发展中自然进程的追踪考察》(*Meine Nachforschungen über den Gang der Natur in der Entwicklung des Menschengeschlechts*)中从理论的角度，得到了特别清楚的阐述。比如，裴斯泰洛齐在《林哈德和葛笃德》中将工业化乡村的困境理解为多个因素的结果：首先，是疯狂的赚钱行为的结果也是教育不良的赚钱者的奢侈生活的结果；其次，是大商店老板和企业主不重视乡村发展的结果；最后，是当权者对乡村抽象的关怀和无爱的管理的结果。在对乡村破败原因的认识中，裴斯泰洛齐不仅要求进行政治的和社会的改革，还借此揭示出社会教育的治疗手段。他向所有公共生活的机构指明，它们拥有教育的功能，并且可以为治愈病态的国民秩序做出根本性的贡献。教会、国家、企业主和工人、慈善活动、礼俗、公共生活、学校、司法——所有这些都握有可以治疗具体的病态的国民状态的手段①。

　　裴斯泰洛齐对教育"民族学"或者说教育社会学的构想值得进一步拓展，且必须不断吸收和加工统计上的新材料，同时这些材料还需要得到解释。这一解释又必须用到教育学的范畴，而这些范畴必须首先在该领域得到比以往更加明晰的阐释②。

---

① 关于裴斯泰洛齐的社会学说参阅巴尔特（Hans Barth）著：《裴斯泰洛齐的政治哲学》（*Pestalozzis Philosophie der Politik*），1954 年；以及弗利特纳（Andreas Flitner）的文章《当代对裴斯泰洛齐的理解和研究》（*Verständnis und Erforschung Pestalozzis in der Gegenwart*）中所列的最新文献，出自《教育学杂志》，1958 年第 4 期，第 330 页及后续几页。
② 皮希特（Werner Picht）、罗森斯托克（Eugen Rosenstock）著：《为成人教育奋斗》（*Im Kampf um Erwachsenbildung*），1926 年；霍恩若德联盟（Der Hohenrodter Bund）编：《德国国民研究及成人教育学校》（*Die Deutsche Schule für Volksforschung und Erwachsenbildung*），1927 年；皮希特（Werner Picht）著：《德国国民教育的命运》（*Das Schicksal der Volksbildung in Deutschland*），1950 年第 2 版；海宁森（Jürgen Henningsen）著：《霍恩若德联盟》（*Der Hohenrodter Bund*），1958 年；海宁森编：《魏玛时期的新方向》（*Die neue Richtung in der Weimarer Zeit*），出自《成人教育文集》（*Beiträge zur Erwachsenbildung*）第 4 卷，1960 年；弗利特纳、普法德（Pfeiderer）与斯普朗格的文章，出自阿诺德（Franz Arnold）编：《当代教育问题：致鲍厄勒 70 岁寿辰》（*Bildungsfragen der Gegenwart：Theodor Bäuerle zu seinem 70．Geburtstag*），1953 年。

集体可塑性可以被拿来研究,并且可以从两个方向帮助教育者理解个体可塑性:其一,社会的集体类型存在于教育性的生活方式中;其二,社会的集体类型也存在于代与代的类型中,即历史情境所蕴含的不同气质和性情。

第一种方向上的研究涉及各个等级、阶级、人民阶层,各个地区和民族具有哪些教育可能性、哪些障碍或集体的错误观念。第二种方向涉及一代人所面临的外部局势及其内在的意愿。对此做出贡献的除了有医学上关于儿童和青少年的研究,例如,研究他们在战争和民俗风情的影响下表现如何,还有关于人的成熟时期的文化状况的研究。因为在这个时期,人们形成了对文化及公共使命的理解。这一文化觉醒的时刻显然会生成一种可塑性——一种连带其有限的理解力、影响人的整个一生的发展能力。当三代人生活在同一屋檐下时,每代人在有所作为和进入历史之前都经历了三个不同的时代。教育在代际之间产生作用。由于文化觉醒时那段特殊的经历,三代或者更多代人不能互相理解。不同的,甚至经常矛盾对立的经历构成了他们共同的文化生活的基础。这些矛盾或结出丰硕的果实,或无果而终;它们是决定一切教育工作成功与否的关键。因此,弄清这些存在于不同年代的人身上的教育条件,有着实际的意义①。

---

① 狄尔泰将代际观察引入到精神史中,由此明确了对教育问题的认识,而对于这一问题,歌德其实早已做出过观察;诺尔(Herman Nohl)著:《教育学中的代际关系》(*Das Verhältnis der Generationen in der Pädagogik*),《教育学文选》,1929 年第 2 版,第 111 页及后续几页;利特(Theodor Litt)著:《代际关系的过往与现在》(*Das Verhältnis der Generationen Ehedem und Heute*),1947 年;弗利特纳(Wilhelm Flitner)著:《民众中的年轻一代》(*Die junge Generation im Volke*),出自马斯(Hermann Maß)编:《当代青年的生活世界》(*Die Lebenswelt der Jugend in der Gegenwart*),1928 年。

教化的客观内容——教育性的社会秩序

一

与受教育者的可塑性相对应的是教化内容。只有对这两个领域做出判断,才可以判断教化过程和教育影响。

人们用"教化内容"和"教育力量"这两个范畴来指称那些起到教化作用的客观的内容性的东西。

人不是事物中的事物,而是身处他所拥有的物品和财富世界中的个人和集体。在表征和思考的过程中,人必须"指代"和"确立"物质世界;其表征和思考的产物又可供自己重新加工、回忆、长久保存和改变。这些产物于是成为意义结构,成为被客观化的精神。这一精神成为我们的第二个世界:客观的精神的物品和财富所构成的历史世界,其中融入了我们的经历、我们的作品及行为。这个世界在精神上创造了我们,正如我们被创造于自然界中一样。我们的经历和活动是这个精神世界新创造的产物。只有进入了这个精神的世界,我们才会被赋予我们所拥有的本性。

从内涵上看,教育过程表现为:通过这种历史的客观化的精神世界,以及通过在这一世界中的共同生活,将精神性的人创造出来的过程;并且这一过程还表现为对精神世界做出改造性的反作用的过程。

进入个体发展过程中的精神世界的内容被称为教化的客观内容,即教化内容。

拥有独自的、历史的生命,表现出独特的意义结构,并传播自己教育的精神内容的社会产物,被称为社会秩序的教育力量。

个人体验着、行动着并进行着表征和反思的活动。由此,他的体验和行动在精神上变得愈加复杂。通过这种方式,他获取了教育力量的精神内容。

所有存在着的历史性的和社会性的产物都可以作为教育的力量；所有依然保存在可以理解的文献和符号中的客观精神世界的财富和物品都可以作为教化的内容。

如果人们认为，所有这些产物和财富都可以供教育过程随意选择支配，那么他们就错误地认识了这一过程。个人主义教育学和新唯心主义教育学都以如此假想为出发点，因此未能对这些教育上的事实情况做出分析。教化内容是什么，处于何种关联之中，这些均由传统决定并随之确立下来。虽然这些也会在个体教育者的影响下发生变化，但是要有更大的精神变迁或者历史的现实力量所带来的巨大冲击来助这些教育者一臂之力才可行，而且，个人所能做出的改变只会是有限的。

当具体的教育问题出现时，教育所需要的内容就已经在教育层面形成。用文化内容来构建教育内容，这一过程可以改变，但却不能被理性化。这种构建不单纯因教育者的教育影响而改变，而是受所有职业及历史力量的共同影响。当然，这也离不开教育者，离不开个人，离不开个人负责任的、审慎选择的或热情的、直觉构建性的参与。

教育过程与成形的、借助教育传统形成的教化内容有关。无论是为成长者指定设计好的，还是成长者凭借不断增强的独立性自主规划的成长道路，这总是一条处于特定教化内容之中的道路。家庭、幼儿园、小学、中学、自由的青年生活、大学、职业教育都各自配备有这样的内容。

二

人与人之间的每种教育关系和每个教育共同体都身处传统之中。这些传统首先是社会产物的传统，其次是精神的客观内容的传统。社会产物存在于精神的客观内容之中,并且这一社会世界也反过来承载着精神的客观内容。

这种教化的客观内容,或者叫"教化内容",在高度发达文明的每一次历史传承中都有一个反复出现的结构。这一结构由如下部分组成。

第一,语言是这一结构的基础。与之关联的还有手势的共同形式以及一系列面部表情的形象。真正的语言是脱离手势和表情的;它将这种肢体性的交流根基抽象化。正因为这种脱离,人们才得以用文字将语言固定下来并加以运用。但是,手势和表情始终属于语言理解的范围。只有在了解东方的手势语言并通过阅读自己习得这种手势语言之后,才能真正读懂希伯来语和阿拉伯语。讲法语或意大利语的人,也必须自身培养起一点罗马语系民族对于形体表达的乐趣,培养起一些或富有精神内涵或形象生动的形体智慧。即使是这些语言的书面文字,也依然刻有形体智慧的印记。

然而,语言的形成并不僵化;它具有历史性并可一代一代发生变化;语言形成的过程永不会完结,除非是已灭绝的语言。但即便是这些语言,也同样可以进入到教化内容的传统中,并且可以生动地留存于人们的记忆中。在这一意义上,几乎所有的世界宗教都将已灭绝的语言长久地保存了下来,比如,印度教中的梵文,犹太教中的希伯来文,基督教中的希腊文和拉丁文。世俗教育也可以涉及陌生的语言,比如古罗马教育以希腊语为基础,而欧洲人文主义又建立在这两种古老语言的基础之上。此外,书面语言可能会与口语表达相去甚远。这是因为,语言在口头表达交流的过程中继续发展;而在书面语中,重要的教育作品属于一个特定的语言时期,因此,这个时期获得了经典的效用。

第二,人们把语言列为人借以维持生存的工具之一。但或许更加合适的做法是：把语言归为使生存成为可能的技艺，把工具视为人类特有的技艺实践的手段。这些实用的技艺或者技术也是传统财富，因而也是教化的客观内容。为了将它们保存下来，青年人必须学习它们。为了让青年人具备生存的能力，我们必须让他们掌握一系列的技艺——在劳动分工尚处萌芽阶段的文化中他们几乎要掌握所有技艺，在技艺得到专业分化的社会中他们只需要掌握几门技艺。有每个人都必须掌握的普通技艺；有区别男性和女性，但也应被相应性别普遍掌握的技艺；还有某种职业典型的专业技艺。在中世纪，归属于某种职业的全部技能被统称为一门技艺。

自古以来，实用技艺的传统形式就与教育联系在一起。所有技艺都有其传承形式。比如，作战技巧和经济活动的技术就在这些形式中从远古流传至今；农业的传承形式不同于手工业和商业的；手工业和商业的传承形式又不同于工业的。阅读技艺及写作技艺有其自己的传承形式。古罗马元老院、罗马教廷或英国议会的执政技艺各以独特的方式被传承下来。同样，教师、神甫、医生以及其他岗位和职务的技艺也均以各自的方式得到传承。到处都发生着技艺的传承。技艺的演示始终是一种教育行为：无论是以指导、教授还是其他为下一代接班人做出考虑的方式，在技艺的实施中都产生了教育的要素，产生了技术和技能的教授与传递，并由此同时产生了这些能力所服务的思想意识的教授与传递。

第三，这就开辟出教化客观内容的第三个领域：礼俗。有人的地方就会形成人际交往的规范和权利的准则。人们必须顾及彼此，必须要求对方做出一些行为，就物资和土地的问题达成一致意见，并给予对方自由。这些社会行为的规范和准则必须得到传承。此外，礼节的艺术和权利使用的艺术，甚至有教养的举止和正直的品性也必须被传承下来——宗教的礼仪和习俗也属于传承的内容——传承不依靠言语，它是一种行动的传承，一种"实践"的传承。

第四，接着的一大教化客观内容就是精神活动的整个领域。这里的精神活动是人在某个特定的历史世界中所从事的。但是，过去的作品和声音依然在这一精神活动中保有活力，或者潜藏在那里，随时可以被再次唤醒。

在这一领域中，首当其冲的内容就是教派及其礼拜仪式和神学思想所构成的精神财富，哲学和全体科学，文献记载和文学创作，以及审美艺术，即建筑、雕刻、舞蹈、音乐、表演及其所有混合形态所构成的形式语言。这里并非只把那些可以被理解为教化的客观内容的"文化财富"罗列在一起，而是关乎于各个领域的传承，这些传承本身就是由不同的传统构成的结构体。在某一个群体或者某个由社会和多个群体所组成的结构体中，精神生活中的教化内容始终有其自身的一种形态，该形态由教育的功能和倾向所决定。精神传承的核心存在于一种由道德和宗教的基本思想结合在一起的学说之中。虽然神学、科学、审美艺术和文学不断发展出对古老真理的重新诠释和批判思考，这些诠释和批判寻求推翻传统并用更好的东西来取代传统，但是，由于对教育意图的恪守，整个传承过程贯穿着一场迈向融通的运动：矛盾被融合，真理被坚持，现实得到解释，这种解释让生命获得了它的形态和一个有意义的内涵。所有理论性的东西都渴望被归纳为一种生命学说，所有象征性的表达都追求被组合起来。精神活动的整个领域其实只关乎于一条唯一的真理。但是，矛盾和分裂在现实中不可消除，为达成一致理解和统一所做的努力恰恰成为引发最危险的纷争及兄弟间争执的诱因。

因此，在其各自的存在状态下，科学、文学以及审美艺术的传承就

108 已经构成了教育的内容。与这种单纯的传承相联系的是,人们试图帮助他人熟悉、解释和正确运用这些内容。于是,科学被放在教科书中传授,过去的文学作品被标上注解和词汇,围绕它们还衍生出相关的阐释性的作品。审美艺术的制作坊与教学场所相关联,师父的帮手同时也是他的学生和拟定接班人。同样,精神生活的更新发展也是出于这样的追求,即追求让人们更清楚地看到真理,并更好地将真理付诸实践。

纵观教化的客观内容的整个范围,一个可以从人类学角度来理解其系统性的结构映入我们眼帘。当夸美纽斯和那些古代的人文主义者及教学论者在道德(Mores)和技艺(Artes)之间做出区分时,当他们把技艺分解为非自由技艺和自由技艺两个领域,又从自由技艺中分化出文学和科学时,当他们把虔诚(Pietas)—道德—博学(Eruditio)列举为教育的三大维度,并在审美艺术及"优美文学"作为"人文科学"再一次脱离严谨的、针对客观事实的技艺时,他们就已经看到了这一系统性结构。施莱尔马赫曾经试图用一条原理来概括这个范畴结构。他采取的方法是,区分组织性的和表征性的活动——在前者中,精神把世界当作自己的器官并对其进行加工;在后者中,精神对自己做出表达和阐释。

三

一方面,教化的客观内容给教育活动提供实质的内容;另一方面,教育活动从历史的社会力量那里获得教育的内容。这些力量在其后代那里获得更新发展,由此成为教育的潜在力量。

布克哈特(Jacob Burckhardt)在其《世界历史沉思录》(Weltgeschichtliche Betrachtungen)中区分出三种历史的社会力量:国家、宗教和文化。国家在这里仍然代表社会秩序的总和,比如古希腊城邦中所存在的社会秩序;柏拉图、卢梭和黑格尔的思想中都以国家这种统一体为前提基础,但是,欧洲的现实并非如此。这一现实的基础是,教育的社会潜在力量形形色色,其生发的矛盾必然会在实践中找到平衡。"宗教"和"文化"——这里继续沿用布克哈特的说法——也会产生自己的社会产物,这些产物也同样作为独立的教育力量发挥作用。有一些共同体,它们既实施教育又是教育服务的对象,同时还贡献着教育的实质内容——正是这些大的共同体具有这样的三重教育关系,我们用教育力量或教育潜在力量这一范畴来指称这些共同体。在古代晚期的西方历史上,这些组织相互分化,通过其多元性丰富了欧洲的生活,奠定了自由和个性化,但也造就出西方生活世界中所面临的精神困境。对此,施莱尔马赫列出了四种困境。关于"教育",他谈道:"应当把人作为其创作作品交给生活的总体,这一总体存在于国家、教会、普通人际交往以及认识和知识当中。"①在其1820—1821年的阐述中,施莱尔马赫将"语言"列为生活总体的最后一站。这一划分符合欧洲教育史迄今为止所取得的成果。

首先,如果说古日耳曼、古爱尔兰和古斯拉夫时期的教育真正的社会载体是氏族,那么在民族迁徙时期的国家中就是君主政体,在这些国家确立基督教后就是教会。于是,人民分化出了不同的生活方式,这些生活方式各自要求独特的教育。教会中形成了修教士的阶层——修士和修女——以及低级和高级神甫;世俗之人中首先是王室,其次是整个贵族阶层获得宗教的圣职,由此发展出高贵的宫廷男子及贵族男士和贵族淑女特有的生活方式。中世纪后期,城邦发展起来并逐渐取得政治上的独立。不仅城邦中的土地贵族和资产阶级新

---

① 弗利特纳(Wilhelm Flitner)编:《1826年讲稿集:教育学文稿》,出自施莱尔马赫(Friedrich Schleiermacher)著、普拉茨(C. Platz)编:《教育学文集》第1卷,1957年,第425页、第504—506页。

贵,连行会资产阶级也都为基督教精神所浸透。资产阶级家庭在其中劳动的作坊被视为虔诚生活的一块场所,并在此获得一种教育方式。教会通过向所有阶层灌输其精神,成为国家之中真正的教育潜在力量。

其次,自领土和行政国家由封建秩序发展出来以后——其实早在古典时代的后期,这种国家就已存在并在拜占庭得到延续——这些国家从17世纪起逐渐变成了宗教宽容的国家,而这在历史上是未曾有过的。国家不再寻求从教会的布道中,而是从自然的道德法则中,从理性中,或者从其公民单纯生存性的交流之中去获取其道德的根基。自此,公共教育能够保留基督教特性的方法只有一种,那就是,在那种生存性的交流中,事实上有许多公民,其中不乏有能产生重要影响的,本着基督教的精神去评判生命、权利和道德。国家从此拥有世俗的秩序,包括司法、警察和福利、外部和平与立法等,也就是说,国家拥有了绝对的公共状态(Il stato)。但是,国家不得不容忍教会与自己并存。在两者之间,任何关系——从最紧密的契约关系到公开敌对,以及或隐蔽或血腥的宗教迫害——都有可能发生且也都实际发生过。但是,国家和教会的二元存在始终无法消除;国家成为一种教育的潜在力量,其没有能力取缔教会,只要教会中还有信教的基督徒存在。教会与国家之间的紧张关系自圣·安布罗斯和格列高利七世起就已存在,这一关系可能就是造成欧洲世界精神上的矛盾冲突及其创造性能量的一大主要原因。

第三,在古代社会,上流阶层的自由公民在其原本崇拜神灵和崇尚体能训练的教育之上,又逐渐获得了文学和科学的教育。基督教时期的教士,甚至按本笃会教规生活的欧洲修道士们,也接受了文学和科学的教育。这种培养博学修士的教育在意大利的城邦共和国和宫廷之中又演变成一种世俗的生活方式:变成人文主义的、文学的及科学的教育。自此,这些男男女女们组成了一个向普遍人类开放的精神交流和社会交往的圈子。这个圈子超越宗派和民族的界限,将所有具有相同内涵的人联系在一起。科学研究、哲学、文学和审美艺术完全被这些圈子垄断,它们在整个欧洲世界,构建起一个"学者联盟"。至少在数百年间,这种以人文精神构建起来的社会作为一个社交及精神交流圈子,一直是一种教育的社会潜在力量。其独立于教会和国家之外,确立自己的内容,并在现实中受到国家和教会的认可。因为天主教教士自实施学习计划以来,新教神甫自梅兰希顿(Philipp Melanchthon)以来,也都同样被纳入到这一博学的社会中,正如那些在国家中担任领导职务的外交官、政治家和法官一样。

最后,从教会及人文精神构建成的社会所组成的道德精神统一体中,分化出了文化的共同体。这一共同体是由民族特性作为精神性的民族所构成的共同体,其建立在共同的文学语言关系上。这种文学语言从博学阶层出发触及到其他所有人民阶层,并逐渐给所有精神活动打上一个民族的烙印。此种意义上的民族形成过程开始于13世纪,首先在托斯卡纳形成了意大利民族,接着在法兰西岛形成了法兰西民族,然后是英国的、西班牙的和其余所有欧洲民族。民族在这一意义上不是建立在共同的"血缘"之上,而是通过重大的经历、革命性的决策、长期共同的命运在历史上形成的,它们通常借助语言由地区性的民族部落统一成一个大的民族群体。民族与国家的联系或紧密或松散,它们也可能作为教区从教会中成长起来,并受到教会历史事件的影响。但是,民族超越了教会和国家的界限,它有自己的结构。凭借这一结构,民族同样也成为具有教育影响的社会潜在力量①。

---

① 罗森斯托克(Eugen Rosenstock)著:《欧洲革命》(*Die Europäischen Revolutionen*),1930年第1版/1951年第2版。

以上四大具有社会铸造作用的力量，其内涵来源于道德、艺术和科学；这些力量赋予其内涵一种真实的社会生活方式。它们全部会在同一个人身上产生作用；莫扎特在信仰上是天主教徒，在知识上是人文主义者，在语言上是德意志人，在国籍上是萨尔兹堡和维也纳人——这些力量中的每一种都参与、塑造了他的精神和道德形态。

我们可以自问：对欧洲共同体的展开论述是否可以就这样结束了；或者，如施莱尔马赫所指出的，属于纯粹历史性事实的这四种教育潜力，是否可以被进一步地细分。单纯从结构上来看，有一种可能性是存在的：从事经济活动的共同体也可能会获得一种独立的形态，如同国家（迄今为止也只有国家）在古代到现代欧洲世界必要的社会生活领域内获得的独立形态一样。对于一部分从事经济活动的民众而言，中世纪的行会制度已经孕育出了一种秩序。这一秩序发展出自己的道德，也敞开接受宗教的影响，尤其在宗教改革时期。虽然行业的及其使命赋予的那个决定性思想，如今已在现代行政国家及工业主义的世界中丧失殆尽。但是，现代手工业和农业所拥有的劳动者团体、劳工基金会和自我管理的萌芽表明，从事经济活动的共同体有一天也能在总体上获得一种道德的内涵，能敞开接受宗教的影响，能发展出新的生活方式并由此成为社会生活中的一大教育力量。

四

这些社会力量有着双重的教育功能。

一方面，它们需要一个负责任的阶层来创造性地和独立地去承载这一领域的精神道德内涵。由此产生的任务是：培养这一承载阶层的接班人，让他们适应传统，但同时还维持创造性的生活。

另一方面，这些社会力量所承载的教育内容应该延展到整个生命统一体之上。它应该以传教使命的方式发挥影响，教育和塑造所有人。如果可以把古代教会的术语——神职人员（Magistratus）和普通教民（Populus）运用到更加普遍的现象上，那么这两种功能就可以被称为专业教育及普通教育。教会必须培养和教育下一代来继任其神职工作；它也通过教育全体教民为其布道和弥撒活动创造基础；此外，它还试图赋予其他身份的人的所有教育活动一种精神，这种精神起码要维护或支持教会自己的教育工作。同样如此，国家一方面培养负责任的政治家和官员；另一方面它也负责为全体国民提供国家公民的教育。最后，它还要确保其他所有性质的教育活动都不会与国家的教育活动发生冲突。为了将自由的艺术及科学之中的创造力延续下去，人文主义社会发展出了精深的后代教育；除此以外，它还致力于世俗的大众教育事业，其目的是向全体人类提供科学的启蒙，让他们分享艺术文学的教育和人文的知识。同样，人文主义社会也追求让人文主义精神渗透到所有教育场域之中：比如技术与职业教育，还有教会及政治的专职人员教育以及普通的公立学校教育。民族不具有特别的承载阶层。除非把创作型的艺术家、作家和学者，表演型的艺术家以及教育者放在一起——这些人知晓自己对语言的纯净负有责任，并且影响着历史的方向。比如，法兰西学院里百里挑一的人才，或者是那些塑造出民族生活方式的贵族群体，如英国的贵族阶层。民族教育也没有特殊的场所，除非在普通教育学校的母语课堂上；然而，所有教育场所无疑都可以具有一个或强或弱的民族特性。民族共同体可能根本上就是一个由人文精神构建起来的，以某种特定的文学语言或国民为前提条件的群体。如果从事经济活动的共同体成为一种具有精神内涵的教育力量，那么在此方面也可以区分出专业教育和普通教育。前者培养领导人员，后者则面向全体劳动人民。

五

上述种种社会力量表明,教育力量本身能够并必然受到教育的影响。教育力量并不专制和排他,它只会坦然接受其他教育的影响。它所带来的内容有其客观的独立性。这些内容在教育过程中被复制,即通过受教育者身上自发的创造过程被仿制下来。

若教育者与受教育者之间的实际相遇不再能够复制教育力量的内容,那么这些内容也就不再能够真实地被传授下去。强迫的不真实的传授不再是教育的活动,而是一种驯兽行为,是教育最不想要的丑陋面孔。在这种严峻的情况下,内容本身是可以被真实传授的——因为内容有其自身的客观效用——但却不再以教育力量所具有的结构和形式,不再以教育力量的语言被传授。在这种情况中,只要教育者为那些教育力量服务和效力,他就会陷入到冲突中,他必须在这一冲突中选择支持真正的教育过程。就此而言,教育者在教育力量提出的无意义的诉求面前,必须既维护个性也捍卫真正的内容。教育学讨论中提到的教育"自治"往往表达的就是这一事实情况。"自治"这一充满斗争的词语具有多重含义,但却并不意味着让教育者自己决定教育的内容,更不可能指人们有时赋予它的那个意思,即教育内容应当由个体或人们自主地阐释。教育学中的自治理论完全没有述及教育内容的来源和效用,并且在我们的理解中也不等同于那种观念,即认为教育者无须依赖于教育力量的内容。相反,自治理论以依赖的事实存在为前提,并在这一事实之内规定出从事教育活动的个人的自主行动的责任空间。处于教育力量的约束之下的教育创造力在于:教育者必须在某些情况下违背僵化或蜕变的习惯做法把真正的传统内容表现出来,教育必须本着这些力量的精神从其真正的内容出发。对此,教育者负有一种责任。如果不想让教育者丧失教育的权威，就不可以从他身上剥夺这一责任。教育者不只是教育性的集体力量的工具，他的自主性在于：他必须在教育者的群体内自己决定这些力量的传统内涵中什么才是真正的教育内容。这并不是在宣扬主观主义。教育者在有限的位置对教育活动进行干预，作为教育者群体中的一员发挥作用；教育者对真正的内容负责，但这绝不能免除他对合作尽责，对"教育事业的一体性"尽责。就这点而言，个体教育者的自主性始终是一种限于某个应当得到遵守的整体框架内的自由。但是，这种在框架内的自由是一种真正的自由：教育者自主负责地将内容呈现出来，这些内容由教育力量赋予结构、挑选、排列，并与共同体中的生活发生关联。正是通过这种方式，教育者为共同体进行着自主的活动；他在自己与受教育者的联系中对共同体的内容进行再创造。受教育者有朝一日也应当独自承载这种共同体生活的内容，并在教育中将之再现出来。当教育者以批判的、客观的、自我评判的方式进行再创造时，共同体就获得了更新发展。只有这样才能防止它们变得僵化。

　　这就解释了自主创造的传统承载者和教育者之间存在的关联：两者必须寻求相互借鉴。同时，真正的教育的保守性也由此变得易于理解：对于一个正在僵化的传统，教育者仍始终从其生动活泼的一面出发来传授这种传统。由此，教育者容易滞于发展之后，因为他们把那些即将消逝的以及那些在公共生活中几乎已经消亡的东西仍然作为鲜活的内容传授给青少年，而青少年在时间的推移下随自主性的增强会排斥这些内容。一切真正的教育都具有这样一种文化滞后性。这种滞后性对传统而言有其意义，它将那些遭当代人摒弃但却有可能为后代再度发现和重新得到生动理解的内容保存下来，只要这些内容中还包含着真正的、虽然不合时宜的价值。不过，从另一方面来说，真正的教育者又是进步的。这是因为,教育者抵制那种只看到眼前任务的短浅目光,他为自己所看到的未来任务做准备。

因此,教育者一方面在时代与代际之间,另一方面又在客观内容与受教育者的主体生命之间,享有独特的地位。教育者从共同体生活出发,且不单纯从青少年容易追求的、现行的共同体生活的需求出发,而是从那些与新风尚相对的、久远的需求出发,来决定受教育者对内容的追求。通过这种方式,教育者在受教育者个性中的主观性面前维护共同体及共同体真正的内容。同时,教育者还通过对受教育者的要求做出双重界定,在教育力量面前维护他的受教育者:首先,受教育者要求真正的内容而非单纯传统的内容;其次,受教育者要求起作用的、与个性相符的内容。教育者尝试借助这些内容进行训育和教学,而把那些不起作用的、在教育意义上僵死的内容推到次要位置。只有在出现更深层次的需求,或者说要达到高层次的成熟时,这些僵死的内容才会在较晚的阶段发挥作用。教育者应该在这样一个受限空间内发挥自己的创造力。在这里,他无尽的创造活动、发明力和想象力,以及他的研究,总会找到新的任务①。

---

① 作者不详:《教育学的自治问题》(*Das Problem der Pädagogischen Autonomie*),出自盖斯勒(G. Geißler)编:《教育学短文集》第 11 册,1930 年;黑森(Sergius Hessen)著:《教育自治的问题:致里克特的纪念文集》,1933 年,第 51 页及后续几页;弗利特纳(Wilhelm Flitner)著:《教育科学与教会教育学》(*Erziehungswissenschaft und Kirchliche Pädagogik*),出自《选藏》,1951 年 11 月,该篇文章后又刊印在《教育与教化的基本问题及时代问题》(*Grund- und Zeitfragen der Erziehung und Bildung*)中,1954 年,第 113 页及后续几页;奥托(Gert Otto)著:《布道与教育:论神学与教育学的关系》(*Verkündigung und Erziehung. Über das Verhältnis von Theologie und Pädagogik*),1957 年。

教养作为教育的结果

一

教育在个人身上的结果被称为个人的教养。同样,处于整体作用的教育影响之下的集体所获得的道德和精神方面的塑造,可以被称为集体的教养。

这种内在结果可被理解为一种形态或一种结构。与所有生物一样,人拥有形态或样貌,不仅仅是有固定行为方式的动物形态,还有凭精神能力而产生的结构。此外,体验和表达、理解、创造、行动本身都有各自的形态。历经生命长河的冲刷,人获得一种整体样貌,但它却是通过当下生命的实现而形成的。教育影响在精神生活的这些形态中留下痕迹。"教养"这一概念中包含着这样一种思想,即精神在其借助教育而获得的形态中实现了一个形象:一个理想的形象,其仿佛依天意由造物主根据天赋和情境为个人设定而成。借助这一比喻,西勒修斯(Angelus Silesius)①谈及了这样一幅形象:它摆在每个人面前,是个人为迈向内在的平和而应当成为的那种人的形象。同时,教养这一概念还包含人具有与上帝相似形象的宗教思想,这种相似性应该借助教育的帮助由一种可能性变为现实,与基督相一致。此外,这一概念还考虑到,生物凭借发育的天性获得发展:动物和植物都有各自的内在节律作为其基础,按照这些节律,它们不受扰乱地、有机地生长着。与之类似,人也应当在教育的帮助下将自己塑造成那个本就为他设定好的样子。

这样看来,与教养概念联系在一起的是玄想的、神话的和宗教性的想象。因为教养的概念涉及人的生命目标,而这并不能被客观精确

---

① 西勒修斯(Angelus Silesius),德国天主教神甫、神秘主义宗教诗人。——译者注

地描述出来；这一概念应当包含一种有关人的生存的奥秘。由此，这一奥秘也就渗入到了所有教育问题之中。

二

作为教育的内部形态和结果，教养可以被理解为生命的功能、行为和运行方式所具有的形式或内涵的一种结构。人们习惯上称前者为形式教养，称后者为实质教养①。在前者的情况下，教育活动的目的被认为是：塑造体魄、灵魂与精神的力量，使它们行使各自的功能。在这一意义上，人们谈论的是身体力量的培养，是本能、智力、思想、意志、情感（价值感受）的塑造。而在后一种情况下，人们关注的是：用能力和意识充实人的内涵，使人达到体能和实践上的纯熟，具备社会适应力、职业技能，能理解文化的世界，懂礼貌、守规矩、有道德，并拥有对虔敬信念及信仰来说必不可少的领悟力。通过把前者与维持生命和提升生命力的目的相联系，把后者与价值领域相结合，舍勒区分出功能教养和本质教养，凯兴斯泰纳区分出"目的论的"和"价值论的"教养。依照我们的分析，如果人具有一种多层次的存在，并且必须把这种存在统整为人的整体，那么作为一种完善的和真正的形态，教养也必须在这些层次的每一种之中，尤其在人格的整体之中，被确立下来。

因此，形式教养并不真的能与实质教养分割开来。只有当同时获得道德精神领域的某种内容，生命力量才有可能得到锻炼；只有当生命力量，即灵魂的运作形式在道德精神的内容中得到运动，这些内容

---

① 莱蒙齐克（Erich Lehmensieck）著：《形式教养的理论》（*Die Theorie der Formalen Bildung*），1926 年；凯兴斯泰纳（Georg Kerschensteiner）著：《教化的理论》（*Theorie der Bildung*），1926 年，第 26 页及后续几页，第 106 页及后续几页；埃格斯多夫（F. Xauer Eggersdorfer）著：《青少年教育》（*Jugendbildung*），出自《教育科学手册》（*Handbuch der Erziehungswissenschaft*），1928 年，第 35 页及后续几页；舍勒（Max Scheler）著：《教养与知识》（*Bildung und Wissen*），法兰克福新印版，1947 年。

才可转化为人所有。体能教育不可仅是一种肌肉训练,或只以取得最佳竞技成绩为目标;训练不可脱离某种特定的竞技风格的内容;同时,这一内容又会遭遇一种审美的评判,并与某种"态度",即某种道德形态,联系在一起。技术能力也在人的整个生命中有着自己的教化意义,并融入生命的形态中。如果非要说某种教化的内容本身没有价值,但其在形式教养上具有较大价值,这种观念是错误的。这里所说的形式教养,若要其具有价值,则必须是在事实上也具有一定的内容性的东西。比如,拉丁语法为人的理解力运用提供了一种极佳可能,但因此赋予它在教育上的重要地位却毫无意义。只有当研习拉丁语,以此为研究外语和理解欧洲及当代的历史文学世界打下基础,从而获得一种内容上的重要性时,拉丁语才拥有重要的教育意义。同样,赫尔巴特说"数学悟性存在于数学之中",也是有道理的;这样的悟性无法通过数学练习培养出来。数学研习的教育意义必须从其内容本身推导得来。

此外,所有的教学经验都基于一点之上,即教学要有基本的一般的内容,这些内容将为受教育者理解更复杂的和特殊的内容打开通道,因为它们为后者提供了范式。人们理解了这种内容,就能由此出发理解许多相似的,但却来自截然不同的事实领域的内容。教养就在于,精神掌握了这些基本经验和行为方式。它们在教育最富成效的时候为人获得,然后允许人们做出灵活多样的运用,从而使得有教养的人能够从他已经理解和掌握的内容出发找到方向,并懂得借助已知内容获取新的内容。真正的教养的生命力就扎根在这一点上。

有一个争论,因为这一争论可以回溯到卢梭的时代,所以几乎和教养这一术语本身一样古老。这一争论基于如下问题逐渐形成:所有真正的教养在多大程度上是形式上的,在多大程度上是一般的或者说普遍的。这个问题本质上属于教学论范畴，即属于教育理论里的一个专门领域。但是在教养这一表述的完整意义中，始终既包含形式上的，即生命力量的培养，也包括一般性的，即对整体和本质的理解力的养成。

首先谈一下生命力量的培养这个要素。这一说法的意思是，将教化的客观内容传授给个人，使之能为个人所用。这些客观内容有助于个人掌控生活、维持个体此在，并共同对周围人及集体的此在承担责任；它们还有助于人领悟此在与超验关系的重要意义，有助于人从这一关系中启示出价值和理念。谁有教养，谁就能够支配这些客观内容，能够正确估判生命关联的价值和意义，并能有意义地、合乎实际地进行活动和创造。从意志上看，谁有教养，谁就能够轻而易举地做出恰当的行为，能不费劲地从自己狂热的激情和本能的迷途中找出合适的和良好的一面。从道德交往来看，谁有教养，谁就能理解他人，并且古道热肠，愿意帮助他人，与他人建立联系。有教养者具备以人类的方式去战胜生存使命及情境的必备能力。每一种使命和情境都对应着整体人格中的力量和功能，而形式教养或功能教养，或者生命力量培养的主题，就是使这些力量和功能变得娴熟且有活力。

另一个要素是内容层面的：教养追求让个人获取充盈的及整体的世界内涵。要让人在完全意义上成为人，就必须让人与其此在的基本领域建立起内在的关联，并且是如施莱尔马赫所说的"按照善的理念"去做。我们力求达到：每一位被托付于我们的儿童，都能建立起这种普遍的、全面的关联。我们期望他有父母、手足、祖父母和亲属；我们努力维护他的健康，让他强壮且灵活；我们试图传授给他能力和实践的技艺；让他熟悉自己民族的精神财富，并让他在其中做出多方面的尝试；我们将他引进真理的大门，让他拥有坚强自由的品性，成为有教养的人,在危难时展现出英雄的力量,且拥有虔诚的心灵。我们所追求的,就像洪堡所描述的那样,是一种渗入到人的所有存在领域中的普遍性,一种在精神上不允许分裂且与真理的统一体相匹配的完整性。但是,个性的事实却与这一趋向相悖:不仅个体的天资,个体所处的历史境况也都是受限的①。自文艺复兴起,人们便开始强调教养的这种完整和普遍的要素。这导致了"通才"这种教育典范的出现,"通才"同时也被理解为人的理性:因为通才者与所有存在领域建立起来的关系不仅应是存在性的,而且应该是理性的和明智的。通才者是一位百科全书式的人才或者无所不晓的人。按照拉特克和夸美纽斯的观点,通才者在其与存在领域建立起来的全面的本质的联系中,是一位博学者。由于这种联系,他可以视自己为微观的宇宙。十八世纪初,人们将个性视作个体的一个必要限制,并且不把该限制视为缺陷,反而将其视为生存的一种条件。由此,人们意识到:一切教养都有着历史的特性。要获得普遍的真理,并与所有存在领域建立起普遍的联系,始终只在某个唯一的历史情境的条件下,只在某种受限的、个体的境况中,才有可能实现。因此,按照裴斯泰洛齐的观点:教养始终只是在某一特定的个体情况下形成的与真理的那种关系。其界限不仅存在于个体的天资和生命历程中,而且还存在于某种发展所处的历史局势中。由此产生的问题在伟大的教育思想家那里被反复拿来思考,特别是施莱尔马赫和凯兴斯泰纳。作为解决方案,他们得出了教学论上的原理:把教养作为某种个性化的东西传承下去——因为教养具有历史性——但却在教养的这一限制中包含全部的人性;将个性纳入这种

---

① 斯普朗格以普遍性、完整性以及个性这三个特征为视角,对洪堡的理论进行了分析。参阅斯普朗格(Eduard Spranger)著:《威廉·洪堡及人文理念》(*Wilhelm v. Humboldt und die Humanitätsidee*),1908 年,第 415 页及后续几页。

传承中，同时，将一般性的内容反复个性化。一方面，个体间的社会交往在相互的接触中消除了个体在其特殊化过程中的局限；另一方面，正是由于一般内容在个体身上的不同映射，人与人之间的联系才变得有趣和具有教育意义。施莱尔马赫的交际理论正是建立在这些思想之上①。如果从人在职业当中所做的生存劳动出发，也可得出类似的解决方案：人的知识和劳动能力的培养必须在开始时具有普遍性；应视可能的情况扩大个体所能达到的疆域，直至撞上不可逾越的界限为止。然而，更高层次的能力和那些可用于职业性的生存劳动的技能，只可能是单方面的。人只能把某一种技艺练就得炉火纯青，那些拥有超凡禀赋的人或许可以在第二种、第三种技艺中达到高超的造诣。但是，如果不加限制地继续下去，普通教育终会走向浅薄和敷衍。因此，教学上的解决办法是把一种普遍的创造及劳动教育作为通往教养之路的起点，其目的是：根据兴趣、天赋和需求逐渐使这一道路变得专业化，但是，专业人才的培养仍有路径可以重回普遍的内涵。因为一个具备高超造诣的人应当懂得以全面的和普遍的精神去使用他的专业技艺。恰恰在对现有工作的理解中，他具有一种通识意识；经他之手，他所从事的手艺或者特殊行业会变成一门高雅的艺术，按歌德的话讲就是，"在其从事的一个领域中，他看到了其他一切领域的相似性"。歌德伟大的教育小说《威廉·迈斯特》就建立在这一解决办法之上。凯兴斯泰纳、费舍和斯普朗格也都重新推导得出

---

① 诺尔（Herman Nohl）著：《论德国的交际典范》（*Vom Deutschen Ideal der Geselligkeit*），《教育学文选》，1929 年第 2 版，第 121 页及后续几页；施莱尔马赫（Friedrich Schleiermacher）著、诺尔（Herman Nohl）编：《关于交往表现的理论尝试》（*Versuch einer Theorie des Geselligen Betragens*），出自布劳恩（Otto Brau）、鲍尔（Joh. Bauer）编：《施莱尔马赫作品四卷集选》（*Schleiermachers Werke, Auswahl in 4 Bänden*）第 2 卷（哲学圣经卷），1927 年，第 137 页。

了这一解决办法①。自此,职业教育被认为是普通教育的真正场域。"职业"一词的完整意义又重新得以显露。真正的教养必须被理解为人身上所具有的一些配备,借助这些配备,人可以在由其天资与所处情境所构成的有限条件下完成那些降临到他头上的生存使命。这种使命既是特殊的,同时也是普遍的:行动与创造的使命,联系与共存的使命。对此,我们只能做出有限的选择。确切来讲,我们像是受某种超验的召唤被赋予了这种使命。因为在这种特殊的角色中,每个人都应该敢于成为一个完全和真正意义上的人;每个人都将能够在自己所处的位置上找到通往真理的存在与本真人性的道路②。教育帮助追求的是:让个体能够在其特殊的境况中去完成这种普遍的生存使命。

三

教养的特点不仅体现在它与个体的关联上,而且还体现在,教养要适应一种历史的和社会的情境。在普遍的价值及客观内容与个体之间存在着这样一种类型:集体性且个性化的内容。教育结果的发生须借助精神的帮助,而精神仅以特定的历史形态表达自我,所以教养也具有一种特定的历史性和社会性。于是,所有的民族、教区、国家和地区都生成了一种独特的教养。世代相承的家族、等级、阶层以及社会环境,诸如城市和农村、旧城与新区以及类似的典型的生活条件,均是如此。但是,这些差异仅仅是由现实情况造成的结果。人们肯定的和想要的其实是那些可以依据伦理思想被拿来评判的教养形式,我们

---

① 斯普朗格(Eduard Spranger)著:《基础教育、职业教育及普通教育》(*Grundlegende Bildung, Berufsbildung und Allgemeinbildung*),出自《文化和教育》(*Kultur und Erziehung*),1928 年第 4 版,第 186 页及后续几页。
② 凯兴斯泰纳(Georg Kerschensteiner)著:《教化的理论》,1926 年,第 43 页:"特殊使命与普通使命"。

意欲将这些形式表述为教育性的生活方式。这些方式中含有一种观念的存在，人们同样有意识地对这一观念做出思考，然后追求它。教育学将此称为教养理想。除了对这样的一种理想类型给予普遍的认可——无论教育者还是成长者都以同样的方式自发地将这一类型认可为一种典范，别无其他方法来促进个体的教养。当教养理想受到公众的认可，从而使得所有教育力量都在其中协调一致时，这些理想就拥有了特殊的力量。

这些普遍的原理可以借助欧洲的生活方式史得到说明①。这一历史发展出四种主要类型。

第一，最古老的生活方式：贵族男子的生活方式。贵族男子在古代是一家之主，是农场主和战士，是家族中的神甫以及议会与法庭的自由成员，人们以非宗教性的英雄形象为典范对他们做出评判。荷马时期和品达时期的诗人、吟唱诗人和传说作者都应被视为这一典范的传颂者。基督教的传道者起初对这一类型予以抵制，然后又对其进行改造，使之变成一个以高贵绅士和优雅淑女为理想形象的真正的基督教的典范。在贵族统治阶层尚存于欧洲的时期，这一生活方式以多种变化形式被保存了下来；它甚至被转嫁到资产阶级民主体制中，并包含着这样一种教养理想，即一种在政治和经济上处于执政和领导地位的类型。这种类型在集体中有着自己的特殊性，但同时也有着服务集体的功能。

这一生活方式的核心是培养执政者的德性，且这种执政是基督教意义上的。按照基督教对统治的理解，执政就是负责任地为集体的福

---

① 弗利特纳（Wilhelm Flitner）著：《西方的典范及未来的教育》（*Die Abendländischen Vorbilder und die Künftige Erziehung*），1947 年/《欧洲文明：从欧洲文明史的本质出发尝试解释当代》（*Europäische Gesittung: Versuch einer Deutung der Gegenwart aus der Substanz Ihrer Geschichte*），1961 年。

祉服务,而集体的福祉是通过个体灵魂的真正救赎和幸福来衡量的。因此,这种生活方式要求坚定地培育个人的力量,即身体与精神的力量、勇敢与积极的力量;要求意识到强者对弱者负有义务;要求重视保护欲、高尚的牺牲精神、捍卫他人与集体权益及福利的使命感以及面对敌人的宽容豁达。这种生活方式既追求理性客观地认知世界和人类,也追求与之相反的东西,即愉悦且饱满的性情。这种性情为追逐希望敢于冒险并怀揣信念地坚持下去,并且具备这样一种负责任的存在所需的一切才干。

第二,把劳动变成自己职业的劳动者的生活方式。这种生活方式所实现的应当是一种伦理思想。作为一种教育性的、伦理的形式,该生活方式为欧洲所特有,并且晚于贵族骑士的生活方式出现。这是因为苦役劳动在古代遭人蔑视,手工业是奴隶或半自由人,即"庸俗之人"所做的事情。直到形成中世纪的城邦,手工业者才获得了社会的尊重,直到托钵僧人和神秘主义教徒进行布道,劳动者才敢于奢求个人的精神生活;接着,通过宗教改革,基督教徒负有神圣使命的思想才被扩大到手工业者以及世俗职责范围内所有的劳动和岗位职能之上[①]。借此,农民、农业劳动者、手工业者、工厂工人和临时雇工,也都凭借自己的生存劳动被置于一种超验召唤的思想之下,就像之前的封建武士借助骑士制度的思想被赋予一种超验的使命一样。

这类生活方式的核心在于培养职业技能和对集体事务行动性的参与;在于劳动者从住宅、家庭、子女、财富中,从园艺和劳作中,从自然和故乡中获取乐趣,并且以一种大众化的方式参与内在的精神生活,参与朴素的人际交往和社会的、博爱的救助活动。

[①] 霍尔(Karl Holl)著:《职业一词的历史:教会历史全集》(*Die Geschichte des Wortes Beruf. Gesammelte Schriften zur Kirchengeschichte*)第2卷,1932年第6版。

第三，早在古代，在哲学以及科学的研究中就已发展出一种生活方式。这种方式与贵族政治家的行动的生活相对，是"智者"或称"爱智之人"所过的理论的，或静观的、沉思的(冥想的)生活。随后，这两种生活方式之间出现了地位之争。哲学家通常宣称，沉思的生活价值更高，但却很少得到世俗权力拥有者的承认。接着出现的一种新情况是，两种生活方式在基督教会中对立起来：苦行主义的运动兴起，人们试图以极端的、避世的方式追随基督。圣经中把马利亚和马大、拉结与利亚相比较，并借基督的格言"马利亚已经选择了那上好的福分"来指向修士和修女的冥想生活。通过这种方式，哲学生活的优越地位也就迁移到了宗教领域。当智者的"沉思"也被理解为对超感觉的存在的一种体悟时，这种迁移就更加容易了。尤其由于神甫也遵守修道的规矩，所以教派成员这样一种特殊阶层被视为完满的基督教的生活方式，其活动和影响会同时给那些欠完满之人带来裨益，从而使那些过着行动的世俗生活的人们也享受到沉思的神职人员的祈福。按照这一说法，这两种彼此对立的生活方式在一种劳动分工的意义上相互补充。这又造成，尤其在西方的修道生活中，修道院及其活动强烈地影响着世俗世界；基督教贵族以及世俗"使命"的思想就是这种影响最为重要的产物。

这类生活方式的核心在于：集中精神去思考历史以及世俗之物与超验的联系；在实践上，进一步追求克服一切障碍去实现与基督的一致性。这一追求在实践上的丰富性完全源自灵魂与精神的专注。该生活方式作为一种独特的形式在天主教会中被保存下来，在新教中虽然被废除，但却又以另一种形式重新出现。

第四，接着这一生活方式又在欧洲引发了一种以人文主义者为典范的世俗生活方式。从社会的角度来看，这里所指的是那些受过广博教育的职业阶层所具有的生活方式；从伦理的角度来看，这里所指的是一种以文学及科学研究为其内容的静观沉思的生活方式。在这一生活方式中，精神的专注很重要。甚至，这一生活方式最初也同样取决于对自然及历史做出的思考。这种思考不仅把自然及历史放在超验的关联之下，而且同时结合了现实的、世俗的种种关联。人文主义者追求将自己献身于研究及审美的艺术。通过在精神上深入到研究及审美艺术中，他凭借自己在研究岗位上的职业实践也对周围人做出了贡献，但这种贡献只是间接的。基督教的生命诠释与人文主义的典范并没有本质上的联系，虽然后者起源于基督教的事实显而易见。西方人文主义者能够感受到，古代非基督教的、哲学性的人文主义者——伊索克拉底（Isokrates）、西塞罗（Cicero）和昆体良（Quintilian）——与自己具有相似性，虽然古代人文主义在更大程度上被认为是贵族执政者教育的一种形式。然而，古代人文主义的革新者——彼特拉克和伊拉斯谟，却将人文主义者的生活方式设想为一种普遍的和基督教式的生活形式。通过努力把人与精神客观对象的关系从僵化的状态中解救出来，他们追求的恰恰是让人与人之间的关系基督教化。他们抵制一切方式的盲目信仰，反对一切刚愎自用和庸俗市侩，他们对人类的认识持怀疑态度，他们在精神交流中亲切且文雅，这些正是以基督教教义来构建世俗生活的一种方式①。

四

古代欧洲历史上这四种生活方式的主要类型，在其他高度发达的

---

① 自路德时期以来，基督教对生命的理解与人文主义教育之间的关系就一直是德国教育思考的一个矛盾焦点，而在天主教国家，尤其还有英国，一种"基督教的人文主义"的可能性却受到了人们的肯定和支持。关于人文主义的基督教根源，参阅布尔达赫（Konrad Burdach）著：《宗教改革、文艺复兴、人文主义》（*Reformation, Renaissance, Humanismus*），1926年第2版。

文明中也有着对应体现。它们的分类所依据的模式源自一种生活，这种生活在祷告和沉思中养成，且是从世俗的、行动的生活中分离出来的；沉思生活（Vita contemplativa）的方式又在基督教的西方世界分化为宗教的和世俗的两种方式，而其他文化中几乎没有与之类似的现象；行动生活（Vita activa）认识到，在存有统治阶层的地方所实施的执政者教育与大众化的劳动者教育之间是有区别的：只要这种劳动者教育是世俗的，它就也是西方所特有的。古希腊时期的犹太教已经可以被视为一种大众化的宗教教育。在古希腊，一种具有形而上学意识和宗教动机的世俗沉思生活已经存在。西方精神塑造的丰富性以及在西方社会结构中成为可能的自由，都以这样一种事实为基础，即上述四种主要类型被组合成高价值的生活方式，并且相互产生着影响。这种组合和彼此影响的过程充斥在西方的教育史中，是这一历史真正的主题。这些生活基本方式的丰富变化表明：人们一直没有停止追求对这些方式进行充分的塑造，也没有停止追求达到一种最具张力的平衡状态。古希腊罗马时代晚期以及中世纪早期开始发展苦行主义的生活方式。这一发展尤其从圣本笃的隐修生活规章那里获得了一种西方特有的倾向。修道制度不断产生出虔诚的、沉思生活的新形式，并且保留住了迄今为止发展出来的所有方式。但是，这种制度却再也没有倒退到圣本笃时期的最初形式。中世纪盛期，在宫廷贵族教育中形成了一种基督教方式的行动生活。这种方式也产生出了多样的变化形式，它们的命运与贵族社会阶层的政治命运联系在一起。骑士、宫廷侍臣、贵族侍从、绅士、资产阶级名流及淑女均是基于这一主要类型陆续形成的变化形式。中世纪晚期形成了资产阶级行会手工匠及其家庭文化的生活方式。受修士布道以及神秘主义的平民运动的影响，接着又在宗教改革的影响下，这一方式发展出了一种精神性的生活形式;在清教徒、胡格诺派教徒、虔信派教徒、亨胡特派教徒的民宅和农舍中,在毕德迈耶尔时期直至今日的简朴住房中,该生活方式将内在秩序、精神以及情感注入到了劳动的生活中。文艺复兴时期,人文主义的生活方式由意大利北部地区和托斯卡纳传播开来。这一形式最初由那些天主教教士发展而来,他们挣脱了修道的制度,比如彼特拉克,他们脱去了修道士的长袍,比如鹿特丹的伊拉斯谟。医生、法学家、神学家、新教神职人员、自由学者和作家、艺术家和教师均找到了生活的一种形式。他们使得一部分罗马天主教教士和一部分世俗的宫廷人士也能分享到人文主义的内涵,并对他们的生活方式产生兴趣。在卡尔四世(Karl Ⅳ)宫廷,在意大利的曼托瓦(Mantua)、乌尔比诺(Urbino)和费拉拉(Ferrara)地区,在路德维希十四世(Ludwig ⅩⅣ)时期,在安娜·阿玛丽亚(Anna Amalia)和卡尔·奥古斯特(Karl August)公爵时期,宫廷贵族与人文主义者的交往最为密切,人文主义影响的主导地位越来越高。十九世纪的大学继而成为庇护这一影响的特殊场所[①]。

以上简略的概述已经表明,要让这些生活方式中的多个在同一时间、同一地点取得最成熟的发展,这种情况是多么的罕见。修道生活在克莱尔沃的圣伯纳德(Bernhard von Clairvaux)时期以及阿西西的圣弗朗西斯(Franz von Assisi)时期达到巅峰;骑士贵族在沃尔夫拉姆(Wolfram von Eschenbach)[②]和沃尔特(Walter Scott)[③]那里达到最高境界;人文主义在科西莫·美第奇(Cosimo von Medici)和洛伦佐·美第奇(Lorenzo von Medici)那里,在伊拉斯谟和托马斯·莫尔(Thomas

---

① 弗利特纳(Wilhelm Flitner)著:《欧洲文化与教育的统一体:大学讲演》(Die Einheit der Europäischen Kultur und Bildung. Universitätsrede),1952 年。
② 沃尔夫拉姆(Wolfram von Eschenbach),中世纪杰出的德国诗人。——译者注
③ 沃尔特·司各特爵士(Walter Scott),第一代准男爵,18 世纪末苏格兰著名历史小说家及诗人。——译者注

Morus)、歌德和洪堡时期达到顶峰；自由劳动人民的教育虽然已在丢勒(Dürer)时期以及法兰西与瑞士王国的辉煌岁月中，在 19 世纪的斯堪的纳维亚半岛及北美多次取得了高水平的发展，但仍未达到其"经典时期"。这一生活方式中蕴含的可能会在西方世界的未来得到实现。

借此，我们在一种受公众认可的生活方式的意义上论及了当今的"教化理想"问题。自美国发表独立宣言和法国大革命爆发以来，欧洲世界就进入到了民主政治和民主社会的阶段，千年来的贵族统治被打破。同时，欧洲世界还进入到世俗思想的阶段，对教会的普遍认同消失了，公众生活失去了它与超验的联结点。这些巨大的变化在某种程度上体现在教化理想方面，即时代潮流趋于将教化理想精简为唯一的一个：所有旧时的教化理想都被化归到纯粹世俗化的、集体主义的劳动者阶层上。其他依然活跃着的教化理想，则遭到了这一时代潮流支持者的质疑和打压。这些生活方式的外部条件也逐渐为集体主义的管制国家所根除。研究岗位的承担者不应再是一个人文主义者，而应是一位专业化的劳动者。在同样作为专业化劳动者的专业人士的协助下，每个人都应当能够胜任国家和经济界中的领导职务，而专门赋予这些领导职务的承担者一种特殊的精神和道德形态，则显得多此一举。

然而，即便在欧洲社会当今的批判观念下，人们在教育上也还是追求：在民主的和世俗化的世界中去教育男性和女性，让他们掌握精神传承最深层的内容以供其生存劳动所用。新的教育形式依据新的生活方式而定，而在新的生活方式中，其实是旧的主要方式适应了民主时代的境况。因此，利茨尝试在其改革学校中培养一类社会性人才，即高贵正派的行动之人，并为此指明了道路；同样，人文主义的生活方式也可以被转移到完全不同的社会条件下。对此，20世纪初的"新生活运动"及"青年运动"发起的倡议做出了相应贡献；大众教育运动，尤其是斯堪的那维亚半岛的大众教育运动，就包含了这方面的萌芽。该运动不仅要培养劳动人民对公共生活的责任意识，而且还要指导他们以一种大众化的方式参与人文主义的精神构建。只有当淳朴的劳动人民的生活方式被伦理和精神的内容所填充，民主管理的社会体制的真正意义才能得到实现；而这一条件又只在如下情况才有可能，即民众之中总是不断结成这样一些圈子：他们遵守更加严苛的规定，更加坚定地服从道德戒律，并对自己提出更高的精神要求。在这些圈子中，必定又会出现一些具备创造精神的人。只有当大众教育不间断地保持这一上升通道的畅通，使民众可以迈入这些有着严格的高要求的圈子，并且保证普通人能与这些更高要求的践行者进行一种持续的精神交流，这样的大众教育才是高质量的。在这一问题领域，当代社会正在竭力建构教育性的生活方式，也正在努力确立一种公众认可的、能让教育自发地以它为导向的教化理想。

论教育的目标

通过指明教养的概念以及教育性的生活方式，教育目标的问题已经部分得到了解答。至于真正的、真实的教养是什么，我们可以从那些在历史上某种特定的生活圈子中被感受为有效的生活方式中看出来。当面临多个彼此排斥的道路可以选择时，一个年轻人会倾向于哪种生活方式，这会是一项重大的决定，必须要为其提供教育的帮助。但是，选择的可能性已经为他预先设定好，无论教育者还是受教育者，都无须为一种合适的教化理想去做苦思冥想。如果人们在公众讨论中认定一种前提，即教育者要想始终如一地发挥影响，就必须表述出一个教养理想并以此为约束,那就错误地理解了教育的理论。这些理想既不由人有意识地建构出来,而且其有效性也无法在科学上得到证实;近代教育学批判了这种让教育者自己表述教化理想的方法,该批判的存在不无道理。这一方法必须被同时谴责为理智主义至上和技术主义至上的①。一个真正立体生动的生活方式不是由某个人苦思冥想出来的,而是在许多动因的共同作用下,由集体的榜样力量得来的。这些集体中汇聚了一些在精神和道德上具有引领性的、创造性的人才,由他们发散出了一股新的力量;无论是有意的还是无意的,这一力量都有着教育的作用。于是,在这样一个圈子中,人类秩序和人格形态的理想就显现为从现实模板中脱胎而来的形象。这些形象继而以诗歌或雕塑的形式得到了升华式的表现。由这些形象又生发出一种教育的力量,这同样也完全不需要人们去有意为之。在这一方式下,教育目标在一种教育性的集体生活中已被清楚地规定好。无论是青少年还是教育者,都能看到并感受到这一典范形象。它起到一种监察的作用,这种监察可能是有裨益的,但也可能是压抑的、起阻碍作用的。因为这些教化理想始终只呈现出人们在特定情况下设想本真人性的历史的、典型的方式。总有人会走出与预定路线不同的道路,也总有传统设想难以适应的新情况出现。尤其是,对于理想究竟是什么,能起什么作用,也长期存在着误解。《新约》"福音书"中说道:"没有人是完美的,只有神圣上帝这个唯一。"只有当人在追求完美时了解自己力量的这一界限,当人认识到自己的错误和罪孽,做好忏悔和宽恕的准备,并且自己也生活在得到宽恕的希望中时,人对完美的追求才是好的。人们有时会夸大理想的作用而似乎遗忘了这一界限;这

---

① 利特(Theodor Litt)著:《当代哲学及其对教化理想的影响》,1930年第3版。

时,人们就会出现伪善的行为,或忍受自己的良知慢慢变坏。

教育不可按照相同的模型将青少年置于绝对理想的压力之下,教育不可是"理想主义"的。教育的目标是:成长中的人懂得实施自我帮助,从而在生活中理解、获取本真人性,并经受住生存情境的考验。崇高的理想应该像星辰一样为他照亮前进的道路;他不应该期望自己过上理想的尘世生活,他必须学会忍受不完美,并学会在现实中坚守本真人性。

然而,这一局限不正是又说出了一种理想目标吗?这一目标就是:掌控生活,在现实中找到合适的定位,并投身于真理。

诚然,我们可以把这一理想目标视为教育的目标,如果非要用一个普遍的,但也因而必定不明确的公式来做冒险概括的话。它是这样一种目标,在这之中,面向一个受教育者的多个教育者们应该始终做到协调一致;还应该是受教育者在长大和拥有自我反思的能力之后,给自己制定的目标。整个青少年时期充斥着无以计数的目的、经验、幻想和决定,教育目标在这一时期变得具体化;教育目标从来没有明确的具体规定;这一点是必需的,因为它是人的一个"生存要素",是人的自由的一种条件。受教育者被培养成有教养的人并不依靠教育者,而只依靠受教育者本人。只要受教育者在面对具有多种意义的要求时学着做出决定和选择,就是在进行自我教化。这是因为爱、感激、创造、快乐、宽恕、希望和信任,这些都只能靠受教育者自己去完成;这是因为要迈向成熟就需要自由,要掌控生活就需要信仰;这还因为"意愿及其完成"这种本真的存在的发生,不可能由另外一个人来完成。因此,教育目标在具体规定上始终是开放的。

因此,理论思考给我们提供的目标公式只可被视作一些指示,其目的是确定一个范围,具体的目标设定必须在这一范围内去寻找。

教育目标受限于这种一般公式。在这种限制下,我们可以按照之前的分析,根据人类参与的现实层面来确定它。从遵循生物法则的身体层面出发,我们通过教育所追求的是,受教育者能拥有健康和活动能力。这使他能够作为真正的人而生存,并以各种方式使这种生存变得容易和轻松。

如果考虑个人的社会层面,教育一方面追求服务于社会生活的一般能力以及某种职业或某种有用的岗位所需的特殊劳动技能,另一方面追求一种服务于政治集体的教养。在这一集体中,个人有能力约束自我和运用自由,与人交往合群且彬彬有礼,能在自己周围创造自由的氛围,正直且有集体意识。带着这些,个人应该能够共同支撑起集体的公共生活。

在精神理解和创造的层面,教育期望引导个人去了解精神的基本方向,从而使个人能够在其生活圈子的具体精神世界中理解和表达、思考和热爱本真人性——教育希望用人文主义的方式让个人在精神世界中找到自己的家园。

在宗教关系的层面,基督教教育追求的是:在个人能够理解并践行基督教教义的基础上,把作为基督神秘肉身的个人吸纳到教会中去。

以上提及的四个层面应被视作一个整体,这些目标之间是相互融通的。

然而,个体有许多不同的道路可以迈向本真人性。教育性的生活方式就蕴含着这些道路。每一条道路各自偏向一个在道德和精神上具有重要意义的层面——劳动的或政治的层面、人文主义的精神塑造的层面或宗教皈依的层面。但是,无论何种生活方式,只有当它本质性地参与到一个教育目标所具有的全部层面中时,该生活方式才能充实和丰满起来。

所有单个层面的生活方式都不断地受到这样的敦促，教化理想的功能也正在此处显现出来。只要人类过着一种精神的生活，人类周围就环绕着一个由形象构成的世界；在这一世界中，人类理想的可能性被保存下来，那些在单个层面塑造自我的群体可以从内心或外在感知到这些可能。想成为理想形象的渴望源于多种动机和外在压力，如同艺术在自身之中统一了多种功能一样。其中一种就是教育的功能。艺术的形式语言表达出一种秩序和态度以及一种对生命的理解，该理解折射出一种人类现实所不具备的完满性。诗歌、绘画和雕塑创造出人的各种形象，这些形象指向一种完满的内在；其他的艺术则表现大自然的完美，似乎其中也映射着人的完满内在。这些形象可以让人体验到，人如何能够完成生存的使命。由此，教育的一般目标似乎已经达到，并且这种体验，虽然只是在玩耍或美好的表征中，且仿佛以试验的方式为人所获得，但它仍具有教育的力量。教育者和受教育者都以这些体验为导向；他们共同认知到生存使命的最终解决方案；借助这些可以直接被体验到的美好形象，教育共同体达成了一致的理解。由此，艺术获得了一大重要功能，尤其对于那些处于成熟年龄期的青少年而言。

对艺术语言的理解力在儿童身上呈阶梯状发展起来。要理解生存解决方案的诗意化表现，这种理解力是必需的。发展心理学正是按照这一理解力指出了以下几个早期发展阶段。首先是喜爱童话及鲁滨逊故事的年龄阶段。幼儿会把自己与童话里的英雄等同起来；他们期待神奇的力量来满足自己的一切愿望和拯救一切危难；但是，获得仙女帮助的前提是要有一颗纯洁的心灵。到了少年时期，孩子们就会知道，完成生存使命还需要意志和努力、勤劳和机敏；鲁滨逊变成了他们的英雄。等到再长大些，年轻人就会意识到，以童话般神奇的方式被赠予的或靠机智夺取的生存财富并不是真正的财富；为了履行生命的意义，必须要有内心的克制力，要有奋斗精神及高尚的情怀；在某些情况下还必须做出牺牲，甚至付出生命的代价，以此来换取这一目标的实现——英雄唯美主义的阶段。接着到了青春期，孩子开始能够理解灵魂的修炼和精神的净化，这将他们引向那些由教会、世俗的思辨的人文主义或现代的实在主义所给出的生命解答。青春期是这样一个时期，在此期间，怀疑显现，成长者被卷入到精神的斗争中。此时，那些重要的形象的合集与形式语言就开始发挥影响，它们或具有魅力或令人讨厌，比如，基督教的历史及象征体系，古代的神话，以及从风景、风俗、静物、肖像到现实主义和超现实主义艺术的现代图像世界。而它们带来的影响也是分为不同的层级的。其中最高的层级为：通过把所有高雅艺术结合在一起，以礼拜仪式的方式使精神得到修炼。而最低的层级为：通过电影和报纸之类的图像及故事世界使人得到娱乐消遣。

　　青少年在言说和思考中了解到思想家和作家、科学和邪说给出的生命阐释，由此，他们也就被卷入到精神的斗争中。在古代欧洲，公共教育统一受等级秩序的管理。具有集体主义倾向的管制国家也强制性地建立起一种统一的公共教育。此时，这种公共教育具有一种纯粹世俗的，甚至是虚无主义的特性。而介于等级秩序与集体主义这两种形式之间，存在着西方和欧洲生活秩序所特有的东西：宗教信仰自由。国家在生命阐释的终极问题上表现出宽容，但同时又相信能取得一种道德上的共识，相信真理会来到集体之中。这种信任一方面建立在基督教信仰的基础之上，另一方面建立在研究与科学的自由之上。在神学和哲学永不停歇的对话中，科学与研究的共同协作是确保思想和道德共识不受迷信与邪说蛊惑的唯一保障。

在与青少年的相遇中，教育者只能以自己所获取的、在自己面前揭示出的生命理解为出发点来为自己确定方向。他们以基督教信仰、人文主义意识以及自由的研究和哲学这三大支柱的全部或部分为根基，并从这些传统中发展出自己对真理的理解。他们会争取在最大程度上保持彼此之间协调一致。但是，为了自己，也为了与自己相遇的青少年，教育者必须让自己冷静地接受一点，即欧洲生活中存在着深刻的矛盾，所有人都必须学会在这些矛盾中生活。这就需要一种理解的文化以及一种老练处世的和道德宽容的艺术。寻找共同的基础成为了一种公共的需求。所有的青年人都必须养成包容与合群、礼让与体谅的美德，学会把欧洲的共同自由认识为一种崇高的、宝贵的和不容侵犯的财富并且去热爱它。这种文明意识也包括：知道自己必须去捍卫这一财富，知道对那些与人类基本权利和诚实正直为敌之人的忍让是有限度的。清楚地认识到欧洲的这种情况，本质上也属于评判教育目标的需要。

教化过程——教育方法
对于这一系列问题的概述

首先，教化过程被理解为"受教育者"身上发生的过程总和。通过教化过程，受教育者获得了那种内在的"形态"，这一形态被称为受教育者的"教养"。这一形态也可被理解成，在青少年时期或者一个较晚的内在成长时期，个人在他所遇到的集体生活内容的影响下所获得的形态。因为我们以"教育事业的一体性"为出发点，所以对这一过程，最好还是将之表述为人最初的、基础性的成熟过程。不过，由于这其中包含了许多单个的目标，因此也可以说，存在多个这样的过程。

教育者影响着这种过程。从他的立场看,这里涉及的是为受教育者铺设的教化道路。在这条道路上,受教育者向着自己的目标迈进。

教育者所施加的影响以及为青少年的教化所铺设的道路,这两者的总和构成了一种方法性的措施①。

拉丁语中的方法(Methodus)在希腊语中指道路。在科学领域,该词的意思是安排所有研究和确定其表现形式的措施;在教育学领域,这个词被用来指为受教育者所预设的道路以及对其所施加的全部影响。

其次,当受教育者迈入独立和成年状态的门槛时,就可以认为,受教育者应当经历的教化过程走向了终点。可以说,每种内容都在不同的地方有一个成熟点。一旦某样东西真的被学会,从而可在今后供人自由地支配使用,那么这道门槛就算迈过去了。方法上所要思考和关心的是,启动通往这些成熟点的教化过程并维持其运行下去。它寻求的是成功的措施。

当丹麦成人教育中心的创始人科尔德首次把农民子弟召集起来,并想在整个冬天给他们授课时,他向这些青年们解释了自己的钟表理

---

① 凯兴斯泰纳(Georg Kerschensteiner)著:《理论与教化》(Theorie und Bildung)第2卷《教化作为方法》(Bildung als Verfahren),1928年,第227页及后续几页;埃格斯多夫(Fr. Xaver Eggersdorfer)著:《青少年教育》(Jugendbildung),出自《教育科学手册》(Handbuch der Erziehungswissenschaft),1928年,第35页及后续几页;福莱塔格(Willy Freitag)著:《教育学中的方法论问题》(Die Methodischen Probleme in der Pädagogik),1924年;罗特(Heinrich Roth)著:《论教育的方法问题》(Zum Pädagogischen Problem der Methode),出自《选藏》,1949年;弗利特纳(Wilhelm Flitner)著:《教育中的方法问题》(Das Methodische Problem in der Erziehung),1950年;施托克(Karl Stöcker)著:《近代教学构建》(Neuzeitliche Unterrichtsgestaltung),第5次修订和扩充版,1960年;豪斯曼(Gottfried Hausmann)著:《教学论作为教学的编剧研究》(Didaktik als Dramaturgie des Unterrichts),1959年;彼得森(Peter Petersen)著:《教学的指导学说》(Führungslehre des Unterrichts),1959年第6版;维尼格(Heinrich Weniger)著:《教学论作为教育的学说》(Didaktik als Bildungslehre)(上下部),1960年第3版。

论并这样说道："我想给你们上紧发条，以使你们永远不再停止摆动。"① 教化过程好比给钟表上紧一次发条，教化本身好比行走的表芯。最初的那个过程引出第二个过程，而第二个过程应当贯穿所有的年龄阶段，一直持续到生命终止的那一刻。教养形成的人身上凸显出来的创造活力，是所有基础性的教化过程所追求的目标。

任何一种能力、任何一种本质内容以及任何一种人的要求，都可以是这些教化过程追逐的目标；这些过程相互渗透并最终构成一个整体。教化过程有关乎不同的灵魂区域的，有关乎精神方向的，也有关乎社会行为的，它涉及我们能够从人身上剥离出来的一切领域。在每条线段上都显露出自己的成熟点。但是，这样划分教化过程只有在其保留条件下才能成立，因为一个人经历的所有过程是相互关联在一起的，它们构成一个整体，而整体的成熟点很难明确下来。这个成熟点必须意味着一个人的"完全成年"，即完全塑造成形的、依靠自己完成生存使命的能力。这是对模式的一种构想。缺了它，教育学思考就不可能成功。但是，假如要应用这一构想，人们就必须意识到其中存在的程式主义。

再次，教化过程以教育者和教育体系为先决条件。同样，教育的措施也依赖于教育性的社会秩序和教化的客观内容。教育的途径和教育方法都是历史的产物，正如教化内容也是历史的产物一样。教育者和受教育者相遇的方式，试图对受教育者施加影响的方式，始终已经被历史情境预先规定好。正如在历史的任何阶段所显示的那样，这些相遇形成了一种风格；在传统习俗的支撑下，教育者不自觉地就在这种形式中发挥着影响。

---

① 瓦尔腾怀勒-哈夫特(Fritz Wartenweiler-Haffter)著：《走出丹麦成人教育中心的成长期》(*Aus der Werdezeit der Dänischen Volkshochschule*)，1921 年。

最后，除此以外，还存在一种有意识的、可构建的教育影响，其通常被单独称为"方法"：它是一种技巧，必须由人发明出来且能够更换。有质朴的教育，也有具备技巧意识的教育。因此，在方法上也就存在一种对于个体操作而言已经确定好的朴素方法，以及另一种可以按照目的来建构和操作的方法。施莱尔马赫因此区分出一个"自由影响的区域"和一个"屈于常规的区域"，前者与后者并行，或前者隶属于后者①；两个区域相互交叠。因此，教育者不能将其针对受教育者的活动"划分为有意的和无意的"。但是，他们应该在自己精心设计的措施中考虑到：朴素的影响仍然并将持续存在，只有在限定条件下才能将它们消除，它们是不容忽视的。除了这些影响以外，还存在着那些从教育者身上不自觉地散发出来的影响，以及其他根本不可消除的影响。

教育道路

136　　方法的问题有两个方面：一方面，存在预先铺设的道路。受教育者认为，自己被带领着，甚至通常是被驱使着走上了这条道路。但这并不排斥受教育者能够在道路的岔口做出自主的选择。另一方面，教育者对走在这些道路上的受教育者施加具体的影响。这一领域需要方法上的精细研究。

　　铺设什么样的道路，受教育体制的安排。格特勒（Josef Göttler）将教育体制这一概念理解为"通过习俗、契约或法规而固定下来的外部的组织框架。由众多的教育者、教育要素和教育形式所构成的教育工作必须在这一框架之内运行。教育者当中有的出于义务，有的出于

---

① 施莱尔马赫（Friedrich Schleiermacher）著：《关于交往表现的理论尝试》（*Versuch einer Theorie des Geselligen Betragens*），出自布劳恩（Otto Brau）、鲍尔（Joh Bauer）编：《施莱尔马赫作品四卷选集》第 2 卷，1927 年，第 115 页及后续几页。

自愿,有的兼职,有的专职并以此为主要岗位"①。然而,不光这些源于教育意图而产生的组织机构,习俗和生活秩序本身也已经包含了那些为青少年的教化过程而铺设好的教化道路。

与宗教上的想象及人类精神力量的发展水平一样,社会生活条件也对这些道路的形成起到了决定性的作用。

下列几个例子能够表明,这些铺设好的道路在历史上是丰富多样的,从中可以窥见文明的阶段和类型。

在基督教还未兴起的古代——这时离欧洲中世纪还很遥远,一位北方民族的农家孩子很早就参与到成年人的成熟生活中。一旦他具备了劳动和享受的能力,他就依靠这些适应了成人的生活。他的教化道路仅仅存在于与长者共事之中。适宜于儿童的东西以最简单的方式被挑选出来:依据儿童的能力水平——这种能力以质朴的方式得到训练和提升;依据儿童的理解学习——这种学习在儿童的言语表达和协作劳动中、在观察和倾听中自发产生。若发生了某种不幸,造成了某种障碍,没有人会去关心这种儿童;对于这类情况,除了求助玄秘法术以外,没有高明的方法来帮助儿童;聋哑儿童得不到发展,胆怯的孩子躲藏起来,天资不好的迟钝儿童变成了傻瓜。玄秘的礼俗是教化道路唯一的一个分化:所有远古时期的民族中都能找到这类礼俗,如儿童出生后受父亲接纳的仪式,骑士晋升仪式,宣布青少年成年的成年礼或其他类似的习俗。

在国王兼司祭,以及有着宫廷官员和司祭人员的东方高度发达的文明中,人们精心铺设了教化的道路,以培养从事玄秘仪式及科学研究的司祭的接班人。这往往伴以一种苦行的生活秩序,作为一种通往

---

① 格特勒(Josef Göttler)著:《教育学系统》(*System der Pädagogik*),1948 年,第 320 页。

精神修定和自我克制的方法。书写文化的形成,导致有必要对神圣经文及世俗书法活动的书写和理解做出指导。方法由青少年参与祭司活动的过程自行产生。模仿和参与就是方法上的全部奥秘。但是,艺术和科学纠缠在一起,并在规模上有所增长。知识和能力的习得、苦行实践和精神修定的养成不再是一蹴而就的了;它们被划分成几个阶段,每个阶段都有自己特别的完结方式。于是,出现了按层级进行的参与和按层级对典范做出的模仿。僧侣的和苦行的方法仅限于此。一系列为达到精神修定的苦行修炼方法被区分出来。完成这些阶段性的修炼必须要花费一段时间;接着,在科学领域发展出对经文的背诵、评注以及对评注中得出的固定原理的拷问。在东方宏大的宗教体系中,处处都发展出这种僧侣式的教学方法,与之相呼应的是精神修定及意志锻造的苦行修炼方法。

基督教的教义与生活秩序处处与这种远古的和古老宗教的生活秩序衔接在一起;后者重新阐释前者,使这些非基督教的信仰基督教化,其目的是:取代神秘的影响,呼吁团体去唤醒儿童身上的一种人格的、内在的生命。洗礼逐渐代替了神秘的儿童接生仪式——见证人、教父教母、父母和堂区成员都被召唤来接受主神圣的旨意并获得提醒,即自己作为基督徒对该儿童负有责任与义务。坚信礼取代了青少年成年仪式、神秘的成年礼及骑士晋升仪式。在新教中,坚信礼意味着青少年本人从内心认可洗礼,并宣告青少年在宗教上迈向成年。同样,司祭的苦行秩序和僧侣的教学方法也被基督教吸收和转化。这一过程错综复杂,可能迄今为止尚未完结。对于这一过程本身,人们至今未能做出科学的描述。

另一条完全不同的教化道路伴随着古希腊哲学与科学而产生;与之相关联的是古希腊诡辩家和雄辩家的生活方式。这里形成了对思维方式及语言的方法性分析，同时还有对良知的自我探究，对生命的理性指引。与僧侣的、苦行的道路相对应，古希腊的智者发展出了理性生活的艺术。这种生活对理性的意义感兴趣，其目标是：让精神来统领人的本能和自然需求。除了这种实践性的方法，理论性的道路有：以对话和探索的方式获取明确的认知，以澄清为目的提出疑问和做出研究，理解所有的语言和所有的人类的生命表达及人类的作品。

针对这些教化道路，也产生了一些帮助手段，即哲学学校的集体生活中所采用的精神训练和自我管理的方法，以及古希腊所特有的两种教学方法。其中之一是文法和修辞的方法。这种方法追求对辞义做出探究；通过对有意义的文章进行逻辑的、文法的和修辞的分析，这种方法获取到了辞义。第二种是启发和问答的方法。该方法使人关注直观的现象或内在的价值感受，并由此发展出一些概念、规律和秩序法则，用以解释直观，证实和提炼价值感受。这里所指的是苏格拉底和柏拉图的教学方法，是学术型的教学方法。教学模仿的是共同研究的过程；精神训练不仅有利于实施自我管理，而且也服务于古希腊意义上的政治公平和自由。

随着欧洲历史上社会分化的出现，针对世俗生活也产生了一些教化道路。相比于雇有长工和佃农的古代农民贵族的教化道路而言，这些道路的划分更加丰富，安排也更加精巧。除了教士，另外又形成了两个有着精心设计的教育秩序的阶层：其一是战争贵族，这一阶层随后成为宫廷贵族；其二是中世纪城邦中获得政治自由的手工业者。在骑士道德的影响下，一条针对青年贵族男子的教化道路产生了，涉及从宫廷侍童到骑士侍从再到宫廷侍臣这样的训练时间和阶段。城邦中的手工业者从属于合作社般的、半政治半宗教的行业协会，他们建立起了学徒、帮工、游历期和满师考试的教育秩序。在这两种情况下，技术的指导与道德的引导是携手并进的。

自法国大革命以来，阶层的界限被打破。随着工业劳动和新的大区域经济的兴起，职业界分化出无数的工作种类。教化道路也适应了这种状况。一种针对每个人的、精心设计的、理性的且技术性的基础教育成为必要；该基础教育又逐渐分化出各种针对主要工作种类的功能性的教育类型。传统的教化道路在法国大革命后依然保存了百年之久，但是却越来越多地被统一的功能性的基础教育新体系吸收掉了。吸收的主要方式为，这些传统道路仅被单纯理解为职业教育，即功能性教育的特殊道路，并在组织层面被归并到那个统一的体系之中①。

---

① 诺尔(Herman Nohl)、帕拉特(L. Pallat)编：《教育学手册》第 4 册，1928 年；凯兴斯泰纳(Georg Kerschensteiner)著：《学校组织的基本问题》(*Grundfragen der Schulorganisation*)，1907 年第 2 版，1927 年新版；凯兴斯泰纳(Georg Kerschensteiner)著：《统一的德国学校体系》(*Das Einheitliche Deutsche Schulsystem*)，1927 年；赫尔帕赫(Willy Hellpach)著：《德国学校的本质形态》(*Die Wesensgestalt der Deutschen Schule*)，1925 年；施罗特勒(Joseph Schröteler)著：《1900—1930 年间的世界教育努力》(*Die Internationalen Erziehungsbestrebungen 1900—1930*)，《教育科学手册》第 3 册第 1 部分，1933 年；费舍(Aloys Fischer)著：《当代教育政策的理念及权力》(*Bildungspolitische Ideen und Mächte der Gegenwart*)，出自《科学与青少年教育新版年刊》(*Neue Jahrbücher für Wissenschaft und Jugendbildung*)，1932 年第 8 期，第 16 页及后续几页/《1918 年以来的德国学校法规》(*Deutsche Schulgesetzgebung seit 1918*)，出自《教育会议纪要》(*Pädagogische Kongressblätter*)，1925 年；对于这一问题的基础研究参阅斯普朗格(Eduard Spranger)著：《德国教育政策 25 年》(*25 Jahre Deutscher Erziehungspolitik*)第 2 版，1919 年/《学校法规及学校政策的科学基础》(*Die Wissenschaftlichen Grundlagen der Schulverfassung und Schulpolitik*)，出自《普鲁士科学研究院论文集》(*Abhandlungen der Preußischen Akademie der Wissenschaft*)，1928 年/《国民学校的自我精神》(*Der Eigengeist der Volksschule*)，1955 年；弗利特纳(Wilhelm Flitner)著：《国民学校思想的四大源泉》(*Die vier Quellen des Volksschulgedankens*)，1954 年第 3 版；施蒂格尔(Karl Stieger)著：《以劳动为基础的教学：一篇关于小学教学心理学化的文章》(*Unterricht auf Werktätiger Grundlage: Ein Beitrag zur Psychologisierung des Primarschul-Unterrichts*)，1951 年；施托克(Karl Stöcker)著：《近代教学构建》(*Neuzeitliche Unterrichtsgestaltung*)以及《国民学校自身的教育工作》(*Volksschuleigene Bildungsarbeit*)，1957 年。

针对这种新的体系,也有特定的教育方法与之匹配。

在现代工业社会中,职业教育道路的开展主要依靠学校组织的帮助。其中,下列学校的设立发挥了至关重要的作用:专科学校,这类学校部分取代了学徒期培训或提前为学徒期打好基础;职业学校,这类学校与学徒职业培训并行存在;"普通教育"学校,该类学校为职业能力提供一般的培养;专类学校(Typenschule),这类学校虽然也提供普通教育,但同时也培养学生为某种特殊类型的生存劳动做好准备的能力。在这一领域,劳动的技术组织与技术科学的发展为其带来了飞速的变化。今日,欧洲世界中不同类型的普通教育主要被划分成三类。第一类针对那些操作性的、手工的劳动;第二类针对中层技术性和商业性的职位;第三类针对那些领导性的职位,这些人在他们的专业教育之外还需要接受一种学术性的基础教育。三种类型并列存在,并不相互交叠。它们还可被进一步地细分。比如,在第一种类别中,人们可以通过特殊的途径更容易地培养起手工劳动中所需的自主建构的思维或自主负责的思维。学术性的基础教育中发展出了一种纯粹学术性的方向和一种技术性的方向。所有领域都有教化的道路,它们有许多分叉,受教育者必须多次,且往往很早就得做出抉择。从前,预先铺设的教化道路从一开始就带有很强的阶层特性;到了自由主义时代,人们倾向于把抉择的时间尽量向后推迟,把多样的职业生活建立在一个统一的预备教育的基础之上,并试图延长普通教育在这一教育当中所占的时间。但是,随着工业化劳动世界逐渐稳固,人们可能会寻求另一种解决方案:一种持续至二十岁、适用于所有生存劳动类型的普通教育,以及一种根据典型功能进行划分、继而在职业性上更加明确的教育。这种方案开始得较早,并且处处浸透着那种普通的"人文主义"教育①。这一新的体系也对应着特定的教育方法,只不过这些方法尚在形成之中;但是,方法原理已经清晰可辨,并在大量试验和模式中得到完善。它所指的是,精心为青少年搭建起一种处于教育指导之下的共同体生活。这种共同体生活一方面有助于锻造社会品德,另一方面有利于激发和培养社会所欢迎的劳动能力。在这种共同体的教育生活的场所中,思考、研究、建构和创造的独立性以及社会纪律尤为受到重视。教学比以往更努力地想让青少年掌握精神的传统,它首先被用来服务于那种直接的功能培训,即那种协作性的共同体教育。这就是裴斯泰洛齐和福禄贝尔的改革教育学的方法的基本特性,也是后期杜威、凯兴斯泰纳、奥托(Berthold Otto)、高迪希(Hugo Gaudig)、蒙台梭利和整个"新教育者"群体的改革教育学所具有的基本特点。这条道路需要受过良好教育、善于思考和愿意承担社会责任的教育

---

① 费舍(Aloys Fischer)著:《职业学校的人文化》(*Die Humanisierung der Berufsschule*),出自《职业学校与专科学校》(*Die Berufs- und Fachschule*),1927年。黑森(Sergius Hessen)著:《对其他文化国家学校体制的批判性比较》(*Kritische Vergleichung des Schulwesens der Anderen Kulturstaaten*),出自诺尔(Herman Nohl)、帕拉特(L. Pallat)编:《教育学手册》第4册,1928年/《19世纪初至当代法国的国家与学校体制》(*Staat und Schulwesen in Frankreich vom Beginn des 19. Jahrhunderts bis zur Gegenwart*),出自《教育与教学史杂志》(*Zeitschrift für Geschichte der Erziehung und des Unterrichts*),1931年第21期,第129页及后续几页/《德国以外的国家中国家与教育关系的典型示例:关于德国教育教学委员会威斯巴登大会"当代教育事业中国家行为的任务及界限"的报告解读》(*Typische Beispiele für das Verhältnis von Staat und Bildung in Außerdeutschen Staaten; Aus dem Bericht Über den Wiesbadener Pädagogischen Kongreß des DAEU, Aufgaben und Grenzen der Staatstätigkeit im Bildungswesen der Gegenwart*),1931年/《英国教育传统》(*Die englische Erziehungstradition*),出自《教育院校》(*Die pädagogische Hochschule*),1931年第3期,第124页及后续几页和166页及后续几页。斯普朗格(Eduard Spranger)、利特(Theodor Litt)著:《当代经济世界中的人类教育》(*Menschenbildung in der Wirtschaftswelt der Gegenwart*),1955年;利特(Theodor Litt)著:《技术思考与人类教育》(*Technisches Denken und Menschliche Bildung*),1957年;林克(Werner Linke)著:《技术与教育》(*Technik und Bildung*),1961年。

者。此时,这些教育者会在社会中承担一种独特的职位。虽然他们也秉持这样的原则,即"公共教育应模仿家庭教育"①,但事实上,父母的责任还是因此受到了限制;公共教育的重要性越来越凸显。

工业社会也如从前的专制国家一样,剥夺了家庭对教育事务的监管,而将其交托到工业社会的机构手中。以前,家庭所面对的公共权威来自教会。在路德的宗教改革中,国家以首先归属于教会的方式最终取代了教会。但是,在那些实施了加尔文宗教改革的国家,以及那些借助法国宗教改革使国家世俗化的地方,就分裂出一种国家的教育体制和一种教会私有的教育体制。双方通过签订契约来管理这种分裂的局面,于是也就形成了一种公共的教育法规。教化道路的公共化导致家庭与公共权力之间,以及国家与教会之间、从事经济活动的团体与国家之间形成了紧张的对立关系。在工业社会,实现这些紧张关系在现实中的平衡不仅成为内政的一项主要关切,也成为教育领域内工作所关心的主要内容②。

教育指导和教育帮助

(一) 措施的分类

方法问题的第二个方面是责任人的恰当行为问题。教化道路虽然已被预先铺设好,但仍然必须由个人自己来走。道路的选择和道路的恰当利用都必须经过仔细的考虑;个人的力量必须与走这条道路相应的要求一致起来。前提条件、禀赋和可塑性因个体而异,因此也就始终需要进行个性化的指导。这种指导存在于两种形式的干预之中,即消极的和积极的干预。前者应该为后者创造前提。因此,从时间上

---

① 此句出自裴斯泰洛齐,之前的卢梭以及之后的奥托也都持这一观点。
② 费舍(Aloys Fischer)著:《家庭与社会》(*Familie und Gesellschaft*),1927 年。

看，前者大多先于后者发生，但从意义上看，积极干预却处于优势地位。施莱尔马赫区分出保护和管制的消极措施。这些措施的目的是：在那些违背价值和发展的现象出现之前防患于未然，或待它们刚一出现就实施抵制。他把支持的措施称为积极的措施，并视其为教育指导真正的措施。除此以外，那些可以被称为参与或合作的措施也必须被补充到积极措施的范围内。首先，在成长者自发的欲望和兴趣中产生出明确表达出来的、具备特定历史性的欲望和兴趣之前，必须让成长者应当遭遇的那些价值内容在成长者所属的教育性生活圈子中作为社会内容确立下来和丰富起来；然后，那些明确表达出来的、具备特定历史性的欲望和兴趣需要获得支持。道德端正、相互体谅、彼此信赖的合作关系是积极措施中最重要的方面。这种合作关系有无话不谈的交流，有良好的品位修养、温润的精神生活、卓越的幽默风趣，还有自由的生活兴致。凡是注重精神塑造的地方，最重要的都是要在生存的基本经验中建立合作的关系。这种关系发挥作用的方式是，将问题看作是共同的，并通过对话去寻求理解和理性。

（二）寻求方法的原理

有一种特定类型的教育影响在风俗习惯及生活关系中已被奠定下来。因此，在它可能出现问题之前，这种影响已经天然地存在于各个地方。不管在哪儿，对教育义务的一般理解都可以被认定为一种前提存在。行动之所以出现问题，一方面在于教育者自身的危机，另一方面则在于教育明显无望取得成果。与青少年的相遇总是充满了琐碎的冲突。这些冲突要么得到解决，要么累积起来直至造成强烈且持久的伤害。在人们确认这种影响不能取得成效的同时，一切关于正确方法的思考就开始了。寻求方法的原理的目的是，把教育者从其不安中解救出来；人们开始探讨，与青少年相遇时正确行动的真正标准是什么。

自文艺复兴以来，教育学者们致力于把他们的方法建立在自然的基础之上。不仅文艺复兴的哲学家们，连教学论改革者拉特克和夸美纽斯也都秉持着这样的基本思想，即为了找到教育人类的正确方法，人"必须顺应自然"。这一动机在卢梭、裴斯泰洛齐以及福禄贝尔那里得到延续，也触动着我们这一世纪之初的改革教育学家们。但是，对于文艺复兴时期的哲学语言，我们至多只是借鉴，而未能做到真正吸收。由此，整个"自然教育"的思想发生了偏离。然而，其中一些主要的原理还是可以在转换之后为我们的思想所继承的，并在我们这里保有其效用，因为它们可以让我们对"自然的"这一概念进行最有意义的运用。现在，我们就试着对过去这一方法理论的成果做如下梳理。

（三）第一个方法的主要原理：可塑性的约束

所有自然方法的信奉者都一致认为，应恪守受教育者可塑性的约束。如果人们起初还把可塑性设想为一件自然而然的事实，那么持续的历史观察告诉我们，实际可能并非如此。可塑性，就如我们所见的那样，只有在某个特定的历史—内容的世界，社会的及道德的世界或者精神的世界将其激发出来的时候，才可被辨识出来。因此，只有教育意志才能将可塑性这一现象变为现实，而"方法"也一直存在于教育意志中。施莱尔马赫谈到了教育中"人类学前提的未决定性"，这一点不无道理。可塑性不是一个固定的存在，然而它却是真实的。一切教育实践都会遇到个体特性和业已存在的个人意志。人格已经确立，它已经拥有了一条准绳。无论天赋对可塑性的贡献有多大或多小，可塑性都作为某种特定的东西存在于每个人身上。教育者不能违背可塑性，而只能在其中寻求发挥自己的作用：这就是第一个主要原理的恒久意义。

因此，一切针对青少年的道德指导都受个体身上业已确定的可塑性的约束。这种可塑性由道德生活关系的早期经验奠定而成。道德指导依据的基础是，儿童已经自发地对权威予以认可。这种认可只能从儿童与个人的真实关系中产生，例如对父母和兄弟姐妹的爱、对老师和其他成年人的友谊和尊敬。对儿童性格的任何影响都以这一基础在这些关系中的业已确立为前提。对于这种联系，裴斯泰洛齐格外地关注，他所有的方法上的帮助皆从爱中引导而来。爱本身不可被制造也不受方法的影响，正是在爱中存在着根本的洞见。如果有爱存在，或者从更广泛的意义上来说，如果道德的权威从教育者与儿童之间真实的、存在的关系中自发地形成了，那么就会存在一种方法上的措施。这种由联系及共同体所带来的恩赐，事实上贯穿于所有健全的人类生存之中，但却消失在孤独荒芜的生命里——这就是裴斯泰洛齐的出发点。

　　与之相对，"非自然的"方法——裴斯泰洛齐斥其为虚假做作的方法——不注重上述道德指导的基础，而试图让制度的权威来代替自发萌生的权威发挥效用，并从这样的权威出发，通过命令和禁止、教训和劝诫、暴力和处罚来养成一种道德行为。这样的道德行为只会流于表面。

　　在知识和能力的领域，从第一个方法的主要原理得出的结论是：所有教学都应该与儿童的兴趣挂钩。在一种知识能够被直接地教授，一种实践技艺可以被严格且一致地、合乎实际地传授之前，学习者身上应该具备一种能让他对教学内容产生更深兴趣的生活关联。卢梭将其寄托在青少年对于帮助的本能需要和发挥作用的自发意愿之上。因此，他把儿童12岁之前的教学活动限定到那些在儿童与周围"自然"的相遇中能够激发儿童兴趣的对象之上。然而从很早开始，儿童与家乡精神世界的艺术品及造物之间就已经存在一种真实的生活关联，由之同样也萌生出了真实的兴趣。一切实践指导和一切教学都与这些兴趣和需求相联系。学习兴趣的产生一部分是出于必需，但更重要的一部分是出于精神的交流。这种交流不带方法的意图，将儿童引入了成人的生活。

（四）年龄阶段以及与发展相符的指导

要使教育方法适应青少年的可塑性，必须特别注意年龄阶段的顺序。一切教化的客观内容都表现为有层次的和有组织的，而且两种方式兼而有之。有一个可供建构内容的基础平台，即基础内容，还有组成这个复合体的要素部分。由基础内容出发，可以引向某一内容的成熟和细分阶段；由要素部分出发，可以引向复合的内容；这种从要素部分出发的过程，从心理学角度来看，往往同时是一条从简单到复杂的道路。把要素部分从复合体中抽离出来是人类精神的一大主要功能，其不仅为所有教学论，而且为所有科学的内部构造奠定了基础。当古希腊的文法家们成功地对语言做出文法分析时，他们也在解释陈述方式、逻辑以及通过自我思考来解析存在的事物这方面迈出了关键性的一步。奥托提出了"分离复杂内容"这一重要的方法原理。该原理对任何学习皆有成效，无论这一学习所涉及的是一种道德能力或技术能力，还是一种认知和理解。教学论学者——拉特克和夸美纽斯——对这一原理格外重视。第二个原理的揭示归功于裴斯泰洛齐，通常他还称这一原理为要素教学法。但更确切地说，这一原理其实被理解成基础教育的原理。这里涉及的是基础经验的范畴：宗教的、道德的、审美的和科学的。这些基础经验的发端不是被孤立出来的"要素"，而是未经分化的整体内容存在所具有的相对朴素的形式。方法道路不像欧几里得定理那样从简单的公式和原理引向复杂的推论，而是从朴素的合作出发迈向对社会中有效真理的共同维护，并且这种维护是自觉的、理性的、娴熟的和个性化的①。

与教化客观内容的这一层次性相对应,青少年的发展分为不同的阶段。这些阶段绝不仅仅由人类生命的、生长的过程所决定。年龄阶段的划分是具有特定文化性的现象;它们与生长及机体发展的关系只占次要地位。青少年为掌握教化的客观内容付出艰辛,这表明他们正处于"青少年"时期——这种艰辛推迟了青少年真正发挥作用的时间,使他们的心境和追求维持在开放和可以被限定的状态,并为青少年的特殊地位留出空间,而这种地位是青少年在有教养的、精神上复杂的共同体中经常拥有的。

教育帮助因此变成了忠实于年龄阶段的指导和支持。它期望的目标是:巩固基础内容,继而在内容的基础奠定好之后,从要素方面来发展这些内容,只要它们的结构允许从简单过渡到复杂。在此过程中会形成发展的飞跃——从心理学角度可以将其确立为不同的年龄阶段——每个年龄段均各自要求一种新形态的、针对基础内容的组合关系。因此,方法上的技巧在于:追随成熟的过程在各个阶段深化基础内容,继而根据每个阶段的可能性,从基本的方面去构建每个阶段的学习指导。

一个社会能够在此意义上恰当地给予青少年与其发展相称的教育指导,可能是风俗习惯使然。一旦缺少这种确定的风俗,这种指导就需要有意识的方法技巧。一个训练有素的教育者能独具慧眼地洞察到儿童的个性,虽然这种个性仍束缚在儿童发展状况的限制之内,但它其实已是一个整体,有着自己完成发展的独特方式。教育者帮助儿童完成自己的发展阶段,并且不用儿童尚不能胜任的要求去向他们

---

① 弗利特纳(Wilhelm Flitner)著:《教育关系的理论》(*Theorie des Pädagogischen Bezugs*),1958 年第 4 版。

施压。他帮助儿童获得与其发展阶段相称的经历、经验和能力。评判一种方法是否成功的标准是看儿童是否处于和谐的状态。儿童应感觉到自己能够胜任所处的境况和自己面临的任务，并因自己的兴趣以及所发挥的作用而感到幸福和充实。

（五）第二个方法的主要原理：教化过程的正当性

为评判方法帮助的正当性，卢梭设计了一个模式，并按照他所处的那个世纪的潮流，将这一模式用数学形式表现出来。这就是需求和能力之间的平衡原理。卢梭大体上的主张如下：一个达到成熟状态的人，其身上培养出来的能力能满足多少需求，他就应该拥有多少需求。因此，他不应该依靠他人的援助，也不应该成为自己无尽欲望的奴隶。他的"自由"即存在于此，这种自由是人之"人性"的真正标志。在此之中，卢梭忽视了一个事实，即我们对社会、政治、经济和技术有着持久的依赖；他假定了一种自由的社会秩序来作为理想的和真正的社会秩序。在这种秩序中，个体之间互通有无并彼此确保对方的自由。这是一种恬淡寡欲式的理想状态，人应于内心之中扼杀掉那些无法满足的欲望，从而维持自己的自由；人必须能够把握这一尺度，却又在这一前提下把自己被赋予的一切能力发展到极致，但一定要让这些能力相互协调，并保证那些无法得到满足的欲望不会残留在灵魂中给人带来困扰。

但是，根据卢梭的这一说法，部分儿童和青少年尚不具备能力来满足自身的需求；多亏一种良好的自然秩序，只要解决这些需求的能力尚未形成，他们就不会有许多需求——自然本身已把能力和需求之间的平衡准备好。父母的帮助也是自然本性使然，它能弥补孩子所欠缺的能力。当这种自然的秩序因为社会的蛮横需求遭到干扰时，遵循自然的教育就会人为地继续这种自然的作用。这种教育会研究能力与需求之间的自然关系，并在社会危害到两者之间的平衡时维持这一平衡,从而以此方式来适应不同的年龄阶段。幼儿时期,需求处于优势地位,方法技巧做出补充的方式是:保护幼儿使其免于遭受困难和产生虚假的需求,但在其正当的需求上却给予幼儿肯定和满足。对于年龄较大的儿童来说,能力处于优势地位,方法技巧做出补充的方式是:组织一种学习,这种学习在当下的儿童看来可以使用到这些能力并为它们提供素材,同时使这些能力服务于将来的目的。此时,这种存储式的学习从发展的角度看就成为一种必要。于是,成长者在每个生命阶段都保持着平衡的状态,并以此为即将到来的下一个阶段及其新的需求做出最可靠的准备。方法技巧一方面在于,尽可能地减少儿童对帮助的需要并培养儿童自助的能力;另一方面在于,将儿童自身感受到的能力培养的需求利用起来,而非人为地、过早地通过成人的要求来增加儿童的这种需要,从而使得能力与需求的增长不能同步。

这种关乎平衡的数学模型难以为教育影响确定明确的准绳。但是,它让我们注意到要对成长者的能力进行预估。这一规则告诫我们:不能把过多的、儿童不能消化的外在刺激强塞给儿童;也不能对儿童的自主能力提过低的要求,从而导致这些能力没有足够的空间去发展自己和发挥作用。

裴斯泰洛齐结合卢梭的模式提出,还有与共同生活有关的第二种能力预估。需求也有社会的一面:儿童需要爱,包括获得爱和给予爱;儿童从他人那里获得支持,但也为他人提供帮助。如果接受与给予的循环不能很好地运作,那么缺失将会和泛滥一样危险。对儿童集体生活的方法干预应该制造出这一平衡状态。爱儿童,将他纳入到社会之中,让他在一个可信赖的生活圈子中感受到亲切和真诚,这些应该会让儿童"满足"并给他带来"内心的安宁"。但是,正如他接受到这些一样,他也应当关心他人,应当有爱心地去行动,并共同参与到集体的生活中去。

后期的方法学家们,虽然不包括赫尔巴特,但施莱尔马赫、福禄贝尔、奥托、凯兴斯泰纳和杜威无疑都保留了卢梭的这一原理并对其做出了修正。让我们尝试这样来表述这一原理的现代版本,以使它与旧的改革方法论之间仍具有清晰可辨的关联。

"价值中立"地来看,教化过程时时处处都在发生。年轻人成长着,怀抱着兴趣,渴望着经验和行动。福禄贝尔阐释了对经验的渴求如何强有力地与对行动的渴望联系在一起;这一联系是如此明确,以至于在早期阶段,如果外界印象和刺激不能转化为儿童的表达和行动,则恰恰意味着对儿童的一种伤害。儿童周围人的世界,这些人构成的大的共同体,以及家乡的物质世界都对儿童的这一要求做出回应。

在这一自发的过程中,那些我们可以承担责任的、按照我们的信念和价值观值得肯定的教化过程也跻身其中,并尽可能从中汲取更多的力量。为了让符合我们价值观的教化过程顺利进行,我们必须处处介入到那些在社会存在的大熔炉里"自然而然"发生的事件中去。如果教育秩序已经足够有力,我们的介入就仅限于个人的特殊情况;如果教育秩序受到干扰,或者根本尚未充分发展起来,也就是说仍处于半开化的状态,那么介入就变成了一种义务,需要我们投入极大的精力。现代方法论认识到,其自身受到历史状况的制约。它不像旧的方法论一样仅仅要求发挥直接的影响,而且还要求产生间接的影响,这些影响致力于重建风俗及生活秩序本身。

内容的世界敞开在成长中的个人面前,这一世界不仅仅是物质的世界,尤其还是混杂着善与恶、生机与萎靡的历史的世界。它所唤起的需求中,混杂着正当的和不正当的需求,所提出的任务也同样如此。真正的教化过程应该使人能够恰当地、现实地、持久地完成生存的使命。

卢梭解决这一难题的方法,正如他在《爱弥儿》中借助纯粹的个案所展现的那样,极端地追求把受教育者从历史的世界中隔离出来,直至满足本性需求所需的能力发展成熟为止。裴斯泰洛齐已然摒弃了这一方法。在他看来,儿童从小就被包围在一个历史的、社会的世界之中。要让这一世界不危害真正的教化过程,它就必须是井然有序的。对于裴斯泰洛齐而言,秩序基于信仰和爱这样的内在前提,也基于法律秩序和社会保障这样的外在前提[①]。

在这一秩序内,儿童探索着世界。由于内容的范围在扩大,即可接触的世界在扩大,因此需求和任务也在增多,能力的培养与适应必须同步跟上。但是,生活秩序的蜕变和毁坏也会同等程度地影响到受教育者。与外界的隔离——在婴儿阶段局限于与母亲组成共同体,随后又扩大到家庭的"居室"——逐渐消逝。取代它的是,儿童部分融入整体的生活秩序中。这些秩序包含了邻里关系、故乡,还有那个最终借助交通工具、新闻业以及文字和图像交流延及整个地球和人类历史的生活圈子。这种世界更大,由此也更加混杂。要让儿童对这一世界的探索作为真正的教化过程发生,就必须抛弃那种完全庇护儿童的做法。相反,教育试图如此发展受教育者的能力,以使他能够应对每一个在这个混杂世界中唤起他的需求和向他提出任务的新领域。而这只有在下列方式下才可能发生,即受教育者自己逐步向前迈进着,对现实做出更加恰当的评价和判断;受教育者有能力自己在内心之中贯彻更高层次的动机,抑制破坏性的需求,同时在这些需求得不到满足时仍然保持内心的平静、自由、超脱和平衡;作为完全的人感到满足,

---

[①] 弗利特纳(Wilhelm Flitner)著:《对于方法基本问题的全新理解》(*Die neue Fassung der methodischen Grundfrage*),出自《教育》,1930年第5期,第129页。

并在更深层的意义上幸福地生活。

这些必要的生命克制，其实在童年的最初阶段就已经开始了。在这一时期，儿童尚未形成更高层次的动机，也不可能对现实做出正确的判断，这些都是慢慢培养起来的。因此，必须采取强制的方式让儿童去克制这些需求。但这样的话，就会阻碍儿童的自发性情感。由此就产生了一种冲突：因为促进发展过程是教育首要的必需任务。自发性受阻的话，儿童就会失去方向，就会困顿，而这恰恰会麻痹儿童身上那种朴素的积极性和那些原动力。借助这些，儿童本可以尽其所能地去胜任生存的使命。要让教化过程真正地进行下去，就必须解决这一冲突。评判教育秩序和方法技巧的标准必须是：看它们将这一主要冲突解决得如何。古典教育学家——从卢梭到福禄贝尔——制定的所有规则均是指明这一冲突的解决路径，并在受教育者的所有发展阶段始终遵循着这些路径。今天，我们依然可以参考他们所做的阐述，特别是施莱尔马赫关于这种解决方案所阐述的理论。这些阐述在原则上仍然有效。在抑制幼儿自发行为这一点上，首先要做到的是：通过外在环境的构建尽量避免抑制幼儿的自发行为。如果抑制确实必要，那么教育者必须设法营造出平衡的状态。比如，按照施莱尔马赫的规则，教育者应该"在抑制儿童生命需求的同时向儿童表达爱；抑制必须伴随着爱的表露，并且爱的表达必须能够部分地消融这种抑制"[①]。受教育者经历的世界越广阔，教育者就必须越有力地增强他们对于真正美好的事物的体验能力，扩充他们关于世界、关于人心善恶的知识，提升他们自我克制的能力，并且给予他们更多的机会去满足根本的需求

---

① 施莱尔马赫（Friedrich Schleiermacher）著：《关于交往表现的理论尝试》（*Versuch einer Theorie des Geselligen Betragens*），出自布劳恩（Otto Brau）、鲍尔（Joh Bauer）编：《施莱尔马赫作品四卷集选》第 2 卷，1927 年，第 115 页及后续几页。

和建设性地参与有意义的任务。如果教育者不能为他们做到这些的话,受教育者要么会停滞不前且被落在后面(走上错误发展的教化过程的"隐性道路"),要么会因为作恶、犯罪和冲动而误入歧途(走上错误发展的教化过程的"显性道路")。但即便身处歧途,受教育者还是可以为灵魂的关怀、呵护、权威和爱所触动,并且可以通过惩罚、忏悔、内心的矫正、治疗性的和宽慰性的帮助重新被带回正轨。

因此,真正的教化过程的评判标准是:精神由于完成了任务和解决了当下的需求而产生了一种满足和从容。但是,随着对世界的理解不断增长,人也认识到了我们生存存在的时间性。年少者知道自己拥有未来,年老者知道自己面临死亡。于是,只有在将要到来的事物也作为需求和任务能够预先得到解决时,当下的满足才会存在。开始了解到时间性的青少年,就会带着勇气去迎接自己的未来并为之而学习。当下生命活动本身的自发性聚焦于未来之上,其所练和所学的都是未来要用到的东西。借此,青少年能够在未来解决当下还没有遇到的任务。这一点适用于技术学习,适用于研究,但也同样适用于自我克制的训练,在这些训练中形成了一种甚至愿意抛弃生命的英雄气概。训练起初是游戏化的和形式化的;接着,人们基于对价值的理解严肃对待训练。这种价值理解涵盖了人们对国家、道德、荣誉的认知,以及良知上对精神的不可触犯性的认识。最终,人们出于虔诚的爱进行了这种训练。

就这样,教化过程表现为一个阶段过程。按照这一过程,个人发展着自己。发展的方式是:个人与自然的、历史的、社会的世界相遇并最终与精神相遇,其需求不断被唤起,但人们也对个人提出了越来越广泛和严格的要求。真正的要求,如果要让它们促进而不是抑制受教育者的发展,就必须成为受教育者自身的需求。反过来说,受教育者现有的需求必须被转化成正当的需求。教育者从这两方面来施加影响。在此之中,教育者既遵循受教育者自发的和个人的情感需要,又对受教育者提出必要的要求,并且还致力于让受教育者从内心深处接受这些要求。只有达成这种平衡时,教化过程才是正当的;只有当这一平衡在轻松、不做作的情况下达成时,教化过程才是富有成效的。就精神行为的层面而言,凯兴斯泰纳把如下原理表述为教化过程的基本公理:"个体的教化只有借助那些文化财富才能形成,这些文化财富的精神结构完全或部分吻合于个体生命形态在各自发展阶段的结构。"①斯普朗格对这一法则的理解则更具普遍性:"真正被同化吸收的只有那些可以与人的生命本质及生活圈建立起关系的内容。"在这些定理中,个人不可被放在自然主义的角度去理解,不可被视为从根本上由遗传所决定的。相反,个人是历史性的,它由生活圈、教化道路、情境以及教育者本人的存在和措施所决定,并且始终是可变化的。个人的变化不是预先被决定好的,而是不可被推导的事情。这一原理也不可被解读为要拒绝一切强制行为:某些情况下还是需要强制受教育者去做他不想做的事情,因为只有通过强制,受教育者才有可能得知自己能做什么。但是,强制行为必须要能证实它的成效,并且绝不可以侵害受教育者的尊严,不可以损害他尚未固定的人格。因此,对内容、教育者和受教育者三者之间相遇的成效性依赖的条件做出研究,就获得了重要的意义,正如柯培(Friedrich Copei)在其研究(针对精神的基本行为的层次及其内容)中所做的那样②。即使是同一个人,根据

---

① 凯兴斯泰纳(Georg Kerschensteiner)著:《教化过程的基本公理》(*Das Grundaxiom des Bildungsprozesses*),1924 年第 2 版,第 42 页。
② 柯培(Friedrich Copei)著:《教化过程中的丰收时刻》(*Der fruchtbare Moment im Bildungsprozess*),1950 年第 2 版。

不同的生活情境和当下经历也会对教育性相遇表现出不同的倾向。如果要让他接受一个本质上全新的内容,那么他的日常习惯必定会陷入到不安和震荡之中。为了理解一种理论的关联,为了感受一种更深层次的艺术影响,为了全身心地参悟宗教的语录并在真实的祷告中铭记它们,需要一种颠覆日常的"惊叹""触动"和"震撼"。另一方面,从内容的教育成效性来看,存在着多种类型的内容。在形式上,内容或简单、生动和易为普通人理解,或难懂和过于个性化;在向心度上,内容或保持在所有内容的中心点的附近,或处于其边缘地带,因为在深层次上,教化的一切真实内容都是相互关联的。人对科学的理解越深刻,科学就会变得越有哲理;美的象征给我们的震撼越深刻,它与我们道德的且本真的生存存在建立起来的关联就越牢固;技术和经济越能在精神层面得到运用,它们就越会远离被妖魔化的过程,对整个生活秩序的作用也就越有利。

因此,个人的教化不仅依靠"与个性相称的文化财富",而且只在相称的情境下得到实现。当然,也有富有成效的教育情境能在个人面前开启出未知的内容。这有赖于一个青少年、一个民族群体所遇到的精神的活力。就这样,每一场精神运动都将其内容传达给了所有个人。每个人都可以理解普遍的使命,理解所有内容之间的生动联系——但只在有成效的情境中。这就解释了为什么所有的民族和时代都能够拥有一种风格固定的、适合普通民众的、科学和技术的或者艺术的、伦理的、宗教的教育,这种教育适用于所有类型的人和个体,不管他们拥有何种禀赋以及处于何种生活圈子之中。

(六) 治疗教育的方法

方法的指导和帮助以个人或全体生活圈及共同体在精神上的从容和内在健康为评判标准。然而,现实表明,这样一种精神指导多以失败告终。失败的判断标准是精神患病，即表现出神经机能症的特点。教育学家试图寻找导致这种精神指导失败的原因。因此，成熟过程的障碍可能由以下现象造成：错误的强化、习惯和机制作为结果出现了，并成为了性格的客观组成部分。这些障碍不可通过保护或管制这样的直接方法来消除；相反，所有这样的措施往往都会造成障碍加重的结果。

医生们早已认识到这些事实。但是，真正的精神病必须与性格在神经机能上的畸形发展这种远要常见很多的现象区分开——这是所谓的精神分析学派最新才得出的发现。这些学派揭示了有意识的生命如何表现在人身上且聚集起来，不仅如此，有意识的生命还被嵌入进一个无意识，但却共同影响着体验及行动的广阔领域之中。障碍现象常常存在于这种无意识的灵魂深处，并且由于生存使命没有得到完成而在那里变得强烈起来。这些倾向遭到人的"压制"，但却没有被清除。相反，它们仍然有力地存在着，且不受意识到此的"主观"性格的控制。诸如此类的倾向或状态有恐惧、强迫观念、强迫行为、瘾癖、敏感等，它们会造成人的失常和抑郁，同时会扭曲个人与同伴以及与事务的关系，而在这些事务中，个人本应该过着健康的生活。障碍的症状会明显表现出来，但对它的起因，当事人和他周围的人通常都并不知晓①。

现代生活的危机造成了大量的这种性格上的缺陷，使得患者有必要接受一种特殊的治疗。这种治疗属于精神指导的范畴，虽然其常常

---

① 昆克尔(Fritz Künkel)著：《关于性格的研究》(*Die Arbeit am Charakter*)，什未林，1932年第16版/《性格、痛苦和治疗》(*Charakter, Leiden und Heilung*)，1934年；摩尔(Paul Moor)著：《环境、同伴、故乡：一种关于发展障碍的要素及关于堕落本性的治疗教育的研究》(*Umgebung, Mitwelt, Heimat: Eine heilpädagogische Studie über die Faktoren der Entwicklungshemmung und über das Wesen der Verwahrlosung*)，1947年。

154 也经由医生来实施。何时开始转变成真正的精神性疾病,即精神病,这点通常是可以确定的。医学和精神病学的治疗方法与心理治疗所用的纯粹指导性的、教育的方法是完全不同的。后者存在于建议性的交谈之中。交谈揭示出被压抑的或者说被轻视的、未被解决的冲突,并唤起一种意志,即以一种信任的、勇敢的和道德上明确的方式来处理和解决这些冲突。

神经机能障碍已经出现在儿童和青少年身上。此时,障碍必须被辨识出来并由受过特殊培训的教育者来治疗。方法在根本上是一样的;这里的困难只是儿童还不能理解这种建议性的交谈,直到他们成长为青少年才能理解。障碍的起因一旦被揭示出来,就需要在考虑到青少年人格力量较弱的情况下去更换环境,或者去影响环境以使它不再重新制造出障碍。这经常导致我们需要对儿童生活中依赖的成年人给出建议。而且通常,父母和兄弟姐妹所具有的神经机能障碍就是造成儿童畸形发展的起因。因此,治疗教育的方法,一方面只不过是正常教育中精炼出来的方法,另一方面是帮助人们善后处理那些本身搁置很久,但却一直迟迟未得到解决的生活冲突的方法①。

(七) 方法的分化

通过区分虔诚、道德和博识,夸美纽斯在方法任务上把握着自己

---

① 汉泽曼(Heinrich Hanselmann)著:《治疗教育学导论》(*Einführung in die Heilpädagogik*),1946年第3版;阿勒斯(Wilhelm Allers)著:《针对性格畸变的治疗教育》(*Heilziehung bei Abwegigkeit des Charakters*),1937年;鸿堡格尔(August Homburger)著:《关于儿童期心理变态的讲稿》(*Vorlesungen über Psychopathologie des Kindesalters*),1926年;诺尔(Herman Nohl)、帕拉特(L. Pallat)编:《教育学手册》第5册,1929年,第147—206页;摩尔(Paul Moor)著:《治疗教育心理学》(*Heilpädagogische Psychologie*)共2册,1959年第2版;另参阅海博林(Paul Häberlin)的教育学及心理学作品,特别是《精神与欲望》(*Der Geist und die Triebe*),1924年。

的方向。这一划分在此后各种各样的译本中皆被保留了下来。在每种方向上,方法指导都会产生自己独特的措施和风格。因此,信仰史上的不同时代、社会生活方式上的不同时代,以及科学和艺术上的不同时代,同时也是虔诚、道德和博识这三个维度下方法措施的不同时代。虽然探究这些丰富的形态是专业教育学的事情,但是,我们这里还是可以简述一下这三种任务的一般特征。

第一,对信仰的指引遵循着一条道路,该道路在基督教会创建时即被铺设好并且确立了一种方式,且该方式呈现出了千姿百态的发展。所有的教会和宗派都是这种原始方式的变式,宗教团体的创始人尤其也是方法秩序和措施的创造者。在这一点上,新教的觉醒运动也是在追随这些宗教团体的脚步。

在基督教会中,灵魂的唤醒和指引通过福音的传播来进行。与祷告的堂区教徒结成伙伴关系是其决定性的方法形式。未加入的或未成年的人被纳入到这一由祷告者和感恩者构成的共同体之中,他们受到了感召,确切来说是受到上帝福音的感召;传播福音的人,只领报他本人被告知的东西;他们对传播对象没有其他的期待,除了期待其对福音的领报表示赞同,期待其口念阿门,开启内心的参悟,这种参悟正是福音传播者祈祷传播对象所要得到的东西。倘若所期待的这种自我觉醒发生了,那么这将被视为神圣精神的作用,并且冲破了方法的界限。

除此以外,教会、教会团体和宗派之中形成的所有手段都服务于同样的方法操作;它们都是在重复同样的核心过程。这些手段包括教团规章、天主教会的祈祷练习、宣誓和朝圣以及卫理公会的手段,包括整个礼拜仪式和礼拜仪式制度,以及教会年度的节日日历和礼拜仪式的安排、宗教艺术的帮助手段与沉思的手段。方法的基本结构是没有变化的。

然而，要接受信仰中的福音领报，需要在事前做出准备和在事后进行巩固。在接受领报前，必须动摇那种朴素的（神话的、玄秘的）世界观，或者说那种世俗的、建立在稳固的和僵化的观念及意志习惯之上的生命信条。在实现这一信仰的突破之后，必须要形成一种理解。该理解总是需要为自己做出辩护，其方法是：必须采用对话的形式在世俗的生命理解面前维护住自己的地位。因此，信仰需要道德上的教育和精神上的教化。

第二，为男女两性提供的道德上的教育、良好生活方式上的教育和社会形态上的教育依赖于社会世界的建构。统治阶层或者那些获得独立地位的阶层建立起一种道德形态，也发展出与之相应的教育方法。在欧洲，这样的阶层指的是贵族社会的骑士阶层和城市新贵及行业资产阶级这样的城市上流阶层。

他们采用的方法同样也是合作的方法。这一合作所涉及的是，在一个享有荣誉、声望和信赖的共同体中愉悦、包容和相互体贴地共同生活。

在人人相互尊重的圈子中生活意味着人必须擅长于克制自己，并正确地理解他人的心理。人必须感受到人的哪些弱点不容冒犯，感受到哪里会损害人的名誉。方法之间的差异是很大的，因为这些上流阶层的社会地位面对着形形色色的任务：不仅是政治上的职务，还有经济上的地位以及技术上的任务都会改变生活的方式。但是，在方法措施上始终显示出重要性的是：必须存在那种社会性的合作关系；年轻人必须可以自由和自尊地在一个愉悦的圈子中与人交往——要训练这种对自由的运用能力，游戏的意义最大；此外，还要滋养一种审美的乐趣，并期待儿童从小就能管束自我。指导者、家庭教师、宫廷教师、辅导员、同龄的朋友都是不可缺少的助力者。一些特定的行为会遭到极其严格的禁止，并且会触犯人的名誉。任何违规行为都会被指出，并尽可能无声地予以责备。社会声望已体现在教育共同体中，它调节着自由的能力表达与约束性规定之间的界限。但是，个人负责任的道德行为必须有可能冲破这种传统的道德束缚——这是对该方法是否正当的考验。

第三，对精神上的理解和能力的指导依赖于艺术和科学的发展水平；方法要遵循艺术和科学的发展变化。

学术教学的教学方法首先形成于古老的宗教之中，在此之中，学问带有祭司的特性。在古代的巴比伦人、波斯人和印度人那里，科学与祭司仪式及道德的、司法的规则联系在一起。因此，科学被当作宗教基本的组成部分来教授。学生怀着敬畏之心聆听教师的话语和教师所讲的神圣经文，他们背诵、模仿，寻求做出与传授的内容一致的解释。

在古希腊的科学中，研究完成了与祭司宗教的脱离。继诗人自由地涌现出来之后，一种自由的、讨论式的教学就形成了；接着，苏格拉底让研究飞跃为一种批判的、意识到其所用方法的研究。这种研究从可以直观看到的和体验到的现象出发，把概念性的东西作为本质的、永恒的、真正存在的和一般性的内容，并寻求在研究者的对话中去探究这些内容。彼时，教师向学生提出问题，因为这样能够让学生注意到自我的所为和所见，学生被鼓励去批判地运用自己的理性。

古希腊同时形成了擅于理解和解释文本的修辞和文法的方法，以及苏格拉底和柏拉图哲学中那种对话、启发及问答的方法。

两种方法都是既适用于研究又适用于教学。

在长达几个世纪的时间内，欧洲世界的学术教学均与整理古代传统有关。在此期间,其教学方法主要是接受型教学,如同古代祭司文化中的一样:传授传统知识,并以评注的形式对其加以解释。通过人文主义者,然后是改革教学论者和启蒙运动,古代语文学的和文法的方法以及对话与研究的方法得以重新回归——前一种方法重新出现在人文主义的博雅学校中,后一种方法重新出现在十八世纪借苏格拉底的方法所做的尝试之中:两种方法统一在现代大学的教学原则中。自卢梭以来,特别是自二十世纪以来,改革教育学的方向中出现了这样的尝试:即把这些方法转用到全部的学术教学之中,其中也包括学术教学的基础阶段,以及新发展出来的普通教育的、大众化的教学。

只要这些现代的教学方法能起到"普通教育"的作用,希望充实和训练全体人民的精神,那么它们的原理就具有以下几个主要特征①。

第一,精神塑造被理解为一个统一整体,需要耗费整个青少年时期来完成。按照各个年龄段提供的可能性的限度,精神塑造对这些年

---

① 可参阅奥托(Berthold Otto)著:《20 世纪的学校改革:讲演稿》(*Die Schulreform im 20; Jahrhundert. Vortrag*),1901 年第 2 版;费舍(Aloys Fischer)著:《基础学校教育的精神》(*Geist der Grundschulerziehung*),出自《教育学总报》(*Pädagogisches Zentralblatt*)1926 年,第 241 页及后续几页;彼得森(Peter Petersen)、沃尔夫(Hans Wolf)著:《一所依据劳动及生活共同体学校的基本原则建立起来的小学》(*Eine Grundschule nach den Grundsätzen der Arbeits- und Lebensgemeinschaftsschule*),1926 年;彼得森(Peter Petersen)著:《学校生活与教学》(*Schulleben und Unterricht*),1930 年;弗里许艾森-科勒(Max Frischeisen-Köhler)著:《符合发展的创造教学》(*Entwicklungsgemäßer Schaffensunterricht*),1931 年;施雷伯(Otto Schreibner)著:《劳动学校二十年》(*Zwanzig Jahre Arbeitsschule*),1930 年;惠特曼(Johannes Wittmann)著:《整体教学的理论及实践》(*Theorie und Praxis eines Ganzheitlichen Unterrichts*),1933 年;黑森(Sergius Hessen)著:《劳动学校的理念及道尔顿计划》(*Die Idee der Arbeitsschule und der Daltonplan*),出自《教育》,1926 年第 1 期,第 502 页及后续几页/《现代学校的结构与内容》,1950 年。

龄段加以利用。

第二,精神塑造的前提是:精神上的基本经验首先来源于家庭生活,然后通过青少年的学校生活以及稍后的整个社会生活来获得。

第三,青少年学校被组织为一个精神交流的场所。这种精神交流提供了与成人进行对话以及自主研习的机会。教师首先要负责建构起这样一种交流的框架:他们组织扩大交流的领域,并促进青少年与世界、人类的作品以及有教养的人相遇。

第四,只有在如此关怀之中,才能展开青少年与能力传统、认知传统和理解传统的相遇。在青少年面前,那些受人偏爱的且富有教学成效的技艺、语言、文章、思想和概念结构、原理和教条需要逐步展现出来。对精神加以建构,以理解为目标去学习,传授已经得到证实的思想过程并以概念性的内容和经过推敲的话语去巩固这种传授,这些是教学法上的主要形式,它们在精神塑造的基础阶段处于同一地位,而且被交织在一起使用。

第五,与传统内容的相遇嵌入在基础阶段直接的精神交流中,且从属于这一交流。渐渐地,这种相遇会带着自己的要求直接出现,但并不是一下子就在整体的范围内出现。因此,当"小学生们"在一个已经成形的学校生活内开始了解传统的内容时,对他们这一部分的学习来说,"综合教学"是一个出发的起点。在学校生活中,综合教学只是一个插曲,但是它综合了传统内容的学习,并推动人们去塑造艺术形象、去传诵诗歌和历史、去观察和思考现实,并用语言对现实进行加工。在综合教学的内部,"读""写""算"这三个基本学科的练习最先独立出来。11岁时,纯粹的单科课程已经能够被分离出来,例如,以某种语言的学习为教学内容。之后,手工课程和数学课程被分离出来。是否有其他学科被进一步分离出来,以及如何分离,这取决于学校的目标以及学校与职业世界的关系。

第六,"综合教学"的方法在于:学习小组在交谈中对体验、学习的意愿和想法做出讨论,这些能激发小组中处于领导和独立地位的成员形成真正的兴趣。虽然这种交谈是自由进行的,但也需要教师做出评判;教师必须注意的是:交谈是否能产生成效,并能以此为根据去呵护和间接指导交谈——这种呵护和指导并不指向教师脑海中浮现的某个特定目标,而是要让孩子们借助交谈的成果产生学习的动力。为了能让交谈有所结果,并让小组能够监控自己在多大程度上遵循着自己的兴趣,这些交谈可以通过日志记录的方式被保存下来。

接着,就由这些动力生发出学习和研究的过程。为了能让这些过程有所收获,它们必须在某种意义上"合乎手工作业的特点",也就是说,要熟知辅助手段和工具,并了解劳动方式。在学习计划中,必须留出一块特别的空间用于传授这些工具和训练这些劳动方式,其操作方法与工厂车间中的操作方法是一回事。

综合教学及其派生物以庆祝活动和隆重的精神性展示为框架和补充。这些活动和展示必须让个体的学习成果于集体之中公布出来且发挥效用。此外,展览、总结报告、对较长学习期的回顾也具有一种精神交流的特征。让父母、曾经的学生、以后的教师以及一般大众都参与到这样的展示中去,这是人们所要追求的目标。

虽然单科教学在青少年教学的更高阶段得到扩展,但是综合教学,这个精神交流中一切教学的源点,是绝对不能中断的,并且绝不能停止其教学成果的交流应用。不过,此时的综合教学须调整内在动力与外在规定的关系,以便学生越来越多地进行自主研习和扩大学习研究的领域①。随着学习者的独立性不断增强，教师的重要性同时也越变越大；相比于教师的方法技巧，这里要求更多的是教师的精神人格。此时，教学的一部分转变为一种由教师实施的计划性的引导和训练。教师越是把学习者看作自由的人，即不仅本身表现出兴趣而且可以做出自己判断的人，教师的作用就越大；对于传统的传承来说越来越重要的是：在教化的客观内容之上结成合作关系，并且从现实中存在的问题出发。基于学习者的真实存在的问题，传统应该在学习者那里获得"现实"的意义；反过来说，由于对当代年轻人在完成其生存使命上具有真实存在的重要作用，传统自身也得到了开发。

第七，单科教学和研究的方法所依据的基础是：长远目标可以被分解为各项子任务。人们在这种分解上是如此地娴熟，以至于研习内容被拆分成诸多个"单元"，且每一节被机械分割出来的课时都在方法上自成一体。这种做法在当教学以学术报告的形式进行时是非常必要的。这一形式对听众提出了很高的要求，他们必须独自默默地跟上节拍，而这必然导致他们在短时间后就会疲劳。在针对青少年的教学中只能小范围地引入这种讲授形式。语言的学习可以被分解为多个

---

① 关于科学教学的结构请参阅弗利特纳(Wilhelm Flitner)著：《基础性的精神训练》(Grundlegende Geistesschulung)，出自《教育》，1939 年第 14 期，第 7 页及后续几页；魏希曼(Ottomar Wichmann)著：《学科课程的自我规律和教育价值》(Eigengesetz und Bildener Wert der Lehrfächer)，1930 年；左林格(Max Zollinger)著：《高校入读资格》(Hochschulreife)，1939 年；弗利特纳(Wilhelm Flitner)著：《教育与教化的基本问题及时代问题》，1954 年，第 75 页及后续几页/《高校入读资格与高级中学》(Hochschulreife und Gymnasium)，1959 年/《高级中学中的高中阶段》(Die gymnasiale Oberstufe)，1961 年；多尔赫(Joseph Dolch)著：《西方的教学计划：两千五百年历史》(Lehrplan des Abendlandes: Zweieinhalb Jahrtausende Seiner Geschichte)，1959 年；施瓦茨(Richard Schwarz)著：《科学与教育》(Wissenschaft und Bildung)，1957 年/《基础研究：关于高级中学毕业班的教育问题》(Studium Generale: Zum Bildungsproblem der Abschlußklasse der Höheren Schule)，出自《教育展望》(Pädagogische Rundschau)，1950 年第 5 期，第 203 页及后续几页。

单元;采取混合学习方法的常识课①有着不同的疲劳界限,通常这一界限是两节课时。学习任务的分解并不总是能与这些由生理因素所决定的时间界限保持一致。

任何方法上的统一体都遵循这样一种法则,即它应该去获取一个结果。该结果在某个教学课程的结构中不可缺少,必须得到保障。因此,方法上的统一体会围绕着一个核心。这一核心或许是某种工件的理念或构造计划,或许是某种训练的原理,抑或许是某种应该被获取到的认识或视野。

如此一来,每次都有一条通向这样一个结果的机械途径——因为在青少年的教育中总是反复出现相同的任务——以及一条恰当的、有活力的且真正具有教化作用的道路。常规方法走的是第一条道路,由此制造出无聊、死板的学校中学生对学校和学习的厌倦之感。恰当的方法需要的是一种内动力,这种内动力要在青少年无主观意愿和无觉察的情况下对他们产生触动。

对于手工劳动以及艺术或语言的表现活动而言,这一内动力体现在劳动和表现的意愿之中,体现在对成功的预先印象之中,体现在实现心中构想的渴望之中。

对儿童的方法性指导以试验和摸索的方式发展出一些手段和技巧,并让儿童找出对于想要完成的作品的意义理解,通过这种方式,方法性指导维持了上述内动力的生机。此外,方法性指导还致力于在各个实施步骤中让儿童自己从整体作品的视角出发对分项学习的情况

---

① 常识课(Sachunterricht)是在德国初等教育(一些特殊学校会延至中等教育)阶段中,针对事实性专业而设的一种综合课程,通常被视为中等教育阶段中历史、地理、物理、化学、生物、社会学、经济学等课程的前身。在某些联邦州,这一课程也被称为乡土课(Heimatkunde)。——译者注

做出评估。

在手工劳动及艺术与语言表现这一领域,方法性指导的四个要点是:真正的劳动意愿或表现动力,认真钻研下得出的对作品的意义理解,技巧和手段的掌握,以及从整体出发对分阶段的自我评估。

在认知领域,这一内动力体现在真实的疑问之中:对现实的惊疑。这种惊疑更深刻地表现在苏格拉底对我们的错误观念所发出的惊诧。

方法性指导首先纯粹致力于唤起这样一种内动力,并继而进一步追求在这一内动力所确立的道路上做出指引,有天赋的儿童会自发地在这一道路上继续探索下去。恰当的方法会巩固这种自发的探求、试验和假定的过程;它追求纯粹和快乐地维持儿童的学习动力,保护其免受伤害,并为其提供以自我教育为目的的帮助。柯培揭示出,这条真正的学习道路如何在细微之处沿袭了研究的道路:从内动力中生发出一个问题,这一问题将人引向有意识的探求和试验中,直至从内部达到一种认识上的或构建上的突破。这一突破起初只是一种灵光突现,一种意识想法,一个"富有成果的时刻"①。它使得人们可以做出假设或得出定理。在这之后,这些假设和定理必须得到修正,且必须被放到现实中加以检验。生动的学习的方法过程正是在于,使真实的疑问得到解答,但答案并非简单地由教师给出,而是由教师帮助学习者自己去迈向那个收获的结点。由这一点开始,答案就可以由学习者自己独立地寻找出来。

在这个意义上,理解一个基本思想与重复这一思想的产生过程同样重要。对此而言至关重要的是:回到这一思想产物最初的原点,即最初的问题之上。"生动的"教学让人从青少年的真实疑问中找出这

---

① 柯培(Friedrich Copei)著:《教化过程中的丰收时刻》(*Der fruchtbare Moment im Bildungsprozess*),1930 年第 1 版/1950 年第 2 版。

一问题,借此重新建立起一种合作关系,而这次的合作对象变成了研究者。然后,这种教学就过渡到为找到答案做准备,让青少年自己找到解答问题的关键点,或者让这一关键点在解释的过程中作为答案呈现出来并由此让青少年自己得出结论①。"通过把学习内容融化到它的形成过程中,我为这一内容重新创造出其原始的情境,并借此激发出那种充满活力的兴趣。现在的学习内容曾经就是由这样的兴趣产生出来的。虽然这一内容现在已经脱离生活而进入到遥远的学术领域,以至于根本不愿再想起这一最初的起点,但是,通过在教育上将其引回到原初的情境,这一内容又变回了曾经所拥有的样子,即疑问、问题、困顿和创造的热情。""一切方法技巧皆在此之中得到确立,即把死板的事实内容回转成它们所源自的生动行为:内容回转成内容的发明和发现,价值回转成价值的创造,计划回转成计划的谋划,契约回转成决议,解决方法回转成任务,现象回转成原初现象。"对于青少年教育而言,还有节约准则在发挥着效用。需要得到完整阐释的不是大量的直观认识和科学认知,而是知识的原型或范例。借助典型范例的模型,青少年理解了现实存在中所有领域的代表是什么。因此,在青少年对世界知识和认知过程进行再理解时,需要从真实疑问中挑选出那些引导性的和影响深远的疑问,并在那些到处充斥着的杂乱的疑问面前重视这些真正的疑问;或者也可以说,青少年教育把偶然出现的问题精简到那些在方法意义上有用的问题之上。当教学论研究者从青少年的真实动力中找到自己的创见点之时,他必须在所有的分项学习上把学习的总体目标有选择地保留在自己的意识中。

---

① 罗特(Heinrich Roth)著:《论教育的方法问题》(*Zum pädagogischen Problem der Methode*),出自《选藏》,1949 年第 2 期,第 102 页及后续几页/《教与学的教育心理学》(*Pädagogische Psychologie des Lehrens und Lernens*),1959 年第 3 版。

只要涉及知识，问题就是学习动力的来源。然而，精神塑造的一个本质部分却以人在人类社会中的参与为基础，即以语言和对他人的理解为基础。理解他人所需的前提是他人的表达。因此，精神上的研习从本质上拓展到了语言、语言作品以及历史的知识上。虽然进入这一领域的指导方法涉及专业知识领域所采用的方法，但这只是在预备阶段——比如在乡土课程①中，或者是在最高阶段——比如对历史人物做出反思的时候。这一领域的核心具有一种不同的本质，也要求一种不同的方法。此处所需的学习动力就是参与人的世界。唤起这种参与需要的是诗人和作家的艺术。由此我们进入到了文学的领域，它带给我们有关人的认识，也让我们认识到了人的原型和古老的人类典范。对这种认识的表达需要在学校生活中的精神交流及庆典活动中展示出来。之后，历史作为一门课程被分离出来。首先，历史课是对世界、欧洲、民族、地区的历史所做的史诗讲述，其浓缩在历史的成就及历史的本质之上。这种成就和本质体现在：我们肩负起未来的责任，结成同盟共同捍卫我们作为人的条件、我们的自由的条件以及我们的精神相互联结的条件。借此，历史叙述在一种现实的兴趣中达到了顶峰。作为精神的动力，这一现实的兴趣也指引着人们去对历史做出研究。

方法性的指导和帮助在于，关于全部历史事实的知识一方面以叙事的形式，另一方面又从这种现实的目标点出发变得生动起来；在于关于真理的疑问越来越成为人们关注的中心，这种疑问推动人们从理解人真正的生存使命出发去解释历史事实。倘若这些关联持续存在，学习者接受的历史知识就能变得生动。于是教师便又努力护送青少年走上那条由学习动力自发形成的道路，让青少年遵循节约原则，并

---

① 见第 182 页关于常识课的译者注。

坚持以原初的和具有生产性的知识原型为学习的方向。学习文法与认识数学、物体一样，有着相同的方法要求，但研习文学却要求使用哲学中解释学的技艺。在文学领域，研究方法同时也是教学方法。唯一不同的是：由于要把教学内容精简到基础性的东西和范例模型之上时，要遵循经济原则和考虑到学习者的语言水平，因此在教学方法上不得不做出某些限制。

要让人们掌握审美艺术，即使是以外行的，或者委婉地说，是以业余爱好的形式，其教学方法也和工厂车间里所用的方法一样。这种方法在童年阶段任儿童自由发挥，之后则通过合作这一形式展开。如果涉及对当代及过去伟大的艺术作品做出理解，那么其教学方法应该与语文学的方法发生联系①。

第四，精神塑造的方法过程遵循其特有的一条法则。然而，精神塑造处处与培养伦理态度及信仰态度的教育相关。精神塑造使人认识世界，获得概观，形成判断，养成品位和变得审慎；它产生了一种风格意志，一种对生存使命的看法，一种对朋友和敌人的态度；它赋予人们言语的表达，阐释人的生命。因此，精神塑造处处与道德的决断和信仰的立场联系在一起。

然而，教学论研究者不可自以为是地认为，他必须立即全力以赴，在上述三条道路之间，即信仰指引的道路、道德教育的道路以及精神塑造的道路之间，制造一个和谐的关系。我们试图将这些教育整合在一起，使它们相互融合；但是由于它们有着各自的传统，因此也就出现了矛盾和对立的倾向。教育方法没有能力去人为地调和历史的力量；这样的尝试会导致错误结论的产生，从而把教育者逼迫到一个不正常

---

① 费舍（Aloys Fischer）著：《艺术与方法》（*Kunst und Methode*），出自里德（Ried）编：《学校音乐的时代记录》（*Schulmusikalische Zeitdokumente*），1929年。

的立场上。但是,我们传统中的教育倾向之间的矛盾确实应该得到调和。在教育中,人们关注这些矛盾的处理,仿佛未来的平衡状态被提前营造出来。由此,青少年可以获得一种富有创造性的内动力,这将为他们开辟一个学习、尝试和发明的领域。在这一意义上,好的方法应该是向年轻人指明他们的任务,并同时激励推动他们去创造和沿着自己独立的道路继续前进。但是,要取得这种好方法所能达到的最佳效果,就必须在提前营造未来教育内容之间的一致性时,不牺牲这些内容的正确性和根本特色,也就是说,人们必须追求在完全的客观性和真实性中实现教育内容之间的协调,而不是仅仅在教育中虚构出这种和谐的关系。

如果要用具体的实例来说明这一告诫,可以联想今日西欧为学术研究准备的基础教育中存在的不同内容。这些学校的学生被引导着去理解现代的精神教养,去理解它是如何形成的。学生们既学习古典语言和文学,也学习现代欧洲的语言和文学;既接受哲学、神学的教育,也接受艺术、文学和数学、自然科学的教育;既学习世俗的历史,也学习教会的历史。即便是精神塑造的这些内容,其内在已经承载着极其多样的信仰立场、极其多义的道德和审美的判断基础。此外,如果学校和父母想要让青少年获得宗教上的基本经验,想要建立一种社会的和政治的风尚,例如,自我管理的精神、对人的尊严的尊重、所有阶层相互交往的精神、一种欧洲共同所有的人文意识,那么还会形成更多细致的区分。在这一状况下,方法上的任务只能是:帮助年轻人,以使其在洞悉价值观的多样性和认识存在解释的多样性的同时,获得处理这些矛盾的能力。因为这一任务已经超出个人的能力,所以关键在于:要让年轻人接触所有在他这一代从精神和道德层面为处理这些矛盾所做的创造性努力。然而,同样重要,甚至最为重要的是,要鼓励年轻人不顾一切反对地去坚持信仰,只要他获赠到的是那种解脱和抛开尘世种种的体验。有信仰的人不应该自愿地将自己归属为一种边缘群体,而应该处处追求真理并参与到一切善行之中。一方面,基督教的基本经验、柏拉图及亚里士多德的哲学与现代研究所做的技术的和实用的世界分析、现代历史主义之间的矛盾无法从现代教育中被去除;另一方面,这一矛盾也不应该被视为僵化的对立,而应被看作有待个人去认真钻研的、多样和庞杂的内容。在这一意义上,任何一种方法都是抱着美好的憧憬在发挥作用。

补论　关于教育学教养的补说

　　如果我们针对引论部分第 9 个注释（本书第 13 页注释①）来探讨每个人在单门学科的教育学理解中发挥什么作用，那么可以明显看到，医学中存在的关系在教育中也同样存在：我们需要一系列专家，他们自主地获取新的知识，参与到研究当中并负责将研究运用到生活之中。然后，我们需要具有教育学教养的教育实践者，如同医学领域需要具有科学素养的医生一样。最后还需要普通的教育大众，即非教育行业人士，他们也拥有自己的经验领域，但必须接受职业教育者和研究的启蒙。在外行中普及专业的单门研究的认识是一件麻烦的事情；许多"通俗化"的形式仍然十分粗浅。这些形式给出的启蒙往往会造成严重的后果；它们甚至会破坏有意义的教育习惯并给出一些与整体的教育准则完全不相契合的教育方法。精神分析和笔相学在科学上确实结出了丰硕的果实，然而仅由它们给出的启蒙给人们造成了多大的迷惘！因此，应该有另外一种方法和这种普及化的启蒙方法相对，那就是一种在家长之间进行商讨的家长教育学。这种具有自身文献的教育学尤其在成人教育中心和学校社区得到传授，其目的是培养教育学的普通教养。

　　培养教育学教养不在于传授教育科学的单个成果，而在于让人认识其中的关联；教育学教养使人能够在问题与实践的存在性关联中进行教育性的思考。通往教育学教养的道路有很多条：其中一条以实践者参与哲学思考和研究为基础；另一条以国民教育的方式，在具备教育学素养的教育者的指导和帮助下，直接探讨并阐释教育实践中的种种问题。身处教育实践之中的非教育行业人士拥有这种关联，因为他们就在这一关联中行动着。教育的科学所期望的不是别的，正是把这种已经被经历过、体验过和行动过的思想变成一种意识，并揭示出这种思想与其他生活圈、其他人和时代的类似事实关联之间所存在的联系；教育的科学应当去除错误的意识和错误的联系。人作为负责任的教育者已经置身于某种教育内容之中，其对于教育内容的思考消除了非行业人士和专业人士之间的区别。非行业人士和职业教育者都基于自己的实际情况做出思考，以此方式，他们自己均参与到了教育的科学中，而作为参与者，他们也都以自己的方式同时扮演着研究者的角色。因此，双方对这门精神科学的参与有助于双方的相互理解。因为我们在实践中要与他人，而且常常是持异见之人共同协作，所以非行业人士在教育理论之上的参与，有助于我们和那些我们必须在行动及精神层面与之保持联系的圈子达成相互理解。这种参与有利于其作用范围相互交叉的一切类型的教育者之间的沟通理解。

因此，非行业人士的教育参与可以被升格为一种全身心的投入和一种理论性的、教育学的全面教养。出于这一原因，人们致力于让所有类型的教师都接受这样的额外的职业学习。相比以往只有哲学家和个别的学校教育工作者从科学的层面进行教育的反思，今日，人们追求培养出一大批对教育的科学有着深刻理解、受过前期训练且立志于献身教育实践的教育者。

提升这种意识无疑是当代固有的需要。欧洲各个民族、基督教的布教地以及欧洲主义触及到的所有地方,都正面临着教育习俗的瓦解与变革。一旦某个群体感受到了这一不确定性,他们就会去寻找通往新的确定性的道路。哲学思考也显现为这样的一条道路。虽然哲学思考本身的目的并不是给出最终的确定答案,但它能预防人们做出错误的预言,并让人们看到真正具有构建作用的力量。即使我们对教育的科学有着极大的期待,但却不可让之丧失批判性。意识到教育的科学的界限,大概就是这种反思所能达到的最深层的真理;借助这样一种真理,教育的科学已经能在危机时期生化出一股净化的力量。

20世纪20年代,人们经常对许多教育学者夸大其思想影响的倾向提出批判,这是有道理的。借此人们警告,不要过高估计教育的理论——这是否也是在警告不要高估现实的教育学教养呢?可惜,现实处处都十分明显地表明:我们缺少现实的教育学教养。现代的人民大众以及最近的农村在道德上的混乱、国家的腐败、教会的浅薄和世俗化、人际交往和伦理基本关系中的粗俗鄙陋,这些都可在很大程度上等同为教育学教养的缺乏。

让我们先来说明一下,那些学识丰富的阶层在对教育和教养进行反思时可能会设定什么样的目标。会反思的教师和教育者可能会从革新过的思维方式中首先学到:教育并不是从反思之中,而是从现实的塑造力量本身来获取教育的内容。基于这一认识,教师和教育者也许会寻求与教育领域内的习俗建立一种新的关系。学校及其教育理论,已经长期在城市和乡村中扮演着闯入者的角色;老旧的校舍像兵营或工厂一样无秩序地矗立在农舍之间,或者矗立在其他规划有序的城区之中,由此从建筑上就已经能看出这种不协调关系的存在。直到20世纪改革教育学派的出现,他们创立的学校才开始注意让学校建筑更好地融入周围环境。与此相仿,学校的交往形态过去也常常会构成一个与良好的家庭习惯不再关联的世界。相反,拥有教育学素养的教育者可能会尝试在民众中将好的教育习俗扎根下去并让这些习俗成为人为设立的、公共的教育机构的基础。长久以来一直存在着这样一种风险,即职业教育者已经被视为必须从集体大众手里承接教育责任的职能人员。人们以为,教育是专业人士习得的一种技能,教育责任应该单单由这些人士承担。不仅如此,教育职务的承担者也持这一立场,他们认为教育可由自己决定和掌控。现代福利和行政国家支持这些观点,只是它们对这一责任的包揽太过于轻率。然而,这种责任绝对不可完全从父母、教师、雇主和私人组织手中被剥夺掉。今天,教师、救济社工作者、日托所和幼儿园教师,以及校医院、社会保障管理部门、青年福利局、劳动局和其他国家机关都倾向于把青少年的教育看作是自己的任务;这与现代把个人责任转移到集体之上的趋势相一致,而集体则借助职能人员来开展工作。事实上,教育的关键在于,每个人都应当学会去承担自己的教育责任①。

---

① 费舍(Aloys Fischer)著:《教育作为天职》(*Erziehung als Beruf*),1921年。

《普通教育学：精神科学的视角》——导读性后记

乌尔里希·赫尔曼（Ulrich Herrmann）

1950年，威廉·弗利特纳首次出版了《普通教育学》，并将此书作为他在1933年出版的《系统教育学》一书的改编扩展本。自此至1997年，《普通教育学》共发行15版次，成为20世纪70年代之前（包括70年代）西德最广为流传的普通教育学教科书。对于那些不属于第二次世界大战之后西德文化圈的读者而言，这篇导读性后记可能会对他们理解此书有所帮助。

弗利特纳的《普通教育学》被认为是精神科学教育学的主要著作，因此，我在后记的第一部分会首先尝试去理解精神科学，从而为第二部分阐释广义上的精神科学教育学做好铺垫。在此基础上，第三部分将会具体阐释弗利特纳对《普通教育学》的构设，最后的第四部分则会评价弗利特纳作为一名教育科学理论家做出的恒久贡献。

一、什么是精神科学

从科学史来看，将自然科学和精神科学相互区分开是人们通常的做法。其中，以数学为例的形式科学被认为是"纯粹的"精神科学。为了区分两者，英文当中用Sciences来指代自然科学，而用Humanities来指称精神科学。这种区分方式非常接近两种科学区分的原始意义，因为自然科学最为对应的意义就是用科学的方式对物理性的物质世界以及其中主宰性的自然法则进行实验研究和因果解释的科学理想。与之相对,精神科学面向的是人类创造出来的生活世界,其意图去理解的内容是,那些在人类生活世界的历史中产生的、人类个体生活以及社会生活的影响关联和意义关联。

德国精神科学最重要的理论家狄尔泰,曾经赋予过精神科学这一学科群如下称谓:"关于人、社会和历史的科学","关于行动的人的科学",由之也是"关于道德和政治的科学"。借此,狄尔泰表达出了精神科学的现代纲领。人是精神科学认知兴趣的核心,其既是文化的造物者也是文化的创造者,既是个体(个性)也是被社会化的载体,其承载着社会的、政治的功能和角色。

由此也就形成了精神科学的研究对象(更确切的说法应当是研究问题),它们分别是:人类生活世界和文化是如何在历史和社会中形成的——人类生活世界和文化的历史性;生活世界和文化是如何在狄尔泰所说的"文化体系"(比如宗教、艺术、教育)以及"社会外部组织体系"(即"文明",比如行政、司法和交往)中构建自身的——生活世界和文化的组织建构性;最后,如何批判性地反思那些(意欲)主宰我们生活的世界观、规范和目的、自由和强制——意识形态批判和伦理学。

依据上述研究对象又产生了如下单门学科:

关于人的学科:人类学、心理学、教育学、哲学伦理学。

关于社会的学科:社会学、文化比较民族学、政治学(对统治的体系分析与体系比较)、经济学、法学。

关于历史的学科:社会史、经济史、文化史、法律史、政治史,以及历史理论(历史学),即关于"历史世界"的影响力量和影响关联及其"历史世界"的变化的理论(见狄尔泰的晚期作品)。

显然，精神科学可以根据关注层面的不同，对自己的研究问题进行不同的联结，而后加以探讨。举例来说，不同的关注层面可以是生活构想的形成及其生活方式和文化相应的实践情况，即"在世存在"的心理层面和社会层面；可以是代际、群体、社会阶层、亚文化、穷人和富人、特权阶层和弱势群体之间的共存与冲突，即社会内聚力、嬗变、抗议和反对这些政治的与社会的潜在势能。

二、什么是精神科学教育学

起初，精神科学教育学在 20 世纪 20 年代被理解成普通教育学内部的一个学术流派，其不以康德或赫尔巴特为遵照，不以实验教育学、新教育学、天主教教育学、社会主义教育学或其他的"学派"、思潮为依据，也就是说，精神科学教育学所遵照的不是预先决定好的规范，而是教育现实。那么"现实"到底是什么？它又是什么的现实或"事实"？在不同的情况下，我们要考虑或者不考虑现实的什么内容，强调或削弱现实的什么意义？通过什么能够断定观察者、研究员或者理论家所述及的"现实"是准确的或是错误的？这也同时带来了如下的问题：现实中在教育意义上"起作用"的是什么？"教育"意义到底指什么？存在哪些教育意图，哪些教育意图是受到允许的，哪些不是？它们受到或不受允许的理由又是什么？

德国最著名的社会学家，马克思·韦伯(Max Werber)曾以令人信服的方式指出，"研究对象"或者研究领域，是不能用来定义一门学科的，比如，儿童同时是儿科医学、心理学和教育学等学科的研究对象。相反，构建一门学科的其实是某个特定的学科视角下看到的事实(问题)，比如社会学的、教育学的、生物学的视角。具体来讲，一门学科会在其自身特定的视角下，把一件事实看作是有目的的、有条件的和有关联的。举例来说，儿童、青少年和学校既可以被放在教育学的视角下，也可以被放在历史学、社会学等其他学科的视角下来观察。由此，精神科学对"现实"的开发是多样性的。一项有目的的事实，包含着一个目的指向性的，通常也是被规范确立下来的行为目的和行为解释；一项有条件的事实，依赖于某些行为或客观情况；而一项有关联的事实，必然要与行为目的或条件分析联系在一起。当我们想让儿童获得某种特定的行为方式或者某种认识时，必然会有与之相应的、特定的行动意图，这就是我们所说的教育和教学；当获得这一行为方式需要条件时，我们就必须寻找那些已经成功引发这一行为方式的教育影响；当这一行为方式具有关联意义时，它就会在某些情况下有助于达成一个更加深远的目标，比如培养想要的态度和行为(能力)。

精神科学教育学采用的是经验性的和解释性的研究方法：它在那些以支持教育和教化为使命的行为和机构中辨识出教育的影响关联与意义关联。作为狄尔泰唯一的直系弟子，诺尔感兴趣的是社会教育学，因此他关注的基本问题是教育者和正处于人生困境的年轻人之间的关系，这意味着，诺尔热衷的是与咨询(Beratung)相关的生活世界的话题。斯普朗格着重探究的是精神科学的理解心理学——其出版了《生活方式》《青春期心理》(*Psychologie des Jugendalters*)两本著作——但却较少关注教育学。如果非要把斯普朗格的研究归入精神科学的文化教育学一类，那么这种做法的合理之处仅仅在于，斯普朗格把作为文化习得和文化传承之主体过程的教化过程置于其教化理论的中心(这也让他个人与凯兴斯泰纳结下了紧密的联系)。相反，关注文化教育学的其实是利特，他继承了黑格尔和狄尔泰的传统，借助"精神的客观物化"，以此为人文中学(Gymnasium)的教育经典创立一种针对教育内容的教学法理论。

从上述人物与同时代的改革教育学之间的关系中，我们也能受到一些启示：斯普朗格和利特对改革教育学持疏离的态度，而诺尔及其弟子弗利特纳则对之比较感兴趣。斯普朗格和利特遵照的是传统的人文中学，而诺尔与弗利特纳则接纳了新生活运动和青年运动中提出的教育追求，由此，他们也就接纳了一种涉及新的学习和体验形式的教育学，这种教育学不仅探究文化的习得，而且研究创造力和自主活动的培养。弗利特纳把教化过程理解为唤醒自我教育的过程，而这种唤醒首先也是通过丰富多样的文化触动进行的，文化触动可能发生在朋友间，也可能发生在青年运动或自由德意志学生运动的团体中。

正如弗利特纳在自己的回忆录中所写的那样，他对教育学的探究之路有如下几个决定性事件：在图灵根引领国民教育走向新的方向（1919年起），起初先在基尔（1926年起）而后又在汉堡（1929年起）对教师教育做出重新组织。弗利特纳认为自己有义务通过工作中参与的这些任务，去重新和全面地反思一个问题，并将之呈现在一本教科书中以供教学和研究之用，而这一问题就是如何把习得和传授客观文化的过程变成向主体教化转变的过程。对于弗利特纳所看到的这项使命，他的那些研究普通教育学的同仁却没有意识到。这一点奠定了弗利特纳在20世纪30年代的普通教育学中所享有的特殊地位。他是如此出色地完成了这一使命，以至于在经历了一代人的成长之后，也就是在纳粹统治和第二次世界大战结束之后，西德将他奉为"教育学的经典大家"。

三、弗利特纳对《普通教育学》的构设

普通的就意味着是理论的，而理论的又表现在概念之中。然而，概念要形成理论就必须具备系统性。一门科学的自我架构是靠理论及其基本概念构成的。如果不想这些基本概念被另一门（精神）科学挪用，那么这些概念就必须如赫尔巴特所说的那样：产生于一个独有

的"思想范围"。作为理论家,弗利特纳是如何解决这一问题的呢?

弗利特纳的解决方案在于,他把人成长进入生活世界的不同维度以跨学科的方式联结了起来:成长和进入生活世界的客观前提和条件、由之产生的教育的行动形态,以及指向成长中的年轻人的教育过程的目标设定。换句话说就是,为了通过教育和教化来陪伴和促进未成年人的成长过程,需要哪些经验性的前提、哪些行动的可能以及哪些有根据的目标。

1933年,弗利特纳用他的《系统教育学》提供了这一解决方案,他在书中阐释了"教育学的基本思想",体现了弗利特纳对精神科学教育学的自我架构所做的构设。

(1)"自然主义的"观察方式,即对养护、成熟和自然生长进行"有机"观察的方式;

(2)"人类世界的历史图像";

(3)人在"理解意义的精神中所拥有的自由";

(4)人是行动具有道德性的生物。

上述几点在《普通教育学》(1950年)中被表述为如下内容。

(1)第一重:生物学的视角;

(2)第二重:历史的和社会的视角;

(3)第三重:精神唤醒的视角;

(4)第四重:人格的视角

或许我们也可以把上面几点解读为裴斯泰洛齐所说的"三重本性"(见裴斯泰洛齐《我对人类发展中自然进程的追踪考察》),这三重本性分别是"作为自然产物的人""作为历史产物的人"以及"作为自我产物的人"。又或者用康德的话讲:"人应当自我文明化、自我文化化和自我道德化。"

这些基本思想在《系统教育学》里被表述在一张教育学范畴图中。

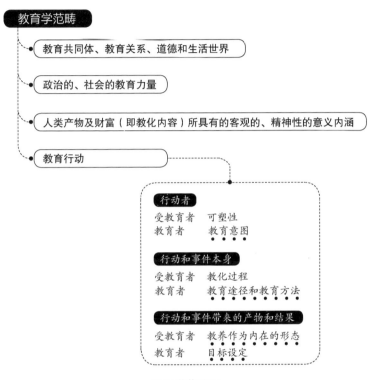

教育学范畴图

借助这张图,弗利特纳建构完成了《普通教育学》的基本架构,这是一种多维度的系统结构,是《普通教育学》的"学科矩阵"。

弗利特纳视教育学为精神科学,他对教育学的思考没有呈现为数据生成式的经验分析形式,没有呈现为以历史的、好古的方式重建已逝过去的形式,也没有呈现为抽象论述理论原则的形式,相反,他的思考表现为一种以"责任为立足点的介入性反思",即对教育实践做出反思性的澄清,且这种澄清恰恰是以教育实践的利益和改善为考虑的。

至于这一点具体意味着什么,弗利特纳曾经在多篇致力于理解教育科学的科学特性的文章中做出过普遍性的阐释。作为一门科学,教育科学必须以解释学的方式对各个教育领域里面实际发生的现实作出澄清和解释,从而让这些现实变得明了和易于理解;必须澄清规范和意义,以此让现实中主宰性的标准立场接受开明的批判;必须如法学、医学、心理学、政治学等邻近的实用科学一样,提供实用性的指导以改善实践。总之,在弗利特纳眼中,教育学或者说教育科学不仅是解释性的和实用性的,而且还需要对意义做出澄清。

四、评价

精神科学教育学在 20 世纪 60 年代也获得了新的思想形态,尤其是社会教育学吸收了法兰克福学派①的批判理论。借此,精神科学教育学开辟出了新的研究领域和新的反思领域,比如文化比较的研究、传记和生平的研究,以及丰富多样的实践领域和职业领域中的教育文化的分析研究。新的研究领域及反思领域的开辟表明,精神科学教育学作为解释教育性的生活情况和教养情况的科学,其基本思想与研究方法,及其对实践的成功介入,是能够与新的职业领域,尤其是社会教育的职业领域连接起来的。

为了让其他文化圈的读者理解并接受弗利特纳的《普通教育学》,我们最后来回顾一下这本教育学著作本身的文化背景。

(1)该教育学著作的根基是以欧洲自由为导向的人的形象。关于所谓的欧洲自由,弗利特纳在其著作《欧洲生活方式史》中进行了描述。在弗利特纳看来,对欧洲自由起决定性作用的是人文主义、启蒙运动以及基督新教的信仰,换句话说:人因其上帝的子民身份而拥有

---

① 法兰克福学派指以哈贝马斯为代表的第二代法兰克福学派。——译者注

尊严，人因其人权而拥有自由，人因其能将所有人联系起来的人性而拥有责任性的伦理道德。

（2）教育和教化有责任去培养这些至高的价值，与这些价值相比，任何宗教教派信仰以及政治和价值观给人确立的规范性的约束都必须退居其后。对于自由社会而言重要的是，我们的宪法秩序应允许人们以各有不同侧重的形式和立场去演绎这些价值，因此，如若以教条的、传统的方式将人们的生活方式确定为一个唯一的版本，这将会损害人们生活的共同秩序。自由必须以宽容为前提，而宽容又必须以基于知识和教养之上的明智为条件。

（3）教育是一种对话性的关系，教化是在行动中获取精神的世界。教育与教化在教养性的和道德性的共同体中被演绎和体验着，比如，在家庭中、在学校的教育小组中以及在青少年团体中。鉴于这样的关联，任何接近欧洲改革教育学的思考都首先意味着教育思想的改革：取缔训诫，转而用"解绑式"的陪伴和指引，去释放儿童和青少年自身的力量，并且鼓励他们，提高他们的创造力。"以儿童为中心的教育学"、劳动学校以及把学校教育小组作为社会学习和政治学习的场所，这些都是国际改革教育学的"新教育"最为显著的表现。

（4）"新教育"的目标是培养成年的、自我负责的人，这种人可以解释并审视自己的作为与不作为，可以在共同体中承担责任，并且始终依据共同体的福祉做出行动。

普通教育学之所以普通，一方面在于它有精确的基本概念，并且这些概念被串联在其基本思想中，另一方面在于它揭示出了普通的、能把作为人和公民的普通大众联系在一起的基本价值。弗利特纳的《普通教育学》由于结合了上述两个方面，因而成为一本"经典"的教科书。尽管人们可能会对书中显现的细节有不同的解读和补充，但是，这本书的基本思想直到今天依然有效。

【文　献】

威廉·弗利特纳（Wilhelm Flitner）著：《弗利特纳全集》（12卷）（*Wilhelm Flitner：Gesammelte Schriften*）（12 Bände），1982—2015年。

其中最重要的是：

① 卷2：《教育学、系统教育学、普通教育学》（*Pädagogik，Systematische Pädagogik，Allgemeine Pädagogik*），1983年。

② 卷3：《理论文集：关于教育学的规范层面和理论基础的论述》（*Theoretische Schriften：Abhandlungen zu Normativen Aspekten und Theoretischen Begründungen der Pädagogik*），1989年。

③ 卷4：《教育运动》（*Die Pädagogische Bewegung*），1987年。

④ 卷7：《欧洲生活方式史》（*Die Geschichte der Abendländischen Lebensformen*），1990年。

⑤ 卷8：《歌德研究：人文主义研究》（*Goethe—Studien：Humanismus—Studien*），2002年。

⑥ 卷11：《回忆录1889—1945》（*Erinnerungen 1889—1945*），1986年。

⑦ 舍尔（Hans Scheuerl）著：《威廉·弗利特纳》（*Wilhelm Flitner*），出自舍尔编：《教育学经典大家》（*Klassiker der Pädagogik*）第2卷，1991年，第277—289页及第362—363页。

⑧ 珀科特（Helmut Peukert）、舍尔（Hans Scheuerl）编：《教育科学的定位：威廉·弗利特纳及其20世纪对普通教育科学的探讨》（*Ortsbestimmung der Erziehungswissenschaft：Wilhelm Flitner und die Frage nach einer Allgemeinen Erziehungswissenschaft im 20. Jahrhundert*），1992年。

附录一
教育在伦理上是合法的吗[①]

"教育政策会谈"的发起者邀请我从普通教育学的视角出发就会谈的议题——"勇于教育"做出思考,并在会谈举办前发给他们一篇简短的稿子。接受这项任务的时候我并没有考虑,理论层面的思考能在多大程度上对会谈起到促进作用。不过,会谈发起者给我提供了思考的主题和思考的关键词。几年前我曾经说过一次这样的话:"人们必须谨防丢弃教育的合法性问题。"对此,我必须解释一下。

教育本身是合法的,这是人们认定的前提。对之质疑似乎纯粹是在诡辩,然而质疑教育合法性的声音其实一直在反复出现。我们在政治和司法领域,在国家法律和惩治法规上也会碰到类似的问题,即统治是否合法,行使国家强制力是否合法。比如强制义务教育或强制服兵役,依靠警察强制人民服从法律是否合法,以及惩治违法犯规的行为并施以道德谴责是否合法。这些问题经常被予以否定的回答,而这些回答所依据的正是那些受人尊崇的哲学思想,其中最具说服力的当属康德的思想。人们在做否定回答时,想到的仅仅是康德三个道德律令中的一个,即绝不能单

[①] 本文源于弗利特纳 1979 年 5 月 3 日在莱莫斯基金会(Reimersstiftung)于巴特洪堡举办的"教育政策会谈"上所做的讲话(有些许改动)。

纯把人当作达到目的的工具，而是始终应同时把人当作目的本身。按照这一思维，人的尊严是不容践踏的，让人屈从于某种外在的意志是对人性自由的侵犯，且这种侵犯会带来难以承受的后果。这样的哲学思考的核心是：我们必须在相互交往中把彼此当作自由人格来看待。

基于这些，个人主义激进地反对国家和教育中的他决。最新出现的教育学也对他决式的教育发出了猛烈攻击，尤其是对那些给学生施以学业压力的学校，这些学校被谴责为强迫学生学习的场所，并被宣告为不合法的存在。在政治领域，我们也可以想到那些批判国家的思想著述，从其最初的代表人物施蒂纳（Max Stirner）、克鲁鲍特金（Peter Kropotkin）、托尔斯泰（Leo Tolstoy）①开始一直到当代，这些代表人物的思想著述仍然在影响着我们。

无论从我们的经验来看，还是从历史比较的视角来看，这些针对强制和他决而提出的激进批判其实都是错误的观点。统治、规训、纪律和教育之类的政治强制在任何民族，甚至在南太平洋周围那些和谐生存的部落中都是存在的。只不过它们存在的形式或强硬或柔和。民族志的比较研究表明，不同民族实施统治和政治强制的方式与机制既具有一定的历史性，又呈现出多样的变化性。无论如何，民族志的比较研究展现出的是一种干预现象，即对被统治者或者对同伴的意志做出干预，以及对出生在某个生活圈并且成长融入这个生活圈的年轻人的意志做出干预。任何民族志研究就人类现象得出的总结性结论，以及任何人类学流派都认识到如下事实：儿童来到世界上是无助的，它需要得到照顾，也需要得到成人的关切，即社会化；为了让成人能够实施他的关切，儿童还需要学习语言；每个人类生命都需要学习生存

---

① 这三位思想家都是无政府主义的代表人物。——译者注

技能并最终进入精神交往,精神交往在成年人之间进行,这些成年人不仅能够接触精神文化财富,并且拥有某种形式的精神文化财富,由此他们虽然可以对精神文化财富做出改变,但却无法丢弃精神文化财富。甚至那个被杜撰出来,且其故事被卢梭认为是青少年唯一值得学习的教科书的鲁宾逊,他能作为一个自然人生存下来也只是因为:首先他找到了一个同伴,其次他有一只搁浅在海岸旁的废船可以供其洗劫一空。

总之,经验表明教育是必须存在的,但它必须在伦理上是合法的,这是因为,教育应当帮助人建构自主生命,帮助人运用理性,还应当帮助人与其他成年人互动,帮助人理解自己的语言和生活秩序,以及帮助人关注自己的价值观——这些同时也被作为教育的界限。因此,无论在法律上还是教育上,当他决引人迈向自由时,它就是合法的。人们不能掩盖他决的必要性。看管儿童、约束儿童,以及在某种程度上监管他们,这些都是必要的。这些行为虽然不令人愉快,甚至在伦理上令人存疑,但它们却是不可避免的事实。我们所有人都可在实践中感受到这一伦理问题的内在矛盾。任何法官、侦探或警长、将军或政治家、经济界或工会的管理者,以及所有父母、教师和技师都能感受到这种内在的、滋生出许多痛苦的不安和紧张。所有儿童、学生和学徒也都在与成人交往的过程中认识到他决,在此交往之中,成人偶尔会给儿童的生活制造障碍,而儿童时而也会以变换的方式向成人发起反抗。

由此推理下来,我们展开的其实是对(教育)方法的讨论。对儿童施加教育影响是必要的,但必须考虑的是:影响应以何种方式实施,从而让教育看似矛盾地促成它的对立面,即独立、成熟和自决。

政治上的方法问题可以暂且不谈,我只是想指出,政治上的方法与教育上的方法有着很强的相似性。从统治者的立场来看,内部统治和暴力镇压总是会产生这样的问题:即暴力强制,也就是偶尔以令人痛苦的方式侵犯人的自我意志,该以怎样的方式进行?法律是一定要遵守的。但是,怎么能够在不侵犯人的尊严的前提下去实施强制呢?由此就需要寻找一个政治上的方法。此处我们思考的是教育方法的问题。那么教育方法是存在的吗?如果存在,是不是类似一些准则规范,其目的是确立教育影响和教育控制在伦理上的合法性的界限吗?

过去几十年的经历给我们留下的深刻印象是,不可轻易地忽视政治以及教育中的强制问题。在经历了一个世纪或者说一个半世纪相对自由的做法后,我们又经历了法西斯主义对国家暴力和道德压制的复辟,并且看到有些国家通过设置政治机构,或以类似的方式实施着国家暴力和道德压制。对于国家作用的界限所在,我们必须做出谨慎思考,这是我们一直以来得到的教训。与唤醒个人的共同体精神从而让个人学会服务(共同体)以及放弃(个人利益)一样,在向往个人自由的同时监管个人的自由也是我们有责任去做的事情。我们不能忽视,以维持共同体精神为目的而实施的统治必须在伦理上是合法的。无论在政治还是教育上,我们必须追求就如下一点达成伦理上的共识,即如何在实践中协调那些从理论角度看暗含内在矛盾的事情。如果不想冒险破坏我们享受到的自由,就必须乐此不疲地将这一追求坚持下去,我们也理应付出更多努力去实现这一追求,因为过去的思想仍然有着宽泛的群众基础并且随时可能复辟。只要个人或者共同体处于危急关头,重新回归过去老一套思想的风险就会出现。

政治上的老一套思想指绝对主义对国家的理解,教育上的老一套思想指卢梭之前的人们在教育上形成的规范体系。这种老旧思想的特点是:以精神健康为名,严格要求屈从者(其中包括儿童)顺从,且这种顺从是通过奖赏和惩罚强迫得来的。艰难的学徒和学生生涯被认为是必要且具有治愈作用的苦行阶段。

新式教育谴责教育领域内实施惩戒审判的做法，它想要的是一种以儿童和青少年的天性及需求为指向的教育。在此方面，新式教育遵照的依然是卢梭的思想。卢梭首先从原则上对教育干预（启发式的）提出了质疑，并且乐观地认为，自然本身就设定了合法教育的边界。时至今日，我们一直在延续卢梭的思想：从裴斯泰洛齐开始，到赫尔巴特、施莱尔马赫和福禄贝尔，再到20世纪的改革教育学家。但是，从18—19世纪之交的古典教育学开始，人们不再满足于卢梭的答案。除了以自然需求及其满足为教育的根基外，人们认为帮助个人发展其精神也是必要之举。由此，教育干预也有可能是指精神上的影响，而要让年轻人能够自我调节，为自我设置应对教育干预的界限，就必须唤醒年轻人身上的理性与成熟及其独立的思考和感受。学习要求不仅不应扰乱这种唤醒，还应对之起到激励和强化的作用。与卢梭相比，我们这种新的教育学是以文化为导向的，我们把属于文化的精神理解为人从一开始就必须面对的生存条件。获得生存能力的前提是首先熟悉心灵、情感和精神构成的文化世界。这里所说的生存能力不同于纯粹生物学意义上的生存能力，其不仅包含生物学意义上的，还同时指人在语言生活圈中的生存，以及人在所有思想流派之中进行的作品创作和文化创造。儿童进入到一种理解交流的共同体中，进入到一种可供发展构建的领域中，且儿童自身也在其中共同发挥着创造作用。但是，我们必须时刻注意如下可能性的发生，即年轻人也有可能拒绝参与精神之中，甚至他们还有可能不顾及共同体和更高级的文化的需求，喜好在一种亚文化里几乎"自然地"、漫无目的地生长。面对这些拒绝参与精神之人，我们必须同样合理应对，这也属于那些给我们提出方法论问题的难题之一。对于这一难题,教育学家们一直主张让每个儿童都接受文化培养,让每个人都形成更高级的生命观。

要让自由的、自然的个体养成更高级的生命观,并且发展成更高级的形态,就必须让他们接触更高级的文化。从这一点来看,给个体施加教育影响不仅是合法的,更是必要的。个体需要知遇既有的文化,需要被引入既有文化已经创造出来的内容。由此,下面一个问题始终困扰着人们,即如何让个体自身,即个体发自内心地认可教育给出的任务以及教育所规定的对其他事物的舍弃。纪律规训、克制、苦行是必要的,其包括为某件有价值的事情做出牺牲,为将来考虑搁置当前之事,把集体福祉置于个人利益之上,以及坚持完成一件可以让他人信赖的事情。这些都需要技术性的训练,需要有纪律的协作性学习,需要在一个不断创造出更加艰难的生存条件的社会中的磨练。远古时期的人们让其儿童在各个方面参与并学习成人的生活,这一点是超越我们之上的。不仅如此,他们还让每一位儿童都加入到学习中。由此,学习在远古时期是广泛和普遍的。尽管这种学习模式被我们现在所谓的必要的专业学习取代,但专业学习仍然需要普通学习作为前提。这就产生了普通教育以及建立在普通教育基础上的专业教育的问题。此外,现在一样绕不掉的问题是,我们的儿童必须学会顾及他人,即养成博爱的人性。他们必须关怀同伴的内在生命从而获得心灵的塑造,必须修习礼仪和品德,并且必须参与自己所处的生活圈层的精神构建。在远古时期的文化中,只有自由民才能普遍接受精神交往能力的培养;到了封建时期的文化中,最起码得是封建领主才能普遍接受这种能力培养;而到了现代欧洲文化中,这种培养变成了在以学校类型为界限的教育圈层中的精神交往。由此又产生了普通成人教育的项目,其目的是打开成人与各个圈层的精神交往。欧洲文化中成长的年轻人必须面对一个由各种要求汇合而成的复杂产物,这使得我们不得不再次提出这样的问题,即有没有准则可以来限制以及转换这些不可或缺的要求和干预其带来的压制?应当如何完善应对抗拒学习和抵触服务的现象?完善应对是我们还未做到的,因为我们的应对方案和理性准则都还不够。赫尔巴特提及的"机敏"是应对这一现象所必需的。施莱尔马赫也曾把(教育)方法称为一种技艺。技艺不是一套所谓的规则,不是所谓的技巧或者像驯兽一样的技术。但是反过来说,技艺也是需要规范的,规范确立的是一种准绳。我们可以借助人类学的知识揭示这些规范,它们构成了我们评判正当(教育)行为的基本原则。

这些原则包括哪些?

后卢梭时代的改革教育学家在某些点上的想法是一致的。他们的主要观点是,因与传统相互关联而包含在每种文化财富中的精神是值得我们信赖的。我们可以认为,每个年轻人身上都潜藏着一种精神的骚动。让年轻人身上的精神获得自我表达的机会,并且让他们的精神在教育交往和教育情境中展现出来,这可能是所有现代方法论遵循的主要原则中最首要的一条。让精神表达自我是可以实现的,因为在成长的年轻人身上,不光其天性和整体的需求,还有一种原始的驱动力促使年轻人追求并参与到精神的活动中。由此,让有教养、懂礼仪的成年人与成长中的、尚在学习中的年轻人互相交往,就显得至关重要。这种交往意味着相互关切和精神的交流。当情况较好时,关切会促使回应在交往中产生;当情况不利时,关切则会导致抵触在交往中产生,尽管如此,在交往发展期出现的抵触也是具有积极作用的。

交往的理想结果是让儿童发自内心地参与精神的活动。后卢梭时代的新方法所重视的是让儿童在交往中自发地,而非迫于外在强制地做出回应。这是交往的主要界限之一。爱应当是发自儿童内心的，裴斯泰洛齐将这种爱视为儿童对成年人的关怀和呵护所做出的回应。此外，成年人也是因为儿童需要帮助，因为儿童渴望安全和参与，即渴望加入成年人的生活，由此对儿童的需求做出回应，才由内向外地形成了权威。也就是说，这种由内向外的权威形成的条件是，成人具备且能够输出安全感和才能。这里我引用一下赫尔巴特的概念：参与、与他人共情、自然形成的兴趣、好奇、求知欲、能他人之所能的想法，这些都存在于儿童身上。成长的身体和觉醒的精神会产生出这些需求。因此，如果儿童的思想能够自发地参与到精神的活动中，我们就可视其自发参与的程度削减对儿童的强制和道德压迫。

这一点似乎与按计划、按规则运行的学校管理背道而驰。学校按照外部规定的特定秩序组织学习并在某些方面让学习形式变得机械化。这样一种管理机制的合理性和意义仅仅在于，有规律的学习秩序——尤其是教师和学生之间的共同参与——能够促成自由的互动，这就使得学校里面每一天的琐碎工作其实都已经是在提前实现教育最终追求的结果。这一结果就是，平等地参与精神的世界以及平等地参与文化生活世界的精神交往。

古典教育学以为，自己通过如下做法已经对卢梭做出了回应，这一做法就是，为那些矛盾对立关系架设一个辩证法的穹顶，从而消融这些矛盾对立：消极教育和积极教育、顺从式教育和强迫式教育，以及传统的学习和自由的精神交往。通过这种尝试，古典教育学收获了区分合法教育与非合法教育的准绳。但这并不意味着，古典教育学创造出了一种可供人们精巧设计的（教育）技术，相反，准绳代表的一直是一种创造性的（教育）技艺。当人们遵从这一准绳时——尽管人们始终只能接近这一准绳——人们就能描述出这种创造性的技艺的理想结构,并且会在实践中寻求实现这一结构。

改革教育学的实践就是对后卢梭时代新方法的验证。如果我们想要找出改革教育学实践的可信之处,我们就不得不面对这些实践,并且我们也能够找到这些实践。学校班级、家庭教育、整片学区、改革学校的整个体系都可以作为实践的例证。只要走进这些场所,人们立刻就能感受到那里充斥着浓烈的教育氛围。我想到的改革教育学的实践有耶拿计划下创办的学校①,有华德福学校,还有汉堡和其他地方的许多常规的学校班级。这些例证都可以证实改革教育学的实践努力。尽管它们各有欠缺之处,但这并不构成否定新的教育方法的理由。此外,可以清楚地看到的是,这些实践做法都是在特定的有利条件下才得以采用这种新的、快乐的方法形态的。由此,我们的使命就是创造自由的空间,以便让这样的学校和班级能够形成。

不过,遵循这种方法准则的人没有一个能够确保自己肯定成功。这是因为,这种方法准则的意义恰恰就在于:让儿童、学生和每一位学习者的自主性变强,而这本身就是有风险的。由此打开的后续思考会将我们引向哲学和神学,引向心理治疗,以及引向社会批判和文化哲学等多个领域,这里我就不再冒险尝试了。

---

① 耶拿计划学校是由德国教育学家佩特森(Peter Petersen)在 1923—1927 年期间创办的学校。这期间他也是耶拿大学教育学院的院长。耶拿计划学校强调做中学、自由活动、合作以及共同生活,强调独立的学习,强调学生和家长参与,共担责任。其基本原理包括:(1)每个人都是独特的,因此每个儿童和成人都有不可替代的价值和特殊的尊严;(2)每个人都有权发展自己的身份,而不管其民族、国家、社会、宗教等背景,也不管其是否残疾;(3)每个人都应该被从其整体加以认可和对待;(4)人们应该致力于创造一个尊重每个人的尊严和不可替代之价值的社会;(5)人们应该致力于创造一个为每个人的身份发展而提供机会和激励的社会。

附录二
弗利特纳在现代德意志教育学发展中的地位[①]

奥托·费里德里希·博尔诺夫（Otto Friedrich Bollnow）

一、在精神科学教育学中的特殊地位

弗利特纳在现代德意志教育学中占据的地位早已由他的出生年份即 1889 年奠定好。弗利特纳属于狄尔泰开创的精神科学教育学流派，不过与狄尔泰的直系弟子，如诺尔（生于 1879 年）、斯普朗格（生于 1882 年），以及与两者关系亲近的利特（生于 1880 年）相比，弗利特纳大约晚出生了十年[②]。因此，弗利特纳并不属于精神科学教育学实际的创立者。对他而言，精神科学教育学已经是一门创建好的学说。弗利特纳领会和继承了这个学说，在方法论层面对其做出了全面思考，并以自己的方式进一步发展了精神科学教育学。

这些主要体现在弗利特纳于 1933 年出版的代表作《系统教

[①] 博尔诺夫（Otto Friedrich Bollnow）著：《弗利特纳在现代德意志教育学发展中的地位》（*Die Stellung Wilhelm Flitners in der Entwicklung der Neuerendeutschen Padagogik*），出自《教育学杂志》1991 年第 26 期，第 47—57 页。文中主要探讨弗利特纳《普通教育学》的前身即《系统教育学》。

[②] 博尔诺夫（Otto Friedrich Bollnow）著：《精神科学教育学》（*Die Geisteswissenschaftliche Pädagogik*），出自罗尔斯（Hermann Röhrs）、舍尔（H. Scheuerl）编：《教育科学中的方向之争与教育学理解：献给生于 1989 年 8 月 20 日的威廉·弗利特纳的百岁寿辰礼》（*Richtungsstreit in der Erziehungswissenschaft und Pädagogische Verständigung: Wilhelm Flitner zur Vollendung Seines 100. Lebensjahres am 20. August 1989 Gewidmet*），1989 年，第 57—76 页。

育学》一书中①。1933年又是一个重要的年份,这一年,纳粹分子开始在德国执掌政权。弗利特纳在《系统教育学》中也对截至1933年的教育学发展历程进行了描述。正如其在自传里提到的那样,他没有因为纳粹掌权去改变书里所做的阐述②。

相对而言,《系统教育学》的篇幅并不长,但其地位却很重要。此书先以施莱尔马赫的理论为主要支撑,对一种与教育实践建立关联的教育学理论的方法论特性做出思考,而后在此基础上对精神科学教育学做出了系统的、深思熟虑的总结。弗利特纳的总结在系统性这一重要层面超越了前人所达到的高度。因此,这里值得我们关注的不是弗利特纳跟其他精神科学教育学代表人物相比有哪些本质上一致的思想,而是弗利特纳如何在变化了的局势下做出自己的贡献,从而超越了其他精神科学教育学的代表人物。不过,我在这里只会局限在特定的材料上来阐释他所做的贡献,因为其他材料也都打上了一样的烙印,即弗利特纳独有的系统性的基本立场。

二、《系统教育学》第一版的前言

鉴于上述考虑,1933年5月出版的《系统教育学》中简短的"前言"尤其值得我们认真阅读。这份前言的表述简明但不简单。也许因为它与当时的局势还暗含着一定的关联,所以后来的人并不能十分确切地理解它。

---

① 弗利特纳(Wilhelm Flitner)著,爱林哈根(Karl Erlinghagen)、弗利特纳(Andreas Flitner)、赫尔曼(Ulrich Herrmann)编:《弗利特纳全集》第2卷(*Wilhelm Flitner: Gesammelte Schriften*)Ⅱ《教育学》(*Pädagogik*),1983年,第9—123页。
② 弗利特纳(Wilhelm Flitner)著,爱林哈根(Karl Erlinghagen)、弗利特纳(Andreas Flitner)、赫尔曼(Ulrich Herrmann)编:《弗利特纳全集》第11卷(*Wilhelm Flitner: Gesammelte Schriften*)ⅩⅠ《回忆录 1889—1945》(*Erinnerungen 1889—1945*),1986年。

弗利特纳在该前言中自信地谈道，自己希望在书中为自己的学说发展一种"新的视角"①。这里，他所说的"自己的学说"应该不是指他自己的阐述，而是指整个精神科学教育学。弗利特纳认为，近代教育学是由理性主义或经验主义思维主导的，而"我们的古典教育学"②则贯彻了一种新的思维，但当时的条件使得这种新的思维难以维系下去，或者用弗利特纳的话来说："我们的古典教育学曾经尝试进行一种辩证的—存在主义的思考，但这种尝试因为古典教育学的神学和哲学根基未能坚持到最后。"③

从其他地方可知，弗利特纳所说的"我们的古典教育学"指的是从卢梭到裴斯泰洛奇、赫尔巴特、施莱尔马赫，再到福禄贝尔等伟大教育学家展现出来的教育学思想。近代教育学与先前的教育学的区别可以被理解为：近代教育学试图通过理性主义和经验主义，在纯粹的理论立场上从一种确定的基础出发向前迈进，从而推引出一种教育学的体系。另外值得注意的是，弗利特纳把古典教育学的新思维称作一种"辩证的—存在主义的思维"，这一称谓在用词上已经指向存在主义哲学——一种由海德格尔和雅斯贝尔斯于20世纪20年代末创立，并被人们普遍看作是那个时代的标志的哲学思想。同时，"辩证"一词又让这种新的思维与巴特(Karl Bart)的辩证神学建立起关联。辩证神学

---

① 弗利特纳(Wilhelm Flitner)著，爱林哈根(Karl Erlinghagen)、弗利特纳(Andreas Flitner)、赫尔曼(Ulrich Herrmann)编：《弗利特纳全集》第2卷《教育学》，1983年，第9页。
② 弗利特纳(Wilhelm Flitner)著，爱林哈根(Karl Erlinghagen)、弗利特纳(Andreas Flitner)、赫尔曼(Ulrich Herrmann)编：《弗利特纳全集》第2卷《教育学》，1983年，第9页。
③ 弗利特纳(Wilhelm Flitner)著，爱林哈根(Karl Erlinghagen)、弗利特纳(Andreas Flitner)、赫尔曼(Ulrich Herrmann)编：《弗利特纳全集》第2卷《教育学》，1983年，第9页。

是当时振奋人心的一种神学思想,通过同样在耶拿教学的神学家高嘉顿(Friedrich Gogarten),弗利特纳与辩证神学结缘(弗利特纳与施莱尔马赫的旧辩证法之间的关联在这也许可以排除了)。

弗利特纳曾经讲道:"过去几十年的努力为新思维的尝试带来了新的思路。"①这里,他所提及的努力是长达几十年的,因此,弗利特纳超越了那个时代被辩证神学和存在主义哲学所限定的局面,他所想到的是整个精神科学教育学,而他在"这里阐述的纲要"应当被纳入精神科学教育学的整体之中。

这样一来,阻碍古典教育学从其"神学的、哲学的根基出发"坚定地贯彻自己真正意图的方法论的缺失,就因精神科学教育学所采用的解释学方法而得到弥补。"辩证的—存在主义的思维"的说法也可能会提醒我们,在文献学科中以纯粹理论态度所发展起来的方法需要强化从"存在的层面"把教育者纳入教育思考之中。这也是古典教育学家本质上所追求的。

三、 教育现实的四重视野

弗利特纳首先思考了教育学作为一门真正的精神科学的方法论特性。教育学与其他精神科学的区别在于,它与教育实践不可分割地联系在一起。在此思考过程中,弗利特纳主要依据的是施莱尔马赫的思想,直到此时,施莱尔马赫长久以来被忽视的对教育学的意义才终于被精神科学教育学的代表人物发现。教育学理论产生于实践的需要并一直与实践的需要相互关联。当教育实践出现困难促使思考成

---

① 弗利特纳(Wilhelm Flitner)著,爱林哈根(Karl Erlinghagen)、弗利特纳(Andreas Flitner)、赫尔曼(Ulrich Herrmann)编:《弗利特纳全集》第 2 卷《教育学》,1983 年,第 9 页。

为必要时，人们就会对实践中已有的关于教育的本质和目的的理解做出思考、澄清和审慎批判。

"真正的教育思考来源于行动情境中的直接理论化，并作为对行动的阐释和慎思重新回归到行动中去。"①

鉴于在不同情况下所获得的结果需要得到总结，由此就发展出了一套概括性的理论。

弗利特纳理解的教育现实（Erziehungswirklichkeit）是包含有意识的教育和无意识的教育在内的广义现象。在后来刊印的版次中，他又将之称为"教育世界"（Erziehungswelt）。教育世界构成了教育科学的研究对象。和其他精神科学教育学的代表人物一样，弗利特纳也在教育世界中区分出不同的层面，每个层面各自对应一种特定的关于教育的理解。

最基础的层面由有机生命构成，与之相应的教育使命是养育和照管未成年一代。在此基础上是文化和历史的层面，相应的教育使命可以被称为文化财富的传承。确切来说，文化传承又包含两个层面：第一，从儿童的角度来看，文化传承使命指的是，把儿童参与共同体生活所需的知识和能力传授给儿童；第二，从共同体的角度来看，文化传承使命指的是，把老一代的文化财富传递给年轻一代，以此确保那些超越个人之上的共同体形式能够在传承者的更迭中持续传承下去。文化财富的形式比较高级，因而不可以简单地像商品一样从一个人传递到另一个人手中。为此，首先必须培养起来的是年轻人自身理解和正确运用文化财富的能力。

---

① 弗利特纳（Wilhelm Flitner）著，爱林哈根（Karl Erlinghagen）、弗利特纳（Andreas Flitner）、赫尔曼（Ulrich Herrmann）编：《弗利特纳全集》第 2 卷《教育学》，1983 年，第 18 页。

"由此,教育过程就变成了一个让各种形式的文化传统焕发精神活力、精神生命的过程。"①

这里我们不再说明第三个层面,即精神的层面,因为《系统教育学》为我们当今的教育思考带来的真正的新的东西是在第四个层面,即"人格视域"中展露出来的。只有"人格视域"下的教育才值得我们进行深层次的理解。在这一视域下,人被视为一种自由的存在。这种存在使人会出于内心深处体验到的道德责任,要求自我从低层级的自然存在升华为更高层级的伦理生命。

由此,弗利特纳与20世纪早期广泛开展的教育改革运动是有关联的,针对这一运动,弗利特纳在其他作品中为我们贡献过专门的全面的文献汇编②。但是,改革教育学运动基于一种乐观的生命感,认为伦理上的升华是人借助自身力量就能做到的成就。换句话说,改革教育学运动者认为,更高层级的生命本质上不过是一种升华了的自然生命。他们相信人的本性为善,只需要对人进行教育,即可释放人善的本性,只需要在教育中将被埋没的善解放出来。也就是说,他们坚信教育的力量。

对此,弗利特纳持批判的态度。20世纪20年代中期以来,教育力量值得信赖的观念在德国逐渐受到质疑。人们惊愕地看到了人性之恶,也发现了人的自然天赋所设置的界限。于是,教育的界限成为那些年教育学讨论的重点。弗利特纳的伟大贡献就在于,他较早地认识到了这一忧虑的重要性,还将这一忧虑纳入系统教育学的建构中,并

---

① 弗利特纳(Wilhelm Flitner)著,爱林哈根(Karl Erlinghagen)、弗利特纳(Andreas Flitner)、赫尔曼(Ulrich Herrmann)编:《弗利特纳全集》第2卷《教育学》,1983年,第42页。
② 弗利特纳(Wilhelm Flitner)、库德里茨基(Gerhard Kudritzki)编:《德国改革教育学》第1卷(*Die deutsche Reformpädagogik*)Ⅰ,1961年,第9页。

赋予其关键性的地位。

四、人的恶魔倾向

"多重人类学视角和教育现象"这一章的第五节①是《系统教育学》里关键性的内容,而要正确理解它并不十分容易,因为这一节的陈述极其紧凑,有些地方甚至带有跳跃性,致使某些对于理解而言非常重要的前提没有被阐明出来。所以,我在这里并不探究这一小节具体的思路变化,而是只把其基本思想梳理出来。这一节最重要的内容一定是关于恶的体验。"我们在自己的行为中感知到恶并自我感知到道德的要求。"②问题在于,"在认知到我们内在的恶之后继续生活"③是如何成为可能的。对于启蒙运动认为通过理性的力量能够控制本能和激情的信念,弗利特纳明确将之驳斥为人类自负的想法:"尽管这种信念曾在欧洲发挥过重要影响,但是我们现在却必须摒弃它。人类学的认知告诉我们,人类追求完善所能达到的其实是有限度的。对完善的追求暗含着人的自我欺骗。这种自我欺骗表明,有意识地控制生命其实是不可能的,对完善的追求还暗含着一种走向恶魔的危险,它让理性机器和无爱的精神技术这些非人性的东西取代了真正的人性。"④

---

① 弗利特纳(Wilhelm Flitner)著,爱林哈根(Karl Erlinghagen)、弗利特纳(Andreas Flitner)、赫尔曼(Ulrich Herrmann)编:《弗利特纳全集》第 2 卷《教育学》,1983 年,第 43—47 页。
② 弗利特纳(Wilhelm Flitner)著,爱林哈根(Karl Erlinghagen)、弗利特纳(Andreas Flitner)、赫尔曼(Ulrich Herrmann)编:《弗利特纳全集》第 2 卷《教育学》,1983 年,第 41 页。
③ 弗利特纳(Wilhelm Flitner)著,爱林哈根(Karl Erlinghagen)、弗利特纳(Andreas Flitner)、赫尔曼(Ulrich Herrmann)编:《弗利特纳全集》第 2 卷《教育学》,1983 年,第 43 页。
④ 弗利特纳(Wilhelm Flitner)著,爱林哈根(Karl Erlinghagen)、弗利特纳(Andreas Flitner)、赫尔曼(Ulrich Herrmann)编:《弗利特纳全集》第 2 卷《教育学》,1983 年,第 44 页。

与之相对,真正的关键应当在于,"人要清楚地认识到自己的有限性,认识到自己的内心以及自己对现实和理想的追求所具有的走向恶魔的倾向"①。只有这样,必须靠爱、忠诚和信任以及奉献浇灌出来的"真正的人性"才有可能变成现实。

值得注意的是,弗利特纳两次使用了"恶魔"(Dämonie)一词。在他看来,不仅人的本能结构(Triebstruktur)拥有恶魔的倾向,试图借助理性的力量遏制人性之恶的做法也拥有走向恶魔的危险,这种做法不仅徒劳,而且会将理性引入歧途。"对理想的追求"甚至也会带来危害,倘若其误判了人的力量的界限。

针对这一问题,弗利特纳给出的答案是摒弃对理性力量的依赖,对此,他的依据是:"人的生命并不来源于自己本身,从神学上讲,人的生命来自上帝。"②依靠我们自身的力量不可能战胜我们内心的恶魔,只有当人作为原罪之人充分信赖上帝的恩典并向上帝敞开自己,也就是说,只有"依靠上帝'神圣的'、使信徒'重生'的精神",才有可能战胜我们内心的恶③。

弗利特纳还利用哲学方面的思考来证明自己的观点,他所引用的是雅斯贝尔斯有关人在失败时的自我形成的见解:"但凡信仰上帝的人……都会体验到一个真理,即自己的升华是有限的自我存在在失败

---

① 弗利特纳(Wilhelm Flitner)著,爱林哈根(Karl Erlinghagen)、弗利特纳(Andreas Flitner)、赫尔曼(Ulrich Herrmann)编:《弗利特纳全集》第 2 卷《教育学》,1983 年,第 45 页。
② 弗利特纳(Wilhelm Flitner)著,爱林哈根(Karl Erlinghagen)、弗利特纳(Andreas Flitner)、赫尔曼(Ulrich Herrmann)编:《弗利特纳全集》第 2 卷《教育学》,1983 年,第 43 页。
③ 弗利特纳(Wilhelm Flitner)著,爱林哈根(Karl Erlinghagen)、弗利特纳(Andreas Flitner)、赫尔曼(Ulrich Herrmann)编:《弗利特纳全集》第 2 卷《教育学》,1983 年,第 44 页。

时行进的结果。"①

　　此外,弗利特纳还说道:"哲学的态度使人能够'在失败时'作为真正的、更高的自我继续生存。"②

　　这句话是否完全符合雅斯贝尔斯的观点,暂且不置可否。就我的理解来看,在雅斯贝尔斯那里,"生存的事件"产生效果的表现形式只可能是重复的,而不是稳定的继续生存;无论如何,特别的地方在于:弗利特纳首先从神学中寻求解决方案,然后才用哲学进行求证。

五、 教育作为唤醒

　　由此我们可以针对教育得出如下结论:教育的使命就是把人"从精神的麻木(也包括道德的麻木)引向有德行的生活"③,或者更确切地说,教育的使命就是把人"唤醒"。通过这个关键点,我们可以对弗利特纳和斯普朗格进行比较。这种比较很有启发意义,因为除了这一点,斯普朗格和弗利特纳的思想是比较接近的。斯普朗格也认为,教育的最高目标是培养一个自由的、自我负责的有德行的人。以此目标为指向的教育应当努力去唤醒人的良知。良知被认为是一种形而上学的体验,在这种体验中,某种永恒的东西以绝对的命令闯入灵魂力量的较量和斗争中。与斯普朗格的良知观不同,弗利特纳认为,教育

---

① 弗利特纳(Wilhelm Flitner)著,爱林哈根(Karl Erlinghagen)、弗利特纳(Andreas Flitner)、赫尔曼(Ulrich Herrmann)编:《弗利特纳全集》第 2 卷《教育学》,1983 年,第 44 页。
② 弗利特纳(Wilhelm Flitner)著,爱林哈根(Karl Erlinghagen)、弗利特纳(Andreas Flitner)、赫尔曼(Ulrich Herrmann)编:《弗利特纳全集》第 2 卷《教育学》,1983 年,第 44 页。
③ 弗利特纳(Wilhelm Flitner)著,爱林哈根(Karl Erlinghagen)、弗利特纳(Andreas Flitner)、赫尔曼(Ulrich Herrmann)编:《弗利特纳全集》第 2 卷《教育学》,1983 年,第 45 页。

应当努力唤醒的是(基督教的)信仰。"在对我们所负责的他人身上进行信仰的唤醒,这种意图支配了教育的现实。"①

与斯普朗格不同,弗利特纳在其系统教育学的构建中没有赋予良知重要的地位,这一点乍看上去令人惊讶。谨慎地说,弗利特纳这样做可能是因为,在他看来,良知关乎"更高级"的自我的和"低级"的自我之间发生的冲突,因而良知不能鲜明地突出人的有限性,不能突出人对上帝的恩典的依赖性。于是,弗利特纳把良知的唤醒纳入到信仰的唤醒中,并用后者代替了前者。

鉴于上述原因,弗利特纳把"教育固有的责任"定义为"自由的人格对不自由的人格所负有的责任,目的在于激活他人身上可能的自由"②。

唤醒信仰的使命就成为这个简短的一章最后的内容,我们有理由把这一章视为弗利特纳对教育做出的最为深刻的阐释。尽管如此,这一最后的、最高的成就绝不能被孤立和割裂地看待。弗利特纳自己也对一种片面的层级提升的教育观保持警惕。除了唤醒信仰,教育的其他功能也都是有意义的,是不可或缺的。只有把它们都放在一起,才能构成完整意义上的教育整体。

"只有把四种主要的教育视角全部作为一个整体结构的组成部分,我们才能科学地、全面地确立对教育的理解。每一种教育视角都

---

① 弗利特纳(Wilhelm Flitner)著,爱林哈根(Karl Erlinghagen)、弗利特纳(Andreas Flitner)、赫尔曼(Ulrich Herrmann)编:《弗利特纳全集》第 2 卷《教育学》,1983 年,第 45 页。
② 弗利特纳(Wilhelm Flitner)著,爱林哈根(Karl Erlinghagen)、弗利特纳(Andreas Flitner)、赫尔曼(Ulrich Herrmann)编:《弗利特纳全集》第 2 卷《教育学》,1983 年,第 45 页

有自己的作用。"①

六、教育目标

有关四重视角及其教育使命的问题在《系统教育学》的第二部分——"教育学基本概念"中并没有得到进一步的阐述,这可能是因为,阐述这一问题很难找到合适的方法。直到第二部分论述教育目标的最后一小节,这个问题才再次出现。借助自己一直采用的解释学的方法,弗利特纳得出的结论是,教育目标不可以从一个毫无前提的理论中抽象地被推导出来。恰恰相反,教育目标在一切理论思考开始之前就已经存在于具体的教育现象中,尽管我们并不能总是完全意识到它。我们必须从教育现象中已有的教育目标出发,在教育科学中思考教育目标,对之进行概念的澄清和批判的审视。

"教育目标不是从毫无前提的理论中发现的,相反,教育目标一直存在着……当教育责任真实发生时,当教育责任被感受到并推动教育行动产生时,教育目标其实就已经存在了——我们可以对目标进行批判和权衡,但不能完全杜撰,也就是说,我们只能对目标做出澄清和说明,从而让其变得更纯粹、更简单、更深入。"②

弗利特纳把教育目标按照各自的紧迫性进行了位次排列,顺序与教育功能的结构顺序恰恰相反。排在首位的教育目标是唤醒人的生存核心——自由地为自己负责,这种生存核心被弗利特纳具化为"我

---

① 弗利特纳(Wilhelm Flitner)著,爱林哈根(Karl Erlinghagen)、弗利特纳(Andreas Flitner)、赫尔曼(Ulrich Herrmann)编:《弗利特纳全集》第2卷《教育学》,1983年,第46页。
② 弗利特纳(Wilhelm Flitner)著,爱林哈根(Karl Erlinghagen)、弗利特纳(Andreas Flitner)、赫尔曼(Ulrich Herrmann)编:《弗利特纳全集》第2卷《教育学》,1983年,第109页。

们的基督教思想":"人虔诚地信服上帝的旨意,寄希望于上帝的佑护和恩典。"①

接着,弗利特纳又不带过渡地继续说道:在信仰中重生的人返回到世界中,去实现他的生存使命。因此,这个教育目标也可以说成是培养"有序安排自己的生活、让自己和邻人连结在一起的人"②。

在此之外的另一个目标是在精神世界中发展丰富的生命,正如西方世界发展"人文理想"(Ideal der Humanität)所展现的效果那样。在这一点上,弗利特纳与被理解为文化教育学(Kulturpädagogik)的精神科学教育学(geisteswissenschaftliche Pädagogik)存在着鲜明的差异。弗利特纳认为,在宗教意识或者存在意识的绝对要求面前,人文主义并不具有十分重要的分量。

"人文主义的扩展是不必要的:人文化对于基督教徒完成生存使命而言仅仅是一个作用有限的目标,人文主义解决不了最终的生命问题。"③

但是,反过来看,弗利特纳也反对当时在辩证神学影响下普遍要求抵制人文主义理想的粗暴做法。

"当神学再一次认为自己必须把人文性从教育中剔除时,那么它

---

① 弗利特纳(Wilhelm Flitner)著,爱林哈根(Karl Erlinghagen)、弗利特纳(Andreas Flitner)、赫尔曼(Ulrich Herrmann)编:《弗利特纳全集》第2卷《教育学》,1983年,第115页。
② 弗利特纳(Wilhelm Flitner)著,爱林哈根(Karl Erlinghagen)、弗利特纳(Andreas Flitner)、赫尔曼(Ulrich Herrmann)编:《弗利特纳全集》第2卷《教育学》,1983年,第115页。
③ 弗利特纳(Wilhelm Flitner)著,爱林哈根(Karl Erlinghagen)、弗利特纳(Andreas Flitner)、赫尔曼(Ulrich Herrmann)编:《弗利特纳全集》第2卷《教育学》,1983年,第114页。

就没有理解教育的必要性。"①

教育的最后一个目标是培养"有能力劳作的"和有政治责任感的人,他们在工作和公共生活中完成自己的使命,只有这样才能为更高的精神生活创造前提条件。

弗利特纳在《系统教育学》的最后再次强调并总结了教育的最终指向。教育者"虽然应当为时代和时代特定的使命去培养学生,但是,要想这种培养真正获得成功,教育者必须同时教育学生不依附时代,并在末日审判的基督教精神下教导学生"②。

七、第二版:爱的力量

由于纳粹政权造成的中断,《系统教育学》的第二版于1950年更名为《普通教育学》,之后又多次再版(已出版至第14版),由此证明该书在当代教育学中占有举足轻重的地位③。虽然《普通教育学》整体上经历了全面的修订,并且做出了重要的拓展,但我的讨论还是局限在它的一个比较小的部分,即我上面对第一版《系统教育学》就已关注的内容。

需要注意的是,第二版删除了第一版里我曾经详细分析过的"前言"部分,之所以这样做可能是因为,第一版前言里面提到的"辩证

---

① 弗利特纳(Wilhelm Flitner)著,爱林哈根(Karl Erlinghagen)、弗利特纳(Andreas Flitner)、赫尔曼(Ulrich Herrmann)编:《弗利特纳全集》第2卷《教育学》,1983年,第116页。
② 弗利特纳(Wilhelm Flitner)著,爱林哈根(Karl Erlinghagen)、弗利特纳(Andreas Flitner)、赫尔曼(Ulrich Herrmann)编:《弗利特纳全集》第2卷《教育学》,1983年,第117页。
③ 弗利特纳(Wilhelm Flitner)著,爱林哈根(Karl Erlinghagen)、弗利特纳(Andreas Flitner)、赫尔曼(Ulrich Herrmann)编:《弗利特纳全集》第2卷《教育学》,1983年,第123页。

的一存在主义的思想"直接关联到当时的时代局势,而第二版发行的时候局势已经变化了,此时,"辩证的一存在主义的思想"就不再容易被人理解,并且肯定不再像之前那么重要了。遗憾的是,这一删除让第二版丧失了一处彰显本书历史意义的重要地方。

另外,第二版把最后有关教育目标的总结性论述往前移动了一点,并且删掉了第一版中有关"末日审判"的那句话,也许是因为这句话过于庄重地重复了前面说过的内容。但是,这也让第二版没有第一版那么犀利了。

唯一在两个版本之间衔接较好的修改出现在我之前详细讨论过的部分,即第一版的第 43—47 页,这一部分在第二版里被分成了两个小节,即"第四重视角——人格的视角"①以及"良知和信仰的唤醒"。

这两个小节的关键内容也是人格的概念。如果把人格看作某种形态,那么当"自我在其状态中展现出同一性"时,人格这种形态就被确立下来,这大概意味着,人对自己的行为和自己所做的事负责,并且知道自己的这一责任与一种提出绝对要求的超验相关。然而对人格的发展至关重要的是,一个人也承认他人的人格,明白自己对他人人格同样负有责任,并且"应一种超验的、神性的要求承担起这一责任"。

对他人人格的责任和关联在爱中得到最深刻的实践,爱是"所有情感中最高级的同时也是最简单的一种"。对他人人格负责的爱的决定性特点是,人在他人身上也看到与永恒的联系。"爱的卓越成就是,它能超越被爱者的有限状态而看到他的永恒"。

或者更深刻地说:"在他人那里,最深层的爱也被感受为一种以救

---

① 弗利特纳(Wilhelm Flitner)著,爱林哈根(Karl Erlinghagen)、弗利特纳(Andreas Flitner)、赫尔曼(Ulrich Herrmann)编:《弗利特纳全集》第 2 卷《教育学》,1983 年,第 160 页。

赎为使命的上帝造物。"①

也许，我们可以对弗利特纳的观点（此处并未得到充分表达）做出如下总结：人并不是依靠与自己孤寂的独处，而是只有在对他人深刻的爱中，才能实现自己的存在。无论如何，值得注意的是，新版几乎完全删除了有关恶的体验和人之恶魔倾向的内容。这种做法可能会让人感觉奇怪，特别是在经历了希特勒的统治和第二次世界大战之后。我们必须以极其谨慎的态度对待这里没有讲出来的内容。或许促使弗利特纳发生如此转变的是那个属于法国萨特的存在主义传统的德国存在主义哲学，该哲学流派在当时的德国是唯一保留真诚立场的哲学流派。弗利特纳反对存在主义，在他看来，存在主义所谓的在虚无的深渊中体验到的升华只会带来一种形式上确定但内容上空洞的自我，"这种解释很难容纳爱的精神感受"②。

由此，爱对人的自我形成具有无可替代的意义，这也是新版中的一个结论。存在主义的观点是抽象的并且是片面歪曲的。只有当自我从上帝之爱出发，或者从他对超验的归属感出发去理解自己，并且怀着爱去理解邻人（这是第一版没有强调的一点），我们才能完全获得对人的具体理解③。

---

① 弗利特纳（Wilhelm Flitner）著，爱林哈根（Karl Erlinghagen）、弗利特纳（Andreas Flitner）、赫尔曼（Ulrich Herrmann）编：《弗利特纳全集》第 2 卷《教育学》，1983 年，第 161 页。
② 弗利特纳（Wilhelm Flitner）著，爱林哈根（Karl Erlinghagen）、弗利特纳（Andreas Flitner）、赫尔曼（Ulrich Herrmann）编：《弗利特纳全集》第 2 卷《教育学》，1983 年，第 163 页。
③ 弗利特纳（Wilhelm Flitner）著，爱林哈根（Karl Erlinghagen）、弗利特纳（Andreas Flitner）、赫尔曼（Ulrich Herrmann）编：《弗利特纳全集》第 2 卷《教育学》，1983 年，第 164 页。

八、良知的唤醒

由爱的意义推引出来的有关"良知与信仰的唤醒"的观点,虽然在第二版中经过修订,但与第一版中的理解是一致的。弗利特纳总结道:

"我们全部有责任去确保那些托付于我们的灵魂,其中也包括我们自己的灵魂,迈向人格的存在的开放和敞开——我们有责任在这条道路上向他们提供帮助。教育相遇的目的就是引导他人成为自己。"①

但这存在很大的困难,用弗利特纳的话讲是存在一种"悖论",即自我不可能随意被唤醒。

"只有当超验本身在灵魂中被视为一种言说着的现实——但这恰恰是不受任何外在影响的,这个关键点恰恰超出了教育者的力量。正是在此处,在追求做出其最重要的成就的地方,教育有其自身的内在界限。"②

关于教育的内在界限,弗利特纳再次引用了格雷泽巴赫(Eberhard Griesebach)和德雷卡特(Friedrich Delekat)的文章,此外,他还提到了有关自我唤醒的第二种理解,这种理解与当前的宗教理解并不相符,它就是良知的唤醒,

"在第二种理解看来,人格的实现主要是由道德现象决定的,教育相遇的主要关切就是良知的唤醒"③。

---

① 弗利特纳(Wilhelm Flitner)著,爱林哈根(Karl Erlinghagen)、弗利特纳(Andreas Flitner)、赫尔曼(Ulrich Herrmann)编:《弗利特纳全集》第 2 卷《教育学》,1983 年,第 165 页。
② 弗利特纳(Wilhelm Flitner)著,爱林哈根(Karl Erlinghagen)、弗利特纳(Andreas Flitner)、赫尔曼(Ulrich Herrmann)编:《弗利特纳全集》第 2 卷《教育学》,1983 年,第 166 页。
③ 弗利特纳(Wilhelm Flitner)著,爱林哈根(Karl Erlinghagen)、弗利特纳(Andreas Flitner)、赫尔曼(Ulrich Herrmann)编:《弗利特纳全集》第 2 卷《教育学》,1983 年,第 166 页。

但是，良知的唤醒对于弗利特纳来说是第二位的，因此，他在书中似乎只是勉强附带地补提了一笔。弗利特纳也对唤醒良知的意义做出了限定。他认为，良知是一种可以从理性中推引出的要求，但也由此隐含着肤浅地只讲道德的风险。

"过分强调良知的教育学会带来唯道德论的风险，另外还会带来一种倾向，即认为信仰的基础是某种理智的、可以诉诸理性的东西。"①

九、与绝对的关联

正如我在开头中所强调的，本文的重点并不是要整体阐述弗利特纳的思想，因此我没有继续深入弗利特纳在建构系统教育学的过程中一直采用的解释学的思考方法。我在本文中只关注一点，那就是找出弗利特纳做出自己独特贡献，从而对现代德意志教育学的发展起到决定性推动作用的地方。

如果要总结一下我到这里为止所做的论述，那么可以说，弗利特纳的成就在于，他洞悉了人性的深渊，这种认识对当时的人们产生了前所未有的震动，促使人们将之纳入到对教育学基础的考量，并且追问随之而来产生的对教育的影响；而在此之前，改革教育学以及从改革教育学中产生的早期精神科学教育学都持有与弗利特纳不同的、乐观的态度。对人性深渊的认识又促使弗利特纳得出了对人的理解。在他看来，人只有与绝对建立关联，才能从中找到最终的支撑和依靠。基于这一认识，弗利特纳又超越其他所有的理解形式，把教育理解为对本真自我的唤醒。

---

① 弗利特纳（Wilhelm Flitner）著，爱林哈根（Karl Erlinghagen）、弗利特纳（Andreas Flitner）、赫尔曼（Ulrich Herrmann）编：《弗利特纳全集》第 2 卷《教育学》，1983 年，第 166 页。

针对这些自然会产生一个异议，那就是从第二版开始，后面的版本都没有再出现对人性之恶的世界以及对具有恶魔的世界的探讨，由此引发的问题是，这些探讨是被新的经验冲刷掉了，还是仅仅被修补和遮蔽掉了。我相信能找到一些迹象表明后一种答案是正确的，并且今天我们仍旧完全有必要回归到这些探讨上。

此外，还有一个比较大的问题是，弗利特纳认为自我形成的可能是基于基督教信仰，这导致他把教育学与神学联系在一起，而这样的联系在德国教育学中是比较少有的做法。从教育学方面来看，关系到教育学自身根基的问题是：如果说教育学必须与一种绝对的存在基础建立起关联，那么这会在多大程度上牵扯到基督教这种特殊的信仰形式；另外，我们到底能在多大程度上以"纯粹"哲学的方法表达教育学，这可能又会带来针对哲学真理概念的新的、难以回答的疑问。据我所知，这两个问题尚未在教育学那里得到探讨，而在我看来，它们正是弗利特纳向系统教育学发出的持久挑战。

十、余论

这里提出以下几点聊作补充和拓展。

第一，要想正确理解弗利特纳的思想，就必须在代际关系的框架下来加以考察。这一关系就是，弗利特纳比所谓的精神科学教育学的创建者大约晚出生了十年。这既是劣势也是优势。劣势是：弗利特纳作为后来者长期处于那些已经名声斐然且得到认可的精神科学教育学代表人物的阴影之下，如斯普朗格、利特和诺尔。优势是：与这些代表人物身处精神科学教育学的发展期不同，弗利特纳面对的精神科学教育学已经是一个完整的整体，他可以将这一整体清楚地呈现出来。

第二，弗利特纳更深入地理解精神科学教育学的切入点是从施莱尔马赫那里获得的。我不能判断弗利特纳是否是第一个追溯到施莱尔马赫的人,因为维尼格在1929年的著名的基尔就职报告中就提到施莱尔马赫,很难确定弗利特纳是否在此之前已经在授课中提到了施莱尔马赫。不管怎样,弗利特纳把教育学作为一种从实践中产生的思考,并且从教育学在实践中发挥的作用出发对教育学进行理解,这一切入点是他从施莱尔马赫那里获得的。在弗利特纳看来,科学的教育学应当是一种行动反思的科学,这一点也被贯彻到了他的教育学的自我理解之中。

第三,据罗尔斯(Hermann Röhrs)回忆,弗利特纳把教育现实阐述为一个包含不同功能的系统。不可忽视的重要一点是,弗利特纳没有沿用哲学人类学通常采用的"层次"(Schichten)说法,例如舍勒或罗特哈克(Erich Rothacker)所说的那样;相反,他采用的是视角(Auffassung)的说法。"层次"说法容易让人孤立地看待教育现实的单个功能,而"视角"却始终意味着从某个特定的角度去看待教育整体。

第四,在弗利特纳看待教育整体的视角当中,存在的—宗教的视角(即弗利特纳所讲的人格的视角)被呈现为一种独有的视角。弗利特纳认为生物学视角关联着经验科学,并且把这种关联纳入到了系统教育学的根基内。与之相似,他也明确认为存在的—宗教的视角与神学存在关联,并将这一关联视为系统教育学不可或缺的层面,然而这一关联在现代教育学那里通常都是被忽视掉的。